U0583703

曹义昆 著

彼得·贝格尔
宗教思想

社会科学文献出版社
SOCIAL SCIENCES ACADEMIC PRESS (CHINA)

目 录

导　论

一　彼得·贝格尔的宗教学理论成就

彼得·贝格尔[①]（Peter L. Berger，1929 - 2017），国际知名社会学家和宗教学家。自 20 世纪 60 年代末至其离世的 50 多年里，他所撰写或主编的宗教研究著作达 40 种之多。此外，自 1985 年开始，他长期担任美国波士顿大学文化、宗教和世界事务研究所主任一职，领导和主持了大量的宗教研究项目。贝格尔著述之丰富、研究时间跨度之长，在当今西方宗教学界实属罕见，少有人能与之比肩。

贝格尔不仅文字多产，学术思想也非常活跃并富有原创性。就宗教社会学领域而言，1967 年他与德国社会学家卢克曼合作，发表被誉为知识社会学发展史上里程碑式著作《实在的社会建构》，为自己的宗教学研究奠定了坚实的思想和方法论基础；两年后，他又单独出版《神圣的帷幕》，提出宗教社会学的一般理论构思并对世俗化命题做出论证，该书被视为堪与韦伯《新教伦理与资本主义精神》媲美的一部力作，同样为他赢得巨大声誉。随后，贝格尔的学术重点开始转移，专注于其他领域，但他对宗教的社会学观察和阐释的理论兴趣始终未减，对宗教学重要问题的新观点和新见解也大量散见于这一时期的各种著述里。尤其值得一提的是，自 20 世纪 90 年代开始，贝格尔基于欧洲以外的全球其他地区宗教"大爆发"的事实以及对这一事实的观察和反思，逐渐放弃他原来坚持并为之论证的世俗化命题，开始就宗教与现代性的关系以及现代性的可能存在模式进行重新反思和探索。进入 21 世纪，他又以 86 岁高龄在德国和美国同时推出《现代性的多种祭坛：多元时代的宗教新范式刍议》一书，试图建立起宗教研究的多元主义理论新范式。立足于这一新范式，他试图为艾森斯塔特的"多元现代性"概念提供"新注脚"，提

---

① 又译"伯格"。

出把宗教作为积极选项包含在内的"多元现代性"新主张。

本书认为，对于这样一位文字多产、思想原创性强并且紧跟时代的西方宗教学领域的标杆式人物，梳理他在不同时期发表的宗教学理论著述以及与之相关的其他材料，在深入研读的基础上对其宗教思想做出全面、客观的研究和评价，其重要性无疑不言而喻。这类研究一方面能为人们深入了解西方宗教学（尤其是宗教社会学）理论学科的基本开展和最新动态提供一则重要个案，同时也可为我们自身的学科建设提供有益的参照和资鉴。

二　国内外学术研究回顾

国内学术界对贝格尔宗教社会学思想的了解和接受始于 20 世纪 90 年代，主要依据高师宁所译《神圣的帷幕》和《天使的传言》以及李骏康翻译的《世界的非世俗化——复兴的宗教与全球政治》。此外，贝格尔的社会学著作《与社会学同游——人文主义的视角》《实在的社会建构》等的中译本也相继出版。但这些翻译多数仅止于贝格尔 20 世纪六七十年代写就的作品。李骏康所译是贝格尔 1999 年主编的一本论文集，其中只收录他自己关于证伪世俗化理论的主张的一篇论文。然而贝格尔的学术生涯是持续的，有近 50 年的时间。在此期间，他亦有许多重要的专著和论文不断问世，思想也在不断地拓展和深化。中文世界翻译工作的滞后以及贝格尔思想本身的晦涩所导致的翻译水准的良莠不齐，严重影响到人们对他的研究和解读，最明显者，莫过于对他近 20 年来在宗教与现代性的关系议题方面所做的探索不甚明了，时有误解和偏差出现，如陈村富《世俗化、反世俗化与"消解世俗化"——评伯格的宗教复兴与政治伦理》[①] 和李顺华《世俗化理论的旗手 神圣化理论的鼓手——Peter Berger 的宗教社会学理论》[②]。单看这两篇论文的标题，"消解世俗化""神圣化"就非贝格尔本人所能认可。对他而言，世俗化理论在当代宗教发展的经验事实面前被证伪，只是指该理论的核心主张"现代性和世

[①]　陈村富：《世俗化、反世俗化与"消解世俗化"——评伯格的宗教复兴与政治伦理》，《浙江学刊》2001 年第 2 期。

[②]　李顺华：《世俗化理论的旗手 神圣化理论的鼓手——Peter Berger 的宗教社会学理论》，《新疆师范大学学报》（哲学社会科学版）2007 年第 1 期。

俗化具有内在、必然联结"的命题被证伪，这并不意味着他不承认世俗化现象存在，甚至不排除他在某些场合依然会说现代性与世俗化具有一定程度关联性的可能；在他学术生涯的晚期，他实际上在对自己早年世俗化理论做出修正的基础上，提出了关于现代性和宗教关系理解的多元主义理论新范式，这一新范式在很大程度上承认了世界的部分世俗化；据此，他又在艾森斯塔特思想的基础上提出了把宗教作为积极选项包含在内的"多样现代性"新主张，即强调宗教和世俗作为两种地位对等的积极因素同时予以考虑的现代性发展模式。总之，他自始至终并未刻意去消解世俗化现象的存在，也不认为当今世界由于宗教复兴而变得神圣化并提倡所谓的"神圣化理论"。

　　作为宗教社会学领域研究的大家，贝格尔的学术观点在国外宗教研究者那里被征引的频率自然极高，但这类征引多带有鲜明的目的性、拘泥于各自的研究话题和研究立场为己所用，而针对贝格尔思想本身的内在逻辑和发展脉络做出全面、客观介绍与评价的研究，并不多见。堪值留意者乃安妮特·珍妮·埃亨未公开出版的博士学位论文《贝格尔宗教研究的双重身份与进路》（1999）。论文分三章对贝格尔的宗教思想予以介绍和论述，具有重要的参考价值，但缺陷也很明显。其过于拘泥细节问题的考证和详释，较为琐碎，缺少某种宏观整体的框架，未能对贝格尔的研究成果做出全面概括和评述。如其第二章重点围绕贝格尔宗教社会学思想和方法论的理论渊源（即受益于韦伯、舒茨等）展开，对于他在这一学科领域探索所形成的重要观点和理论的来龙去脉、发展演变等，反而交代不清。

　　除安妮特的博士学位论文外，较为重要的国外研究资料尚有琳达·伍德海德所编的文集《彼得·贝格尔和宗教研究》（2002）。该书汇集了欧美宗教学界的顶尖学者，包括大卫·马丁、达尼埃尔·埃尔维厄－莱热、托马斯·卢克曼以及他的重要反对者史蒂夫·布鲁斯等。这本论文集自是精彩纷呈、新见迭出，对贝格尔的宗教研究历程及其思想的各个方面皆有所探讨，但很多讨论只是点到为止，其中的意见分歧也很大（尤其体现在贝格尔是否应该放弃世俗化命题的争议方面）。贝格尔本人在最后的回应中也说自己需要写出进一步的论著予以澄清。如何理解这些争议和分歧，仍是亟待解决的一项要务。

三　研究思路和基本内容

本书的研究思路是：在深入研读贝格尔职业生涯尤其是后 30 年间所发表的重要宗教学英文著述的基础上，参考国内外相关研究成果，旁及西方宗教学界其他名家如布鲁斯、英格尔哈特、卡萨诺瓦、柏拉克等在相同问题上的观点和看法，对贝格尔的宗教思想尽可能做出系统、深入的研究和公允评价。研究涉及两大方面——贝格尔关于宗教的社会意义和功能的一般理论表述，他在宗教与现代性关系议题上的探索历程。就宗教意义和社会功能的一般理论表述而言，在确认这一理论是从他和卢克曼共同创立的实在建构论派生而来故而在思维方法、概念工具以及阐释方向上为后者所决定的前提下，对该理论的基本内容进行实在建构论的语境还原式解读，以期使其中思维前提隐而不彰的"晦涩"观点和论述变得清晰起来。对于宗教与现代性关系的议题，本书在充分、详细介绍贝格尔基本观点和重要主张的基础上，立足他早期世俗化命题证明的思辨策略分析、中期证伪该命题的事实证据归纳以及其他学者对这些证据进行反驳的考察、后期多元主义理论新范式的解读和评价，反思贝格尔在当代宗教研究领域的学术特点、优长与不足，以及他的思想对于宗教社会学的学科建设可能具有的借鉴和启示作用。

本书除导论和结语外，涵括六章内容。第一章在阐释实在建构论的思想要旨的基础上，论述"客观实在"，抓住制度化和合法化这两个社会世界建构的基本要素予以剖析。第二章论述实在建构论的另一组成部分——"主观实在"，涉及主观实在建构的社会化机制、主观实在维护的可信性结构条件、不同社会结构条件下的社会化情况分析、身份认同等内容。第三章在前述两章的基础上，对贝格尔在实在建构论的语境下关于宗教意义和功能的社会学理论进行系统分析和论述。这一章围绕四大论题展开，即宗教与实在的建构，宗教对主观实在、客观实在的合法化维护，神正论问题及其解决，宗教对世界和自我意识的异化。其中第二个论题是核心，其他论题均由此派生出来，并且从不同角度对前者进行有效性补充和丰富性论证，从而凸显宗教作为人类建立"神圣宇宙"的努力在个体和集体意识的层面为社会实在的认知提供"神圣华盖"的合法化功能。正是在这个意义上，贝格尔的宗教社会学一般理论与他的知识社会学形态的社会建构论具有一脉相承的直接关系。

第四章、第五章和第六章详析贝格尔在宗教与现代性关系议题上的探索历程，并对其探索结果做出评价。如上所言，贝格尔在这一宏大议题上，经历了三个阶段、两次学术立场的转变。第四章考察前两个阶段和第一次转变（从 20 世纪六七十年代作为世俗化理论的拥护者到 90 年代正式放弃这一理论的转变），围绕他早期证明世俗化命题的三个基本方面和其中所隐含的思辨策略分析、中期他证伪该命题的五项经验证据的归纳而展开。本书认为，贝格尔在证伪世俗化命题的诸多证据中，最为倚重的还是宗教在欧洲版图以外的世界其他地区（包括美国和第三世界国家）蓬勃开展的事实证据。贝格尔的转变在西方宗教学界激起强烈反应，表示欢迎者有之（如以罗德尼·斯达克、罗杰尔·芬克等人为代表的宗教市场理论学派），认为毫无必要予以反对者有之。本书第五章专门考察来自反对派阵营的质疑，以期通过西方学界的这场直接思想交锋，对贝格尔的这一学术立场转变可能存在的思维漏洞和理论难点做出解读和评析。第五章择取反对派阵营两个代表人物——英格尔哈特和布鲁斯专门予以介绍。英格尔哈特通过扎实的社会学调查研究数据试图表明：世俗化的程度和社会经济现代化的不同水平成正比，而经济资源分配的极度不平等是造成美国宗教繁荣的直接原因。他的结论足以对贝格尔用以证伪世俗化命题的第三世界和美国证据构成直接挑战。布鲁斯作为当代世俗化理论的坚定捍卫者，则对这两项证据进行了条分缕析式的逐一反驳，他认为所谓当今世界宗教的复兴只不过是证伪世俗化命题的假象证据。本书认为，英格尔哈特和布鲁斯的理论主张并非无懈可击，存在学理上的缺陷（如前者把世俗化设定为"基于生存安全感"的立论难免有以偏概全之嫌，后者的"现代性"观念较为保守、偏狭），但从他们对贝格尔证伪世俗化命题的经验证据的反驳中可以看到，贝格尔对所用证据的有效性明显甄别不足。

进入 21 世纪，贝格尔认为有必要把包含在世俗化论题中的"多元主义"论据单独抽离出来作为独立事项考察，在此基础上他演绎出宗教研究的多元主义理论新范式，试图以此取代原有世俗化理论的旧范式。新范式的建立，意味着贝格尔在宗教与现代性的关系议题上进入第三阶段第二次转变，这时已是他生命和职业生涯的暮年，故可以称为后期阶段和后期转变。本书第六章聚焦贝格尔后期所提出的这一新范式，旨在对其中的观点和主张做出全面解读和评价。本章讨论的内容非常广泛，首先是多元主义的一般理论分析，包括"多元主义"概念释义、现代性与多元主义的关系、多元主义对人类社会生活和文化形态所带来的后果分析等。其次，在此基础上，论及贝格尔关于全球化背景下的宗教多元主义及其对宗教自身影响的分析（涉及个体信仰层面和宗教组织、宗教建制的集体层面）。再次，解读贝格尔多元主义新范式的核心理论内容——宗教话语与世俗话语并存的多元主义，考论贝格尔所述世俗话语的特点、两种话语在个体意识中的兼容问题以及贝格尔对兼容的解释。最后，分析贝格尔在世俗和宗教两种话语并存和兼容观点的基础上，如何为艾森斯塔特的"多元现代性"概念提供新注脚，即在承认以技术理性为主导的世俗话语是现代性的普遍、必然特征的前提下，不同的宗教话语如何可能成为现代性的"外包装"、作为可择性的现代化发展之路的积极选项而对待。本章写作采取述、论结合的方式，在叙述的过程中适当地穿插评论。"述"就是力求忠实于文本原意，对贝格尔的思想做出准确的提炼和概括。"论"，一方面是就其话语表述中隐而未显的思想逻辑加以适当的展开和推演，使之更为明确和清晰，如对他关于多元主义改变个体信仰方式论断的解读，着眼于"多元主义"概念不同异质文化交互作用和碰撞的内涵本身，以及由此决定的相对化效果之强弱和深浅的不同做出进一步的推论。另一方面是对其观点立论和论证的妥当性做出自己的判断和评价，如指出贝格尔关于多元主义改变个体所信方式但不必然改变所信内容的观点不一定成立，他引用舒茨"多重实在"和"关联"概念解释个体在宗教和世俗性之间进行切换的论点不具有说服力，等等。本章认为，贝格尔的多元主义理论新范式试图在"世俗化"和"去世俗化"之间达成某种平衡，在部分承认世俗化并认可世俗话语的强大存在优势的前提下，为宗教在现代社会的存在提供理论阐释。然而，这类阐释建立在多元主义及其相对化效果的立论基础之上，就其客观效果而言，实际上不经意间又滑向世俗化理论的樊篱，在思维方式上重蹈后者的覆辙。

四　本书的主要观点和创新之处

本书提出的主要观点有如下五点。

第一，贝格尔的宗教社会学一般理论构思与所依托的实在建构论的理论语境一样，在其根底处，由于强调人类生存论层面对意义和秩序的迫切渴求，透显出一种深沉的人文底蕴和价值关怀倾向，这和当时盛行的结构功能学派诉诸工具理性的实证主义研究路数极为不同。

第二，从大处着眼、强调历史与现实的关联和比照，是贝格尔早年对世俗化命题阐释所采取的基本思辨策略。这样的思辨策略使他的相关论述极具理论穿透力和说服力，但也导致他对经验的事实和证据有所忽略或甄别不足的缺陷（如对美国宗教的经验理解盲目依从所谓"内在世俗化"的观点），这样的缺陷为贝格尔后来放弃世俗化命题的做法埋下伏笔。

第三，从英格尔哈特和布鲁斯等反对者的声音中可以看出，贝格尔在当代宗教研究领域虽然擅长宏大问题的敏锐把握，但对证伪世俗化命题的经验证据的使用有仅凭印象和感受、随意轻率之嫌；如何把大问题的意识关切贯注到经验科学的实证调查和数据研究中去，在方法论上有所建树，乃是化解当前西方社会学领域世俗化理论的存废之争以及日趋激烈的宗教与现代性关系问题论辩的可能有效途径。

第四，贝格尔后期所主张的多元主义理论新范式，试图在"世俗化"和"去世俗化"之间达成某种微妙的平衡，为宗教在现代社会的存在提供理论辩护，这一辩护建立在多元主义及其相对化效果的话语分析之上。多元主义的确已成为全球化背景下的一个普遍现象，贝格尔敏锐地抓住了现代社会的这一重要文化事实，把宗教置于多元主义视角予以考察。然而，就其客观效果而论，它实际上揭示了宗教在现代社会深陷多重多元主义（即多种宗教并存格局以及宗教和世俗性并存的多元主义）的尴尬境地以及相对化效果的巨大侵蚀之中，这种状况必然会如他早期所言，导致信仰内容的超越性内涵弱化以及随之而来的宗教在社会和个体意识层面的重要性降低，从而与他建立多元主义理论新范式的初衷相去甚远，也与原有世俗化理论的核心主张不谋而合。正如德国学者柏拉克所说，贝格尔的这一新范式实质上是一种更为精致的世俗化理论加强版。

第五，贝格尔在宗教和世俗性并存和相互兼容观点的基础上，极力主张在以强大世俗话语为主导的现代文化背景下，把宗教作为现代性的"外包装"、作为可择性现代化发展道路的积极选项而对待，并且力证宗教对于现代经济发展具有积极作用。就此而言，他的理论可以视作为艾森斯塔特"多元现代性"观念从宗教的角度提供新注脚。这一主张意味着他在宗教和现代性关系议题上对西方中心论的惯有立场实现突破，表现出对世界其他文化和宗教传统的理解和尊重，这对于一个地道的西方人尤其又具有基督徒身份的学者来说，确乎难能可贵。然而，把宗教包含于其中的"多样现代性"不能只诉诸理论上的口舌之争，能否变成现实还有待于未来世界的检验。

本书的创新之处除以上观点的创新外，还体现在以下三个方面。

第一，材料的创新。所使用的研究材料除贝格尔以及当代著名宗教学家如布鲁斯、英格尔哈特、柏拉克等人的重要英文原著外，还包括30年间发表的与此相关的诸多宗教学英文论文。

第二，内容的创新。对贝格尔宗教社会学一般理论研究赖以展开的思想基础和方法论工具——社会建构论（或称知识社会学）进行了较为全面的介绍和分析。

第三，研究方法的创新。本书的研究方法主要涉及凝炼归纳、宽视域比较、反思与评价三种。首先，贝格尔的著述风格具有发散性，往往在谈论宗教时旁及其他。本书在他纷然杂呈的文字表述中试图归纳、凝练出其宗教思想的特色、主旨和内核。其次，在讨论贝格尔思想尤其是宗教与现代性关系的议题时，将他放在更为宽阔的视域中与其他思想家进行比较和识别。最后，对贝格尔的整个宗教社会学思想及其对我们学科建设可能具有的方法论价值和经验思维教训，予以恰当反思和评价。

第一章　实在建构论之"客观实在"

　　1967 年，贝格尔与德国社会学家卢克曼合作，出版了《实在的社会建构》① 一书，正式阐述被他们称为"实在建构论"（the theory about construction of reality）的社会学理论。实在建构论在贝格尔的思想体系中占据极其重要的分量和地位，成为他后来对宗教进行社会学阐释的理论语境和方法论工具。他在《神圣的帷幕》中提出的宗教社会学基本思想，无论概念、命题的设置还是基本的论说方式，都是在实在建构论的语境脉络下进行的。鉴于此，本书在正式论述贝格尔的宗教思想之前，以两章的篇幅对实在建构论的主要内容予以专门介绍。这种工作看似琐碎，但对于本书的论题研究而言，实则有其必要。

　　何谓"实在"？简单地说，"实在"是指人们日常生存于其中的社会世界以及他们赖以在社会中立足和定位的社会化自我本身，无论是社会世界和社会自我，对于个体而言在认知上都具有前反思的、理所当然性的必然特征，以至于在主观意识中被作为像物体世界中的事物一样对待。贝格尔和卢克曼所使用的英文 reality 一词，很好地传达了"实在"概念的基本内涵，该词兼具"现实"和"真实"两种含义。② 也就是说，"实在"是现实的，同时对个体而言又是真实的。

　　社会世界和社会化自我存在的奥秘是什么，又如何在个体头脑中被领略为真实？这正是贝格尔和卢克曼社会学研究所思考的主题。他们指出：具有现实性和真实性双重意蕴的实在是人类意义行动建构起来的结果，建构涉及客观和主观两大领域，前者被称为"客观实在"，后者即"主观实在"。"客观实在"意指以制度秩序为本质特征的、经过合法化意义整合的社会世界，包含制度以及类型化的角色和身份认同等构成要

---

　　①　Peter Berger and Thomas Luckmann, *The Social Construction of Reality: A Treatise in the Sociology of Knowledge*, New York: Doubleday, 1966.

　　②　中译本把 reality 一律译作"现实"，笔者认为这是严重误译。参阅〔美〕彼得·贝格尔、〔德〕托马斯·卢克曼《现实的社会构建》，汪涌译，北京大学出版社，2009。

素;"主观实在"是指个体对社会世界的意识内化和利用,其根本特征是对世界意义的充分通达和理解以及在此基础上自我身份认同的确立。无论主观实在还是客观实在,形成的机制和过程都是复杂的,对于现实世界的存在和维护而言,关键在于求得这两者之间的动态平衡和对称。

本章论述"客观实在",抓住制度化和合法化这两个社会世界建构的基本要素予以剖析,涉及的内容有:世界建构活动的人类学条件和必要性,制度秩序赖以形成的"行为之交互类型化"(即制度化)机制,角色对制度的表征功能,不同的制度在意义上的不融贯性及其在历史传承过程中进行意义整合的必要性,代表制度秩序终极意义整合的合法化形式"象征性宇宙"所具有的特点、功能、意义维护机制,象征性宇宙类专家群体及其存在的历史环境和形式,等等。

第一节　制度化

人类生存于其中的社会世界为何会产生?贝格尔和卢克曼首先从这一世界存在之谜的人类学条件和必要性说起,认为人类生物有机体本能构造的不完备性,注定其不能像其他高等哺乳动物那样在由本能构造所规制的封闭世界里生活,而必须通过自己的意义外化行动建构出属于自己的生存世界。这样的世界首先是制度的世界,故而围绕制度所进行的人类行为制度化机制以及制度在历史传承中随着客观性、历史性的获得因此出现意义整合必要性等的分析,就成为贝格尔和卢克曼论述社会世界建构的起始环节。

一　有机体和行动

动物王国的其他动物具有根据其本能构造而组建起来的物种式的特定环境,故而生活在由其自身种属特点和生物装配决定结构的封闭世界之中。人没有物种式的特定环境,即没有根据本能构造而严格组建起来的实存。在此意义上,有所谓狗的世界、马的世界,没有所谓人的世界。

与其他高等哺乳动物相比,人类的本能构造处于某种未完善或说"未发育"(underdeveloped)的状态,他的本能冲动并未高度地专门化和定向化。这意味着:一方面,人类自身的生物构造对于他与周围环境关系的组建是极不圆满的，故而他并不像其他动物那样生活在结构封闭的世界之中，他与环境的关系是以"世界敞开性"为特征。人类可以把他本能构造方面未被专门化和定向化的生物装配，运用到一个变动不居的广袤世界中去。另一方面，人类有机体出生之后在外在的环境中继续发育。① 环境既是自然的也是属人的，故而人类有机体发育以及很大一部分的生物性存在，与特定的文化和社会秩序相关联，受到社会所决定的诸多因素之干预。②

后一点意义重大。人类的本能构造受社会文化决定因素之影响从而表现出种种可塑性。人成其为人的特定模态为社会文化构型所决定，并与社会文化构型的变化形态相关联。当观察到人类的生物构造在受到形形色色的社会文化决定因素的影响从而表现出种种可塑性时，这一点也就尤为明显。成其为人的路径与人类的文化一样繁复，这是人种学的一个常识。故而人的形态在社会文化方面是多变的，"并无自然的人性（即生物学角度上的固定深层结构），能够决定社会文化构型的变化；却有人类学恒量意义上的人性（世界开放性和本能结构的可塑性），对人类的社会文化构型予以限制并提供可能"。反过来，也可以说人得以铸造成型的特定模板由社会文化构型所决定，并与后者相应的变量相关联；或者说"人类或许有其天性，但人类建构自己的天性，也即建构其自身"③。

对于人类有机体的可塑性及其本能构造受社会文化因素之干预的情况，贝格尔和卢克曼以人类的性行为现象举例说明。在性的事情上，人类可谓"无所不能"——如果任由某人的性幻想自由驰骋，他所幻想出来的场景不太可能会落入其他文化的性范畴范围之外，或者说这些性场景在其他文化中将分别被视为可以处之泰然的事情。"如果'常态'（normality）一词是指人类学上的根本范畴或者文化上的一种普遍东西，

---

① 贝格尔指出：从生物学角度来看，人类有机体在已经处于和外在环境的关系中时依然继续发育。人类的胎儿期一直延续到出生后的一年左右。重要的有机体发育对于动物来说在母体内已经完成，而对人类来说还要发生在与母体分离之后的婴儿期。Peter Berger and Thomas Luckmann, *The Social Construction of Reality: A Treatise in the Sociology of Knowledge* (New York: Doubleday, 1966), p. 47.

② Peter Berger and Thomas Luckmann, ibid, p. 47.

③ Peter Berger and Thomas Luckmann, ibid, p. 49.

那么，这个词以及它的反义词应用到人类性行为多样化形式的描述上，就毫无意义。"① 但与此同时，人类的性行为在每一种特定的文化当中都被引导甚至刻板地组织起来，"每一种文化都有其独特的性规范结构，都有其特定化的性行为模式以及在性领域的'人类学'观点"。这些结构在现实中的相对性及其巨大的多样性、丰富的创造性，均表明它们是人类自己的社会文化形态的产物，而非生物学角度上的某种固定天性的产物。人类的生物学"天性"受制于特定的社会文化形态且为后者所塑造，是一个事实。

正是基于人类有机体构造的不完满性且有待于在社会文化环境中塑造成型的特点，贝格尔和卢克曼指出："人类有机体缺乏必要的生物手段为人的行动提供稳定性。人类的存在如果被抛回到仅依靠其自身的有机体资源那里，势必会陷入某种混乱之中。"② 事实上，人类的实存发生在以秩序性、定向性和稳定性为特点的脉络中。实际中存在的人类秩序的稳定性源自哪里？这一问题的答案有两个层次。

首先可以想到的是，一种既定的社会秩序先行于任何个体有机体的发展。也就是说，世界之敞开，尽管内在于人的生物构造，通常被社会秩序所预先规制（pre-empted）。可以说，人类实存生物学意义上内在的"世界敞开性"，经由社会秩序，通常也必然会被转化为一种相对的世界封闭性。这种重新封闭尽管由于为人类所创造、带有"人为"的特征而不能和动物世界的封闭性相提并论，但依然可以为大部分人类行动提供指引和稳定性。但仅止于此，依然不能回答社会秩序以什么样的方式产生的问题。对此，贝格尔和卢克曼的一般回答是："社会秩序是人的产物，它是人类在不断进行的外化过程中产生的。"③

人如何通过其不断进行的外化行动创造出属于自己的社会秩序？这在关于制度化和合法化的理论中将会有具体的解析和论述。在此需要强调的是，社会秩序既然被视为人类行动的产物，那么它就不是生物学层面上已有的东西，或是任何生物性事实的经验显现；也非为人类所处的

---

① Peter Berger and Thomas Luckmann, ibid, p. 49.

② Peter Berger and Thomas Luckmann, *The Social Construction of Reality: A Treatise in the Sociology of Knowledge* (New York: Doubleday, 1966), p. 51.

③ Peter Berger and Thomas Luckmann, ibid, p. 52.

自然环境所决定；也不是一般意义上的"事物之本性"（nature of things）的组成部分，不能从"自然法"中推导出来。总之，"社会秩序仅仅作为人类活动的产物而存在。在此之外，任何其他形式的本体地位归之于它，都会对其经验显示产生曲解"①。

在贝格尔和卢克曼看来，人类通过外化行动进而产生社会秩序，有其人类学的必要性，这一必要性建基于人类的生物装配。人类有机体内在的不稳定性，使之不可能像其他动物那样存在于内在的静态封闭领域之中，而是必须亲自把自己的生物冲动专门化和定向化，为自己的生存提供稳定的环境。故而，"生物事实乃是作为社会秩序由以产生的前提条件而发挥作用的"②。要之，尽管并无任何的社会秩序可以从生物学的既定事实中推导出来，但社会秩序的必要性却以人类的生物装配为起因。

二　制度化的缘起

贝格尔和卢克曼对客观实在之社会建构的理论分析，以制度化和合法化为重点。

制度化以行为之习惯化（habitualization）为前提。习惯化是指"频繁出现的行为将会铸成一种模式，能够被经济省力地重复，且被行为的执行者所领会"。就人类学的角度而论，习惯化为人类的行动"提供其生物配备中所欠缺的定向（direction）和专门化（specialization），从而使不定向的冲动（undirected drives）所积聚的大量张力得以纾解"。同时，习惯化也把行动路线的选择范围缩小，节省了这方面的时间和精力，从而为人类的行为开展提供以"稳定的'后台'（background），开放出思考和创新的'前台'（foreground）"③。习惯化过程先于任何的制度化过程，可以被运用到脱离任何社会互动的、假想中的单独个体身上。但从经验角度看，人类行为习惯化中的更为重要部分，与行为制度化具有同等的广延性。

关键的问题是何谓制度，它如何出现？贝格尔和卢克曼指出：

① Peter Berger and Thomas Luckmann, ibid, p. 52.
② Peter Berger and Thomas Luckmann, ibid, p. 52.
③ Peter Berger and Thomas Luckmann, ibid, p. 53.

　　无论何时，只要不同类型的行为者把习惯化行为交互类型化
（reciprocal typification of habitualized actions）的现象出现，制度也就
出现。①

　　换言之，此类被类型化的东西即是制度。制度赖以形成的类型化之
交互性（reciprocity），以及制度本身所包含的行为和行为者的定型性
（typicality），构成了制度或制度化的核心要素。构成制度的、被类型化
的习惯化行为通常是共享的东西，为特定社会群体的所有成员所掌握和
利用。制度提出：X 型的行为将会由 X 型的行为者实施。如法律制度提
出：在特定的情形下以特定的方式砍头，并且特定类型的个体介入"砍
头"这一行为（贱民阶层的成员、特定年龄的处女或祭司等充当刽子
手）。②

　　在实际的经验中，制度一般在包含相当数量人们的集体中显示出来，
但单就制度界定的核心要素之一——类型化之交互性来看，制度化过程
即便在只有两个人开始互动的情况下，也会显现。贝格尔和卢克曼认为，
强调这一点在理论上很重要，因为制度化肇始于每一种持续进行的社会
情境之中，由人与人之间的社会互动所构建。对此，他们首先以如下的
例子加以说明。

　　假设 A 与 B 来自两个完全不同的社会世界（如美国和巴布亚），在
与世隔离的孤立情境中共处，开始彼此间的互动，③ 其间所出现的事态
有如下两种。

　　（1）在 A 与 B 之间，对彼此行为的交互类型化认识产生。A 看着 B
做事，把某些动机归之于 B 的行为，看到此类行为反复出现，就把相关
的动机类型化为反复出现的东西。反之，B 对 A 反复出现的行为和动机
同样予以类型化。这样，从一开始，A 和 B 就共同承担起行为类型化的
交互性任务。

---

①　Peter Berger and Thomas Luckmann, *The Social Construction of Reality: A Treatise in the Sociol-ogy of Knowledge* (New York: Doubleday, 1966), p. 54.

②　行为和行为者的定型性意味着角色的出现，具见下文。

③　Peter Berger and Thomas Luckmann, ibid, pp. 56 - 57. 之所以要假设两位个体所从出的社
　　会世界完全不同，是因为他们以往在各自的社会化经历中所内化的制度没有共通性，
　　在孤立情境下所发生的互动排除了制度方面的预先规制可能。

（2）行为的交互类型化以角色承担的形式，转化为双方都习惯的行为模式。也就是说，类型化在行为模式中得到进一步表达。在面对面的情形中，A 与 B 将会承担起各自的行为角色，即便他们分别从事不同的行为时也会如此。当两者实行同样的行为时，一方承担起另一方的角色则成为可能——A 会把 B 的角色内在地予以利用并成为自己角色承担的模式；反之亦如此。随着他们之间互动的不断持续和累积，一种交互类型化的行为集合将会出现。这一集合对于双方而言都以角色承担的形式被予以习惯化。其中某些角色各自分别承担，某些角色则共同承担。

贝格尔和卢克曼指出，此社会互动情境中并没有出现大规模的行为者类型化（仅限于两人），故而还不属于成熟的制度化，但制度化的核心内容（行为之交互类型化以及简单的角色确认）已经呈现。

在社会互动的情境中，制度不仅展示出原初的形态，而且日趋稳定和成熟，进一步完善自身。贝格尔和卢克曼要求人们在以上 A 和 B 二人世界的互动例子的基础上，设想第三方如他们的小孩甚至更多的个体加入其中的情形，并指出：在此过程中，制度将会获得自身的两个重要性质——历史性和客观性。

A 与 B 原初互动情境中处于草创阶段的制度世界，现在被传递给他者……在他们共有世界中所进行的习惯化和类型化，所有这些此前仍带有这两位个体的观念特质的构型，现在则变成了历史性制度。随着历史性的获得，这些构型的另一个重要性质即客观性应运而生（或者更准确地说，在 A 与 B 一开始把他们的行为交互类型化时就已初步显现的一个重要性质即客观性得以完善）。这意味着：已经被定型的制度（如个体所遭遇到的父权制），现在则被个体经验为存在于他自身之上和之外的东西，个体在此时刻只是"碰巧"体现它们而已。换言之，制度现在被经验为一种拥有自身实在性的东西，作为外在和强制事实的实在遭遇个体。①

①　Peter Berger and Thomas Luckmann, *The Social Construction of Reality: A Treatise in the Sociology of Knowledge* (New York: Doubleday, 1966), pp. 58-59.

　　第三方的介入，为何会产生如此重大效果？原因在于：二人世界互动中所构筑的日常事务惯例"后台"（即草创中的制度构型），近乎"游戏"的性质，故而在客观性方面天生脆弱，相当程度上可以被建构者有意识的主观干预而改变，甚至废除。所有这些情形在包含下一代的三人世界互动中得以彻底改观。当习惯化和类型化行为再次出现时，它从二人世界"我们又从这里开始"心照不宣的透明式理解，变成"此乃如何做事的方式"的刻板行为模式。制度世界的客观性因此"加固"和"加厚"，在参与者的意识中牢固扎根，较以往规模更大的方式以成其为真，不再可以轻易改变。这一点，对于父母和小孩皆如此：在小孩特别是他社会化的早期阶段，制度就是世界本身；在父母那里，制度丧失了"游戏"性质从而变得严肃起来。

　　制度客观性和历史性的获得，标志着制度化过程走向成熟，也只有在此层面上，才有可能谈论社会世界，以及制度文化传统向新生代的传递。

　　首先，社会世界的实在性借由制度的客观性建立。作为新生代的社会世界个体，由于没有参与制度的形成过程，制度的内容在他那里远非像在其建构者那里那样充分透明和可以理解。制度的客观性，意味着只是作为一种既定的实在遭遇给他。而这类实在凭借其本身的事实性和控制性等因素，以类似于自然世界实在的方式，强制性地作用于他。个体所面对的社会世界，其冷峻的实在性，很大程度上由各种壁垒森严的制度所合成的广袤生活"后台"所造就。

　　其次，社会世界的历史性亦夯实于制度历史性之上。作为社会世界的本质构成要素，制度具有先于个体出生并且不能为其生平经历的记忆所复制的历史。个体生前死后，它均依然如故地存在于那里。故而作为实存的制度性传统的历史本身也是客观的，个体的生平经历，只是作为社会客观历史范围内的一个片段被领会。

　　最后，制度的客观性和历史性，以不可抗拒的方式遭遇个体，以强制力量对他发生作用。即便个体不能够理解其目的性及其运作方式，制度的客观实在性也毫不减损。他或许在经验社会世界的大部分区域时难以理解其中的奥秘，因其不透明状态而觉得它们是压制性的，但依然认为它们是真实的。他也不可能以内省的方式去通达这一外在的实在性，必须"走出去"去学习它们，正如研究自然一样。

贝格尔和卢克曼提醒人们："制度世界的客观性，无论它对于个体来说显得是如何的广袤，乃是一种人为产生和建构起来的客观性。记住这一点很重要。"①

三 制度整合和制度知识

具有客观性和历史性的制度世界一旦形成，如果要向新生代传递并为他们所接纳，就必须进一步合法化（legitimation）。也就是说，必须把各种制度所蕴含的意义解释给新生代，对制度做出合理性论证。因为在社会世界的原创者那里，他们可以对世界及其任何组成部分被建立起来的历史情境予以重构，也即他们可以运用记忆通达某项制度的意义。新生代的情况却与此不同：关于制度的历史性认识属于"道听途说"，制度的原初意义不可能经由回忆得到理解，故而经由各种形式的合法化表达对其做出解释也就实有必要。

合法化的制度解释和合理性论证，首要的任务是对不同制度进行意义整合。

制度为什么需要整合？贝格尔和卢克曼首先指出："在现实中，成批的制度化过程同时发生。并没有先验理由认为这些过程在功能上必然会'齐心协力'，更不用说作为一个逻辑连贯的体系起作用。"② 他举例说明这一点。

假设在孤立的环境中，男性 A、双性恋女子 B、同性恋女子 C 之间开始习惯化的原初情境互动。无疑，这三个人的性关联（sexual relevance）不会同时发生，因为作为 A－B 关联结果的习惯化，不一定要与 B－C、C－A 关联结果的习惯化有瓜葛。但并无理由可以认为：这两个分属同性和异性关系的性行为习惯化过程，如果在功能上不彼此整合就不能够并行发生，或者说，不会与基于共同利益的行为关联性（如种花，或任何能够把异性恋男子和同性恋女子共同关联在一起的任何事务）的第三种习惯化过程并行发生。换言之，"不同的习惯化或原初制度化过

---

① Peter Berger and Thomas Luckmann, ibid, p. 60.

② Peter Berger and Thomas Luckmann, *The Social Construction of Reality: A Treatise in the Sociology of Knowledge* (New York: Doubleday, 1966), p. 63.

程，可以作为功能或逻辑方面并不整合的社会现象出现。"①

在此基础上，可做进一步推论：（1）如果 A、B、C 分属三个不同的集体，不管他们之间具有什么样的关联性内容，上述观点依然站得住脚。（2）如果不同的习惯化或制度化过程在同质的个体或集体那里进行，功能或逻辑的整合也不能够被先验地假定。

但在现实中，各种制度在意义层面具有连贯性，并因此在功能上也看似作为"齐心协力"起作用的东西而运作。贝格尔和卢克曼说，这是反思的结果，"反思意识把逻辑添加到制度秩序之上"②。具言之，尽管各种行为制度领域无须整合为逻辑连贯的系统，作为可以相互隔离的方式被执行且一直并存，但当个体对他所经历的这些领域的行为现象予以反思时，意义上的要求却倾向于它们之间具有最低限度的连贯性，以便将其纳入具有连贯性的个人经历框架之内。当个体试图与他人分享自己的各种意义以及生活经历之整体时，则尤其需要如此。总之，制度之间的整合并非产生这些制度的社会过程的功能必要项。制度的意义整合是人为的，正如制度本身的产生一样，属于人类建构和创造的产物。

前文已经指出，制度的意义整合属于社会世界合法化的重要范畴。合法化存在不同的类型，有前理论的，也有理论水平层次极高的，随着整合水平的提高，也会有专门化的合法化理论专家的出现。所有这些，本章的下一节将会做出详细辨识。在此，我们必须转向下一个关注点，即贝格尔和卢克曼关于制度整合所产生的意义如何转化为社会公共话语的论述。

制度整合所产生的意义整体既属于主观话语体系，也属于社会公共的意义话语体系，后者是社会知识库的一个重要组成部分。实现这一转化的关键在于语言。究言之，个体根据生平经历的脉络把所体验到的制度世界反思和整合为意义整体时，所运用的逻辑工具正是语言，而语言恰是主观意义对象化的最重要、最便捷的途径。一经表达出来，这些意义也并非专属于个体，而是以社会的方式存在并且公共。以语言为载体，归属于制度秩序的逻辑故而成为社会"知识"的一部分，其本身被视为理所当然。其结果，对于社会世界中那些受到良好社会化的个体而言，

① Peter Berger and Thomas Luckmann, ibid, p. 63.

② Peter Berger and Thomas Luckmann, ibid, p. 64.

由于对这类知识的接受，认为社会的各种制度的确如他们所认为的方式发挥功能并整合为一体，也就顺理成章。

贝格尔和卢克曼认为，只有经由社会公共话语体系中关于制度的知识这一迂回路径，我们才能够理解和通达特定社会里的制度整合，以及在此基础上所产生的具有逻辑连贯性以及功能整体性的制度秩序。因此，对于以制度秩序为特征的社会世界的解读而言，"知识"也就变得至关重要起来，而且这一重要性怎么强调也不为过。对此，他们做出三点论述。

首先，制度知识构成制度化行为的驱动力。它确立行为的制度化领域，指明落入这些领域的各类情境，界定并建构制度背景下要执行的各种角色。因此，这类知识控制并预知所有的相关行为。

其次，由于这类知识是社会层面上被客观化的知识，其也就成为关于实在的普遍有效的真理体系，故而任何对制度秩序的极端越轨，即为对实在的越轨。这类越轨可以被定性为道德堕落、精神疾病或明显的无知。这些定性区分一方面对于处理越轨者具有明显的后果，同时也意味着越轨在特定的社会世界范围内处于低下的认知地位。借此，特定的社会世界无条件地成为世界本身，而这些知识也被视为理所当然并且在外延上囊括可知的一切，或者为当下无从认识的事物在未来被认识提供了认知框架。

最后，这种知识在社会化过程中习得，并且对于社会世界的客观化结构在个体意识中予以内化起到中介作用。

基于以上三点，贝格尔和卢克曼指出：

> 知识，从某种意义上说，处于社会基本辩证过程的核心位置。它打通外化由以产生出客观世界的通道。通过语言和建立在语言之上的认知工具，它使得这一世界客观化，即把世界组织为可以作为实在来把握的客观对象。同时，在社会化的过程中，它又作为客观有效的真理再次内化。知识是语义学双重意义上的 realization，即理解（认识到）客观化的社会现实，以及不断产生（实现）这一现实。[1]

---

[1] Peter Berger and Thomas Luckmann, *The Social Construction of Reality: A Treatise in the Sociology of Knowledge* (New York: Doubleday, 1966), p. 66.

四　角色

在讨论制度化的缘起时，我们谈到行为和行为者的定型性，事实上这就已经涉及"角色"。只要行为之交互类型化的现象出现，角色也就出现。当然，我们那时的讨论仅限于二人或三人世界的原初情境互动，并非在大规模人群集体的范围内进行，故而还谈不上成熟的制度化，角色也只是初现雏形而已。在成熟制度化的背景下，随着制度客观性和历史性的获得以及保存和传递制度意义的社会知识库的形成，角色在社会世界中的地位和作用得到凸显。

贝格尔和卢克曼指出，在具有稳定制度秩序的社会里，角色赖以存在的条件是：不但特定的行为而且行为形式（forms of action）也被类型化。[①] 也就是说，人们不但像原初制度化情境中那样确认特定的行为者将实施×型行为，而且确认关联性结构可以合理地归于该行为者，故而他能够实施×型行为。如父亲会意识到自己的小舅子正在鞭打自己淘气的儿子，而且知道这只不过是体现甥舅关系结构的行为形式的一个事例而已。

行为形式的类型化要求这些行为形式具有客观意义，这依次又需要一种语言性质的客观化。也就是说，存在着某种语汇，用以表示这些行为形式（"管教外甥"），那么原则上，撇开个体的直接展示以及与之相关的不同主观陈述，行为及其意义也可以得到理解。自我和他者都有可能被理解为众所周知的客观行为的实施者。这些行为反复上演，而且经由任何合适类型的行为者可以被重复。质言之，行为形式经由语言而实现的客观化，意味着它们被吸收至集体所共有的社会知识库中。只有当这种情况出现时，我们才可以开始正式谈论角色。角色即行为者类型。[②]在社会知识库中，有关于角色类型学的分类，同时也存在所有社会成员皆可以通达的角色履行之标准。结果，每一位被认定的 X 角色履行者对遵守这些标准担负其责。这些标准被训导为制度性传统的组成部分，且用于核定所有履行者的资格，发挥社会控制的作用。

---

① Peter Berger and Thomas Luckmann, ibid, p. 72.

② Peter Berger and Thomas Luckmann, ibid, p. 74.

由此可见，角色和制度化具有必然的联系，所有的制度化行为均牵涉角色。在形成过程中，只要有包含制度内容及意义的社会知识库，角色就会出现。更有甚者，角色对于理解特定社会里的制度秩序以及与制度相关的客观知识体系至关重要，因为角色表征制度秩序，并且是进入社会知识库特定部分之媒介。

角色表征（represent）制度秩序，是指角色表征整个制度性联结。如法官角色与其他角色相关联，而这些角色加在一起则构成法律制度。只有通过各种角色的表征作用，制度才能在现实的经验中显明自身。对此，贝格尔和卢克曼有个形象的比喻："包含'程序化'行为组合的制度就像戏剧的脚本，戏剧被搬上荧幕，有赖于演员把预先规定好的角色反复不断地上演。脱离不断实现的过程，戏剧在经验上就无从存在。"[1]说角色表征制度，也即说角色使制度之存在成为可能，而这类存在是指在活生生的个体经验生活中真实呈现。需要指出的是，制度也可以通过其他方式来表征，如语言的客观化表述或自然和人工的有形物体等。但所有这些表征皆有赖于人类实际的行为不断赋予其"生命"，否则均属于脱却主观实在性的僵死形式。故而经由角色而实现的制度表征是典型的表征，其他表征以此为源头。

角色对于进入社会知识库特定部分的媒介作用，是指个体通过其所担当的角色，被引领至社会知识库中与制度有关的特定领域。这不但在认知的层面上，而且在规范、价值观甚至情感"知识"的层面上亦是如此。[2]成为法官明显牵涉法律知识、与法律相关的广泛人类事务的知识，以及被认为作为一个合格法官应该具备的价值观和态度等方面的"知识"。每一种角色均开启通往社会知识库特定部分的通道。同时，社会知识库的结构也以角色与社会个体的关联方式（即普遍角色和专门角色）做出区分，故而形成普遍关联性和专门关联性的知识分配格局。

关于角色对于制度秩序和社会客观知识体系的重要性论述，贝格尔和卢克曼又从不同的视角进一步归纳和推阐：

---

[1] Peter Berger and Thomas Luckmann, *The Social Construction of Reality: A Treatise in the Sociology of Knowledge* (New York: Doubleday, 1966), p. 75.

[2] Peter Berger and Thomas Luckmann, ibid, p. 77.

从制度秩序的角度看，角色作为制度之表征以及制度意义上的客观知识体系之媒介而出现；从多个角色并存的角度看，每一个角色均附带社会所确立的特定知识。这两个角度均指向同一个全球性现象，是为社会辩证理解之本质。前一角度可总结为：社会之存在，缘于个体对它的意识；后一角度为：个体意识被社会所决定。单就角色的狭隘层面而言，一方面，制度秩序只有通过角色之活动从而得以实现，它才是真实的；另一方面，角色对制度秩序的表征作用，乃由制度秩序界定其特点（包括它们的知识附带），并派生出其客观意义。①

个体把角色予以内化，成为自我意识的组成部分，在此基础上，以制度秩序为本质构成的社会世界通过个体的角色扮演在经验生活中得以真实呈现，是为"社会之存在，缘于个体对它的意识"；个体意识中与角色有关的自我乃"社会自我"，为社会知识库特定部分的内容所确立，故言"个体意识为社会所决定"。由此可见，在理解个体与社会世界的辩证关系互动中，"角色"范畴的地位和作用至为关键。有鉴于此，贝格尔和卢克曼认为，对于知识社会学来说，关于角色的理论分析特别重要，因为"这能揭示出被社会客观化的宏观意义系统与这些意义系统对于个体而言具有真实性的种种方式之间的媒介机制"②。

第二节　制度秩序的区隔化和异化

由于劳动分工以及在此基础上产生的知识专门化，制度秩序分化为各个不同的部门，从而出现"区隔化"（segmentation）现象。制度秩序的区隔化导致执行特定制度运作的角色的专门化，导致在社会层面被区分开来的亚社会群体和次意义系统的产生。无论是制度秩序的区隔化还是制度角色的专门化，均以制度和角色在人类意识中的异化式理解为前提，只有这样，社会世界才能获得其"事物"一样的客观实在性。

---

① Peter Berger and Thomas Luckmann, ibid, pp. 78 – 79.
② Peter Berger and Thomas Luckmann, ibid, p. 79.

一　制度秩序区隔化与次意义系统的产生

对于社会行为在全社会范围内被制度化的规模问题，贝格尔和卢克曼认为规模的大小取决于关联性结构的普遍程度。[①] 具言之，如果社会中的许多或者大多数关联性结构被普遍共有，制度化规模将会很宽。反之，将会很窄。在后一情形中，存在着更进一步的可能性，即制度秩序将会高度地片段化，因为某些关联性结构只为社会中的某些群体而非整个社会共有。

基于上述判断，贝格尔和卢克曼提出制度化规模的两种理想型论述。首先是全面制度化的社会。在这样的社会里，所有的问题都是共同的，问题的解决在全社会的层面被制度化，并且所有的社会行为都被制度化，"制度秩序囊括社会生活的全体，类似于一套复杂的、高度类型化的礼拜仪式在持续上演。并无与特定角色有关的知识分配存在，因为所有角色都在同样的关联性结构中关联于所有行为者的情境范围内履行"[②]。另一个理想型是全面制度化空缺的社会——"人们共同关切的只有一个问题，全面制度化只有在牵涉到与此相关的行为层面才会出现；几乎没有共同的知识库，所有的知识都可能与特定角色有关"[③]。

作为理想型，这两种社会模式显然在历史上并不存在，但我们可以以之为模型，建立某种由此及彼的连续统对实存中的具体社会状况做出描述。换言之，特定的社会可以通过与它们的相近似程度予以考量。大体而言，原始社会较之于文明社会，全面制度化的程度要高得多；随着古代文明的发展以及现代工业文明的来临，人类社会的演变轨迹越来越偏离于前一理想型，而与后一理想型即全面制度化空缺型社会类似。当然，这样的演变需要仰仗一定的社会条件才能出现。最一般的条件是劳动分工以及与之相伴随的制度分化（the differentiation of institutions）。制

---

① Peter Berger and Thomas Luckmann, *The Social Construction of Reality: A Treatise in the Sociology of Knowledge* (New York: Doubleday, 1966), p. 80.

② Peter Berger and Thomas Luckmann, ibid, p. 80. 贝格尔补充说，对于这种全面制度化社会的模型可以稍做修正，即可以想象所有的社会行为都在全社会范围内被制度化，但只有某些共同的问题除外。在此情形中，社会尽管同样僵硬地把生活方式强加于成员，但与特定角色有关的知识分配程度将会大许多。

③ Peter Berger and Thomas Luckmann, ibid, p. 81.

度分化意味着关联性结构只覆盖社会中的特定从业群体而非整个社会，从而造成制度秩序的片段化或区隔化（segmentation）。另一个条件是社会经济剩余之可利用性，使得某些个体或群体从事并不直接关乎生计的专门化活动成为可能。这种专门化活动导致共享知识库的专业化以及知识的社会分配，并且使知识（理论知识）相对独立即在主观上与社会关联性结构相分离成为可能。

制度秩序的区隔化（即特定类型的个体履行特定的制度行为）和知识的社会分配（特定角色的知识为某些特定类型的个体所保有），导致制度意义整合问题的提出。制度整合旨在建立一个标准的共同意义系统，涵盖不同甚至相互对立的行为者类型的制度行为，使之合法化，从而为个体片段化的社会经历和知识提供整全背景。这一点，我们在前文已有论及。在此需要注意的，是这类进展的另一个后果——在社会层面被分隔开来的次意义系统的产生。

就起源而论，次意义系统始于角色专门化的加强，以至于特定角色的知识变得玄秘起来，与社会共享知识库形成鲜明对比。它们大多不会从公共视野中消失，但在某些情况下，不但其认知内容，而且作为载体的集体或团体也处于秘密状态。[①] 同时，承载次意义系统的社会团体之间发生冲突和竞争也是家常便饭。就最简单的形式而言，冲突和竞争发生在如何进行社会剩余资源的利益分配层面上，但很容易转化为相互敌对的思想派别的冲突。每一个派别都寻求确立自身并且使其他与之竞争的知识体系信誉全失（如果不是消灭的话）。[②]

关于次意义系统的另一个话题是知识和其所从出的社会基础之间的

---

① 贝格尔还分析道："历史上的次意义系统按其社会结构，可做出性别、年龄、职业、宗教取向、审美趣味等标别划分。温饱型经济社会在男人和女人、年老和年青武士之间会出现认知分隔，正如在非洲和美洲印第安人那里普遍常见的'秘密社会'那样。像以印度种姓社会、中国文官集团和古埃及祭司团体等为典型的，充分发展的次意义系统，则需要更大的经济发展为后盾。"Peter Berger and Thomas Luckmann, *The Social Construction of Reality: A Treatise in the Sociology of Knowledge* (New York: Doubleday, 1966), p. 85.

② 在当代西方社会，诸如正统医学和针灸疗法、顺势疗法和基督教科学派之间的冲突依然在上演着。在发达工业社会，由于巨大的经济富裕允许大量个体全身心地致力于最深奥的问题探究，在每一种可以想象得到的次意义系统之间的多元性竞争也就成为常态。

关系。随着次意义系统的诞生，一系列理解社会整体的不同视角相应出现。每一种视角，无论是理论副产品还是世界观，都与支撑它的团体的具体社会利益相关联。但是，贝格尔和卢克曼强调：这并不意味着这些不同视角仅仅是对社会利益的机械反映而已。尤其在理论的层面上，知识很大程度能够超越通晓者的个人生活经历以及与此有关的社会利益。也就是说，成熟的意义系统能够达到相当大的自主性，挣脱其社会基础的限制。更有甚者，某种知识体系一旦被提升到相对自主的次意义系统的发展水平，就能够反作用于产生它的集体。[①] 总之，一个重要的原理是："知识和社会基础之间的关系是辩证的——知识是社会的产物，也是社会变迁的一个重要因素。"[②] 这一原理对于分析任何具体的次意义系统都非常重要。

最后是次意义系统的合法性问题。随着数量和复杂性的不断增长，次意义系统对于局外人变得越来越不可接近，成为某种性质的玄秘"飞地"。除了加入其神秘体系的个体外，它们对所有人都"密不透风地封闭起来"[③]。这样，同时针对局外人和内部人的次意义系统的特殊合法化课题出现：一方面，必须将局外人排除在外，但又需要从他们那里获取特殊的社会声望甚至更广泛的认同；另一方面，必须将局外人保持在内，以免受到外界的诱惑而逃离。至于如何实现这类合法化，其间可能会运用哪些方法和策略，下文将会有详细交代。

二　异化

以制度秩序为本质的社会世界一旦建立，在人们的观念理解中就存在异化（reification）的问题。何谓异化？贝格尔和卢克曼从一般的意义上做出界定：

---

①　例如，犹太人或许会因为犹太社会的特殊社会问题而成为社会科学家。但是，一旦被吸纳到社会科学的话语系统里面，其看待社会的角度非但不属于犹太式的，而且作为犹太人身份认同的社会行为会因为新近获得的社会科学视角而有所改变，这种改变对于其所从出的集体中的其他人的示范作用也不可小觑。Peter Berger and Thomas Luckmann, ibid, pp. 86 – 87.

②　Peter Berger and Thomas Luckmann, ibid, p. 87.

③　Peter Berger and Thomas Luckmann, ibid, p. 87.

异化是指以非人或超越于人的方式，把人类现象做如同事物一样的理解。对此的另一种表达是：异化是对人类活动产物的理解，认为它们好像是人类活动之外的其他东西，诸如自然事实、宇宙规律的结果或者神意之显示等。①

说到底，社会世界属于人类行为制度化的结果，由人类的活动所引起，故而本质上属于人类世界的范畴。异化意味着人类能够忘记他本身是人类世界的创作者，进言之，人、生产者及其产物之间的辩证关系亦未能意识得到。异化的世界是去人化（dehumanized）的世界，被人体验为陌生现实。

从客观化的角度来看，社会世界的客观性意味着它是作为外在于人自身的某种东西面对于他。关键在于他是否依然保留这样的意识：不管怎样地被客观化，社会世界乃由人所创造，并因此可以由人再度创造。换言之，异化可以被说成客观化进程中的极端阶段，在此，客观化世界丧失其作为人类事业的可理解性，从而作为某种非人类的、非人性化的、惰性的事实变得固定起来。人类与他的世界的真正关系典型地被颠倒过来：人类作为这一世界的制造者被理解为它的产物，人类活动也被视为非人类过程的一个附带现象。人类的意义系统不再被理解为创世性的；相反，乃是"自然事物"的产物。总之，人类能够矛盾地制造一种拒斥于他的现实。

异化作为一种意识样式（a modality of consciousness）②，在前理论和理论的层面上皆有可能出现。把异化仅仅视为知识分子的精神建构是一种错误，异化也存在于普通大众的意识里，这一点实际上更为重要。把异化看作从社会世界非异化理解的原初状态的堕落，同样也是一种错误。民族学和心理学的证据显示恰好相反：对社会世界的理解，无论从种系进化还是从个体心理发展的方面看，起初都是高度异化的。③

就异化的对象而言，首先是作为整体的制度秩序及其组成部分。如

① Peter Berger and Thomas Luckmann, ibid, p. 89.
② Peter Berger and Thomas Luckmann, *The Social Construction of Reality: A Treatise in the Sociology of Knowledge* (New York: Doubleday, 1966), p. 89.
③ Peter Berger and Thomas Luckmann, ibid, p. 90.

整个社会世界可被视为诸神创造的宏观宇宙世界的缩影，"地上"发生的一切，乃是"天上"发生的事情的微弱反映。对于特定制度的异化，基本"诀窍"是：赋予它们一种独立于人类活动及其重要性的本体地位。例如，婚姻可以如下方式被异化：对诸神创造活动的仿效，自然法的一般律令，生物学和心理学力量起作用的结果，社会系统的功能必要，等等。所有这些异化的一个共同特征，在于掩盖婚姻作为不断发生的人类活动的产物这一事实。通过异化，制度世界看上去与自然世界关联在一起，成为一种必然和命运，无论幸与不幸，都要依靠这样的世界生存下去。

其次，作为制度秩序之表征的角色也可以同样的方式被异化。经由角色被客观化的自我意识的部分被理解为必然命运，其典型表述是："在这一事情上我别无选择，我必须这么做，因为这是我的职业。"① 这意味着角色异化，使得个体可能在自身和其角色表现之间所设立的主观距离大为缩短。含藏在所有客观化之中的这一距离尽管依然存在，但被缩减到几近消失。

最后，自己以及他人的身份认同也可以被异化，个体与社会分派于他的类型化的东西完全等同起来，个体仅仅被作为类型而对待。这类理解可以经由价值和情感的层面被积极或消极地加以强调。犹太人身份认同可以因为反犹和犹太人自己而变得异化起来，只不过前者消极、后者积极地强调这一身份认同。这两种异化方式，皆赋予人类所制造的类型化的东西某种本体论意义上的整体地位。这类异化的思维水平不等，在"人人都知道犹太人之所指"的前理论层面到关于犹太人的更为复杂的理论（"犹太血统"的生物学观点、"犹太灵魂"的心理学观点以及"犹太之神秘"的形上学观点等）之间变化。

贝格尔和卢克曼认为，关于异化的理论分析非常重要，因为"能够有效地矫治一般理论思考和特殊社会看法的异化倾向"；对于知识社会学的学科思维也很重要，因为"能够阻止对人类的行为和思想二者关系持非辩证理解的偏颇出现"②。知识社会学历史的和实际的运用必须特别关

---

① Peter Berger and Thomas Luckmann, ibid, p. 91.

② Peter Berger and Thomas Luckmann, ibid, p. 91.

注支持去异化的社会环境，诸如制度秩序的整体崩溃、以往相互隔离的
社会之间的接触，以及社会边缘性的重要现象等。

第三节　合法化

作为客观实在的社会得以建构起来的终极环节是合法化。我们在论
及制度的意义整合和社会公共话语体系即知识在社会实在建构中的重要
地位时，已经简略地提到过合法化，在此则要全面、深入地予以阐述。

一　合法化的含义和不同发展阶段

人类的意义向外投射，对象化在以制度秩序为本质构成的社会世界
之中。从根本而言，对象化是经由制度而实现的意义客观化过程。在此
基础上，我们可以进而谈论合法化。合法化是"意义的二度客观化过
程"，它产生出新意义，把各种不同的制度化过程所出现的意义整合在一
起，"使体现在制度化过程之中的一度客观化的成果在客观上可供利用，
主观上具有可信性"①。

贝格尔和卢克曼指出，合法化所实现的制度意义整合以及与之相应
的主观可信性问题，涉及两个层面。首先，制度秩序之整体应该同时对
不同制度过程的参与者们有意义，而"可信性则表示对潜在于某个人和
同时代人的、由特定情境所支配的、仅仅属于局部制度化的各种动机背
后的整体意义之主观认可"。正如在部族首领和神职人员、父亲和军事长
官等不同角色的情境关系中，以及某个人兼集父亲和军事长官的角色于
一身的情形下所显示的那样。这意味着"整合和可信性集中在一个'水
平面'上，把整个制度秩序关联于以角色方式参与其中的几位个体，或
在任何时候都能够参与几个局部性制度过程的单个个体"②。其次，个体
的生命历程连续涉越制度秩序的不同秩序阶段，这一点必须在主观上变
得有意义。换言之，个体的生平经历在其前后相继的、由制度所预定的
几个阶段的范围内，必须被赋予某种连贯的意义，使得这些经历在整体

---

① Peter Berger and Thomas Luckmann, *The Social Construction of Reality: A Treatise in the Sociology of Knowledge* (New York: Doubleday, 1966), p. 92.

② Peter Berger and Thomas Luckmann, ibid, p. 92.

上具有主观可信性。因此,"单个个体生平经历跨度内的'垂直面',必须与横向的局部制度秩序之整合的'水平面'同时并举"①。

前文已经指出,合法化是对制度进行解释和合理化论证的过程(the process of explaining and justifying),而这样的过程在制度化的初始阶段并无必要,因为制度意义对于所有的制度创造者来说都是自明性质的。只有在制度秩序向下一代进行历史性传递的时刻,合法化问题才必然出现。此时,制度的自明特征不再可以通过个体的回忆和习惯化加以维持,历史性和个体生平经历的统一被打破。为恢复这种统一,并使其中的两个方面变得可以理解,就必须对制度传统的显著要素予以合理化解释。需要强调的是,在此合理化解释的过程中,同时包含着认知和规范的成分。例如,亲属关系结构不仅通过特定的乱伦禁忌伦理被合法化,而且这一结构也包含对"正确"和"错误"行为进行区分的"知识"。② 这类知识通过对部族作一般和特殊解释的传统传达给他。它们(典型地由该集体所独有的"历史学""社会学"构成,或许还涉及关于乱伦禁忌一类的"人类学"知识)与传统伦理成分一样,均为合法化的工具。合法化不仅告诉个体他为什么应该履行某种行为而不是其他,同时也告诉他事物成其为所是的原因,并且后者在整个合法化过程中所占的权重一般要更大。换句话说,在制度合法化过程中,知识优先于价值。

对于合法化在历史上的不同演变和发展阶段,贝格尔和卢克曼进行了大致的区分和解析。

在人类经验客观化的语言系统被传递之时,初始阶段的合法化出现。如传达一个表示亲属关系的词语,事实上也就是使亲属关系结构合法化。也就是说,最基本的合法化解释内在于词语。因此,当一个小孩通过学习知道另一个小孩是"表亲"时,这一命名所携带的信息立即把关于"表亲"的行为合法化。所有简单类型的传统确认均属于这种初始合法化,这是最早、最普遍的对儿童关于"为什么"的问题追问之回应,达到了"事情就是这样"的回答效果。这一层次当然是前理论的,但却是所有后来的理论赖以依托的自明性"知识"的基础。

---

① Peter Berger and Thomas Luckmann, ibid, p. 93.
② Peter Berger and Thomas Luckmann, ibid, p. 93.

合法化的第二个阶段是初步形式的理论命题。在此，可以发现与客观意义系列有关的各种解释图式。这些图式具有高度的实用性，直接与具体的行为相关联。谚语、道德准则、智慧箴言即属于这一层次。以韵文诗形式出现的各种传说和民间故事也被包含其中。①

合法化的第三个阶段包含明显的理论。借此，某个制度部门通过专门的知识被予以合法化。这类合法化为特定部门的制度行为提供相当广泛的参照框架。由于其复杂性和知识的分化性，这类工作通常被委托给专业人员来从事。他们通过正式的启蒙程序来传达合法化②。值得注意的是，随着专业合法化理论的发展以及全职人员的掌控，这一阶段的合法化开始超出以实用为目的的应用范畴，演变为纯理论。至此，合法化领域相对于被合法化的制度而言，获得一定程度的自主性，并且最终会产生属于自己的制度化过程。

象征性宇宙（symbolic universe）构成合法化历史演变的第四个阶段。在意义的整个规模上，这一阶段的合法化与前述阶段的合法化有着重大区别。制度秩序的合法化被提升到宇宙的层面，制度的所有部门都被整合进一个无所不包的宇宙参照框架，而这一框架则构成了一个体系，所有的人类经验都被认为在其范围内发生。

二　象征性宇宙及其合法化功能

贝格尔和卢克曼对象征性宇宙的定义是：

整合不同的意义领域，并以象征性整体涵盖制度秩序的理论传统之集合体。③

对于不同的意义领域而言，象征性宇宙具有超越性和内在性的双重

---

① Peter Berger and Thomas Luckmann, *The Social Construction of Reality: A Treatise in the Sociology of Knowledge* (New York: Doubleday, 1966), p. 94.
② 贝格尔举例说，某种得到详细论述的关于表亲制的家政理论（包含权利、义务以及行为的标准程序等规定）因此可能会产生。这门学问由氏族中的老者掌握，他们通过青春期仪式把青少年接引到这一高级家政理论之中，并且在出现应用问题时作为专家而出现。Peter Berger and Thomas Luckmann, ibid, p. 94.
③ Peter Berger and Thomas Luckmann, ibid, p. 95.

特征。一方面,象征性宇宙具有超越性。象征性宇宙不仅涵盖日常生活实在不同制度部门的具体秩序,而且还面对其他的实在领域,诸如在梦境、死亡等边缘情境中所体验到的各种实在。这些彼此分离的实在领域在一个富含意义的象征性整体中被整合起来,甚至对其做出合理性论证。因此,"象征性宇宙与最为广泛的合法化层面有关,以实用为目的的应用领域在此被决定性地超越掉"①。也就是说,合法化在至为抽象的整体层面发生,其整合的全体根本不可能以日常生活的方式被体验到。另一方面,象征性宇宙又内在于日常生活实在和个体的其他生存境域。一经建立,它又反哺日常的意义体验以及各种边缘性的生存体验。象征性宇宙是日常的制度性生活实在中"所有社会客观化的、主观上体验为真的意义赖以从出的母体",而各种边缘情境体验也同样含括在象征性宇宙中,"被赋予一种特殊的实在地位"②,从而获得意义指派。

正是由于这两个特征,不同的制度过程在象征性宇宙的反思性整合中达到终极圆满,整个世界被创造出来。所有与之相比级别较低的合法化理论,都被视为关于这一世界某些方面和现象的特定视角。制度中的角色,也成为包含并超越制度秩序的世界体系之参与模式。③

在以上基础上,贝格尔和卢克曼对象征性宇宙所具有的种种合法化功能,从多个角度做出展示和深入解析。

首先,象征性宇宙整合不同领域的实在,为制度秩序提供终极合法化。

在象征性宇宙中,日常生活实在被界定为"至高实在"(paramount reality),在此基础上吸纳并整合其他类型的实在,如在梦境、个体生命历程的不幸遭遇等边缘情境中所体验到的实在。这样,不但能够"缓解从一种实在过渡到另一种实在时所伴随而来的震撼",而且使那些"本来会成为日常生活范围内的那些'飞地'的、不可理解的意义域,以实在的等级划分方式被有序化起来,从而变得可以理解,不那么令

① Peter Berger and Thomas Luckmann, ibid, p. 95.

② Peter Berger and Thomas Luckmann, *The Social Construction of Reality: A Treatise in the Sociology of Knowledge* (New York: Doubleday, 1966), p. 96.

③ 贝格尔指出:在此背景下,亲属结构内"正确行为"的终极合法化将会落定在一个宇宙学和人类学性质的参照框架之中。如乱伦,将会作为对神性秩序以及神灵所设定的人性自然之冒犯,达到终极的消极禁戒意义。Peter Berger and Thomas Luckmann, ibid, p. 97.

人恐惧"①。

把边缘情境的实在整合进日常生活的"至高实在"之中，在贝格尔和卢克曼看来，具有深刻的重要性，因为所有这些情境对于社会中理所当然的、程式化的制度生活而言，威胁最为尖锐：

> 如果后者被认为是人类生活中的"阳光"面，前者则为"黑夜"。恰因为"黑夜"有其实在性，通常属于"恶毒"的类型，故而是社会生活中理所当然的、实事求是的理智实在的一个恒定威胁。日常生活的亮丽实在本是一场虚幻，将随时被另一处的黑暗实在之极度梦魇吞噬掉，这样的想法在人类生活中一直不断地试欲申明自身。②

通过实在等级秩序的建立，象征性宇宙把各种可以想象到的实在有效地组织和有序化起来，使事物各得其所，故而所有上述疯狂和恐怖的想法被有效遏制或禁锢，日常生活实在始终保持其至高无上的确定性特质。同时，无论何时，一旦个体从这一实在之等级秩序的意识中迷失掉（即沉溺于边缘情境的实在），象征性宇宙能够允许他返归现实，因为这是所有形式的制度行为和角色所归属的领域。

其次，在确立日常生活实在优先地位的前提下，对死亡予以定位和合法化，是象征性宇宙最重要的成果之一。

个体经历他人的死亡以及预想自己的死亡，是最典型的边缘情境。无疑，死亡对于日常生活实在的威胁最为可怕。在作为最高实在的社会实存领域对死亡予以整合，也因此成为制度秩序合法化的首要任务。这类合法化可以诉诸神话、宗教或形上学的解释，甚至无神论者的世界观（如进化论或革新历史观）。但不管其具体内容如何，所有涉及死亡的合法化机制都必须执行同一功能，即"必须使个体在'重要他者'故去后能够继续在社会中生活下去，同时，至少在对死亡的恐惧感大为缓解、不至于在严重阻断日常生活事务正常进行的情况下，使个体能够预想自己的死亡"③。可想而知，缺少象征性宇宙的参照框架，整合死亡的合法

① Peter Berger and Thomas Luckmann, ibid, pp. 97 – 98.
② Peter Berger and Thomas Luckmann, ibid, p. 98.
③ Peter Berger and Thomas Luckmann, ibid, p. 101.

化任务很难取得成功。

象征性宇宙能够提供给个体正确对待死亡的"秘诀"（recipe）。也正是在此过程中，其超越效力和所具有的消减恐怖的特点，得到清晰展现。贝格尔和卢克曼认为，对于人类而言，死亡属于终极恐怖。只有不断阻挡终极恐怖的入侵，日常生活世界的优先地位才能保持其主观可信性，而制度秩序则代表对这类恐怖的防御。一旦制度秩序崩溃，就意味着失去这道防御线，"孤独地暴露在恐怖梦魇的侵袭之下"。正是由于直面死亡，象征性宇宙把终极合法化赋予制度秩序这样的防御结构，从而使个体免受终极恐怖的侵袭。在此意义上，他说象征性宇宙为整个制度秩序提供"庇护性华盖"（sheltering canopies）[1]。

再次，象征性宇宙为个体生命历程和社会历史提供意义整合。

前文已经指出，合法化必须在"水平面"和"垂直面"同时并举。换言之，合法化不仅要立足共时性，把日常生活实存领域各种并无逻辑连贯性、功能互补性甚至相互抵牾的制度意义予以整合，同时还需着眼于历时性，实现个体生命纵向跨度上的各个不同阶段乃至整个社会过去、现在、未来之间的关联，从而使个体或集体的活动能够在统一的历史意义坐标内展开。象征性宇宙以其宇宙整体论的开阔视野，以富含意义的方式融摄社会历史和个体生平履历。

就个体生命历程的不同阶段言，贝格尔和卢克曼指出，原始社会通过仪式以素朴的形式代表了象征性宇宙的意义整合功能。其中，各个阶段的人生转折点皆以象征的方式参照当时宇宙论层面的意义模式即与神灵世界相关联的存在模式，得到融贯和统一。其所导致的，乃是安全感和归属感的获得。此外，现代心理学的人格发展理论也能够执行同样的功能。在这两种情形中，个体从一个人生阶段进入另一个人生阶段，"被看作对'事物之本性'或他自身本性中所固有的自然演变系列之重复。也就是说，他能够使自己确信正在'正确地'生活着"[2]。生命过程蓝图的"正确性"因此在普遍意义整合的最高水准上得以合法化。当个体回

---

[1]　Peter Berger and Thomas Luckmann, *The Social Construction of Reality: A Treatise in the Sociology of Knowledge* (New York: Doubleday, 1966), p. 102.

[2]　Peter Berger and Thomas Luckmann, *The Social Construction of Reality: A Treatise in the Sociology of Knowledge* (New York: Doubleday, 1966), pp. 99 – 100.

首过去，他的生活经历以此方式变得可以理解；展望未来时，他可以设想自己未来的生活经历在一个有确定坐标的意义体系内展开。

象征性宇宙整合社会历史，是指它立足于现在，囊括过去和未来，把所有时间序列上的集体事件连贯起来，使之一体化。对于过去，它为社会化到集体之中的所有个体创设可以共同分享的"记忆"[①]；对于未来，它为个体行为的投射建立起共同的参照框架。故而象征性宇宙以意义整体的方式，把人类与其先辈和后继者相关联，因此有助于超越个体实存之有限性，并给予死亡以意义。如此一来，"所有的社会成员现在都可以认为自己属于一个饱含意义的宇宙，这一宇宙无论在他生前还是死后，均存在于那儿"[②]。现实中的社会共同体被转化和提升到宇宙层面，具有无比庄严的性质，全然独立于具体个体的命途沉浮和变迁。

最后，象征性宇宙使个体的身份认同合法化。

身份认同（identity）是指个体在世界之中的位置指派以及对世界的接受。身份认同经由社会化形成，它是贝格尔和卢克曼所主张的社会基本辩证过程中"内化"这一构成环节的集中体现。贝格尔和卢克曼认为，由于社会化的性质所在，个体的身份认同是一种"不稳固的实体"（precarious entity），主要依赖于个体与重要他者之间的关系联结而建立，而后者很容易改变甚至消失。同时，这种不稳固，又通过边缘情境中的自我体验而陡增——"把自己视为某种明确的、稳定的、被社会所认可的身份认同之拥有者这一'理智'领悟，不断受到超现实的梦境以及幻想幻形的变换所威胁。"[③] 象征性宇宙整合各种不同类型的实在、采取有效的策略遏制死亡恐怖感的侵袭，从而赋予日常生活实在以最高的实在性，为个体置身其中的、以制度秩序为特质的社会世界做出终极合法化论证，所有这些，皆意味着个体主观的身份认同一旦被安置在象征性宇宙的意义脉络中，终将变得"稳固"起来，同样可以达到被终极合法化的效果。根据神话，个体的姓名乃为神赐。个体把自己的身份认同锁定在宇宙实在中，免受社会化偶然性以及边缘体验负面影响的干扰，由

---

① 这类"记忆"是否符合历史实情并不重要，因为象征性宇宙可以因应于当下制度秩序意义的需要，对历史中的集体事件进行重构，甚至发明与既往全然不同的解释。

② Peter Berger and Thomas Luckmann, ibid, p. 103.

③ Peter Berger and Thomas Luckmann, ibid, p. 100.

此,他能够知道"我是谁"。贝格尔和卢克曼指出,在象征性宇宙的话语体系中,"身份认同被诸神、精神病专家、政党所认可或者能够被认可,故而获得了最高的实在地位"①。

贝格尔和卢克曼反复强调:制度秩序一旦建立,并非如人们所想象的那样牢不可破,固若金汤。制度秩序从本质上而言乃是不稳固的,不断面临着各种其他类型的实在以及死亡所带来的混乱因素之威胁。这些混乱因素就其本身而言是无意义的,其直接后果是制度秩序的崩溃、无序和恐怖现象的爆发。故而旨在赋予制度秩序以终极合法化的象征性宇宙,也就担负起"把混乱保持在堤防之内"(keep chaos at bay)的必要任务。② 此外,贝格尔和卢克曼也指出:制度秩序的不稳固特点和象征性宇宙的必要性,在人类的生物构造方面有其深层次的根基。人类有机体构造的不完满以及由此决定的"世界敞开性"特点,就已经隐含着人类行动中秩序和混乱的冲突不断上演。③

三 象征性宇宙维护类"概念机器"

在现实社会中,由于象征性宇宙的不完美以及在实际运用过程中所出现的问题,其本身也有合法化的需要。鉴于象征性宇宙对制度秩序的合法化是在普遍程度最高的水准上进行,关于象征性宇宙的理论思考因此可被说成次级合法化,而对于这类合法化所采取的形式,贝格尔和卢克曼又称为"宇宙维护类概念机器"(conceptual machineries of universe-maintenance)。

对于象征性宇宙在现实中所出现的问题以及概念机器维护的必要性,贝格尔和卢克曼从以下几个方面做出论述。

第一,隔代传递。作为客观化的公共意义话语,象征性宇宙在隔代传递的社会化过程中从未完全成功过,"某些个体较之于其他个体更为确定地'居住'在传递下来的象征性宇宙中。即便在相当虔信的'居民'

---

① Peter Berger and Thomas Luckmann, *The Social Construction of Reality: A Treatise in the Sociology of Knowledge* (New York: Doubleday, 1966), p. 100.

② Peter Berger and Thomas Luckmann, ibid, p. 103.

③ Peter Berger and Thomas Luckmann, ibid, p. 104.

当中，在理解这一宇宙的方式上也存在着变化不一的个性差别"。① 究其原因，乃在于象征性宇宙本质上超越日常生活、不能按照日常生活的方式去经验，其意义也就不可能像对待日常生活的意义学习那样，以直截了当的方式传授给个体。孩子对象征性宇宙的疑问，与关于日常生活的制度现实的疑问相比，必须以一种更加复杂的方式回答，个性殊异的成人的问题也需要有更为精巧的概念阐述。

第二，异端现象。象征性宇宙的越轨版本凝聚为关于实在的另类理解，从而形成异端，并且以其在社会中的实际存在这一点，对原有的象征性宇宙的地位构成挑战。把这一越轨版本予以客观化的群体，也就成为另一种关于实在界定的理论的承载者。毋庸讳言，这类异端群体不但对象征性宇宙本身，而且对象征性宇宙所合法化的制度秩序的实践构成威胁。这样一来，象征性宇宙的看护者们自然要对异端群体予以压制，而压制措施需要被合法化，各种概念机器存在的必要性也就应运而生。在历史上，异端问题通常成为象征性宇宙的概念化理论思考得以系统发展的驱动力的例子不胜枚举。作为应对一系列传统异端挑战结果的基督教神学思想的发展，就是最好的说明。

第三，遭遇不同象征性宇宙传统的挑战。很显然，这类遭遇是在与外部社会的接触过程中出现的，其所提出的问题和挑战要比内部的异端问题更加尖锐，因为己方象征性宇宙的绝对地位被动摇，另一种象征性宇宙成为可供选择的意义体系。同时，它也同样属于正式传统，理所当然的客观性地位对于外部社会的人们同样有效。更为可怕的是，外部社会的人们通常会把思想的矛头直接指向己方社会象征性宇宙传统的根基本身，把己方社会关于实在的理解直接视为无知、疯狂甚至赤裸裸的罪恶。贝格尔和卢克曼举例说，周围有一些不能够或不愿意遵守表亲制度的叛逆群体是一回事，遭遇另一个完全不同的社会整体又是另一回事。在这样的社会里，"对表亲制度或许闻所未闻，甚至并没有出现'表亲'这样的词汇，但它却井然有序，各种事务均处理妥当"，而且不承认甚至嘲笑互为表亲关系的神灵也不会招致天崩地陷。② 如此宣教式的诱惑，

① Peter Berger and Thomas Luckmann, ibid, p. 106.
② Peter Berger and Thomas Luckmann, *The Social Construction of Reality: A Treatise in the Sociology of Knowledge* (New York: Doubleday, 1966), p. 108.

极有可能使己方社会中的个体或群体深受其吸引,从传统的象征性宇宙中出离,甚至走向更危险的一步,改变表亲制的制度秩序。面对如此严峻的形势,尽可能地彰显己方象征性宇宙的优越性的做法也就势在必行,而构造出相当复杂的概念机器并且使之有效运作,则是优越性彰显之保障。

宇宙维护类"概念机器"的功能,在于使象征性宇宙中认知和规范方面的合法化内容变得系统化起来,从而提升其可信性。从形式上区分,概念机器通常有神话、神学、科学和哲学等几种类型。对于它们各自的特点和区别,贝格尔和卢克曼亦做出简略的分析和介绍。

首先,神话提出神圣力量向日常经验世界渗透的实在观念,"这类观念会导致社会秩序和宇宙秩序之间,以及所有这些秩序的合法化形式之间具有高度连续性的理解。整个实在似乎是由同种材料做成"。① 就理论的复杂性而言,神话在概念机器的类型当中最接近于象征性宇宙的素朴水平。后者意味着除非体系本身出现问题,几乎没有理论性质的话语体系维护需要。这一点,可以解释在并无理论整合的情况下,历史上反复出现各种不相连贯的神话传统并行存在的现象。一般情况下,这类不连贯只有在传统出现问题并且某种形式的整合已经发生后,才被感觉到。传统之中的专家通常是不连贯现象的发现者,整合工作也通常由他们承担。当然,一旦他们的工作开始,随后的神话重构工作也会展现出相当程度的智识复杂性,《荷马史诗》就是一个典型的例子。此外,神话类概念机器接近于象征性宇宙的素朴水平,还在于神话传统尽管由专家垄断和把持,但就其知识本身的内在特质来看,并不艰涩,与普通大众所通晓的东西离得不是太远。

其次,神学在理论系统化和复杂化的程度方面,比神话要高得多。宇宙或许依然按照古老神话中神圣存在者的力量被体认,但在神学话语中,这些神圣实体却与人间世界拉开了相当大的距离。从某种意义上说,神学思想在人、神之间发挥中介作用,因为他们之间起初的连续状态现在被打破。随着宇宙维护类概念机器从神话向神学转变,日常生活看上去较少被诸神的力量所渗透。结果,理论知识体系与社会普通知识库之

---

① Peter Berger and Thomas Luckmann, ibid, p. 110.

间的距离进一步增大，本质上变得更难以获取。即便神学不是有意被制度化为某种"秘传"性质的东西，对于普通大众而言，因为难以理解，依然具有神秘性。这类情况进一步的后果是，"大众依然不会受到神学专家所创造的、构思复杂的宇宙维护理论之影响。大众中的素朴神话与理论精英中的精巧神学并存，两者皆服务于同一象征性宇宙，这样的现象在历史上屡见不鲜"①。

最后，像神学一样，作为后来出现的、概念机器的其他主流历史类型——哲学和科学，乃是精英专家群体的专利，与社会普通知识库之间的距离已是越来越远。贝格尔和卢克曼指出，在宇宙维护的世俗化和复杂化方面，现代科学乃是这一发展的极致，"科学不但完全把神圣者而且也把宇宙维护知识从日常世界移除掉。日常生活同时丧失了神圣性质的合法化，以及那种以预想的整体方式将其与象征性宇宙联系起来的、理论上的可理解性"。② 更简单地说，社会中的"外行"成员不再能够知道他的宇宙在概念上如何维系，尽管他知道谁被认为是象征性宇宙维护类专家。

与异端问题和外部社会另类实在观的挑战相对应，宇宙维护类概念机器在实际中的功能运用，通常有"治疗"（therapy）和"歼灭"（nihi-lation）两种方式。治疗即所谓"灵魂救治"，施予象征性宇宙范围内的越轨者，目的是阻止他们从正规实在观中出离。这需要发展出包含越轨理论和相应诊断工具的知识体系，以及进行救治的概念系统。对此，贝格尔和卢克曼以同性恋制度化的军事集体对越轨者进行救治的例子加以说明。在这类集体中，顽固的异性恋个体无疑是治疗的对象人选。对于越轨者所造成的震撼和冲击，他写道："他们的行为挑战社会实在本身，对其理所当然性质的、认知的（'真正的男人在本性上彼此相爱'）和规范的（'真正的男人应该彼此相爱'）运作程序构成质疑。越轨实际上也成为渎神的一个真实范例，因为诸神在天国彼此相爱，正如其尘世的献身者那样。"③ 在此情况下，就需要启动宇宙维护类概念机

① Peter Berger and Thomas Luckmann, ibid, pp. 111 – 112.

② Peter Berger and Thomas Luckmann, *The Social Construction of Reality：A Treatise in the Sociology of Knowledge* (New York：Doubleday, 1966), p. 112.

③ Peter Berger and Thomas Luckmann, ibid, p. 113.

器予以救治。① 这些救治性质的概念机器经过治疗师有针对性的运用，会被治疗对象予以内化，内化过程本身将会产生疗效。② 在此过程中，概念机器甚至会进一步发展，以至于被治疗师和"病人"所感觉到的、有关于治疗本身的任何疑惑都可以变得概念化起来。总之，成功的治疗将会在概念机器和个体意识对它的主观接纳之间建立一种对称关系，把越轨者重新社会化到象征性宇宙的客观实在性当中。

歼灭是指运用概念机器对象征性宇宙之外的一切事物予以清算，属于消极合法化的范畴，并且通常针对己方社会之外的个体或群体，因为他们不具备接受治疗的资格。在此，概念机器的运作方式很简单——通常把低劣的本体论地位和无须认真对待的认知地位赋予所有位于己方象征性宇宙之外的实在观，这些实在观所造成的威胁因此而被无效化。当然，在多数情况下，歼灭会牵涉到更大的企图，即以己方象征性宇宙的概念方式尝试对所有另类"他者"的实在观做出诠释。③ 也就是说，他者的实在观不仅被分派以消极的地位，而且在理论的细节方面与之激辩，努力征服之，最终把他们的观念消融至己方的象征性宇宙之中，并借此予以清算。在此过程中，他者的观念必须转译为己方观念体系内的概念。贝格尔和卢克曼指出，其间的一个前提预设是"他者并不真正懂得他所说的一切"④。换言之，他者的陈述只有在被转译为"正确的"术语（即源自其所否定的象征性宇宙的术语）时，才会变得有意义。⑤

---

① 贝格尔指出，概念机器的基本构成要素包括：解释这一反常状况的越轨理论（诸如恶魔附身等的病理学），诊断的概念体系（即病症学。其不但对恶性发作的状况表现有精确规定，而且能够侦察出潜在的异性恋患者，并立即采取有效的防范措施），治疗过程本身的概念体系（即驱邪的技术条目。每一个环节都有充分的理论阐述作为支撑）。Peter Berger and Thomas Luckmann, ibid, p. 113.

② 概念机器的设计会考虑如何引起个体的负罪感（"异性恋恐慌"）。在负罪感的压力下，个体对治疗师展示给他的当下状态的概念化表述在主观上将会接受并发展出一种"洞察"，因此诊断的结果对他而言在主观上也是真实的。Peter Berger and Thomas Luckmann, ibid, p. 114.

③ 在神学的框架内，这意味着从异端学到护教学的转变。

④ Peter Berger and Thomas Luckmann, ibid, p. 115.

⑤ 在神学中，这样的歼灭化程序通常用来证明魔鬼不经意地荣耀上帝，无神论者才是真正的信仰者等。

四 象征性宇宙类专家群体

象征性宇宙及其维护类概念机器以对实在的终极界定为己任,为社会世界里的"居民"提供关于自然、社会和宇宙的最为彻底的意义整合和合理化解释。为了理解任何时候作为实在界定的象征性宇宙以及它在历史上的变迁状况,就必须理解使界定者的界定工作成为可能的社会组织。贝格尔和卢克曼指出,对于社会学研究而言,"重要的是把历史上业已存在的、关于实在界定的概念化构思的讨论,从抽象的内容层面,推进到具体承担者的社会学层面"①。

象征性宇宙专家的产生和劳动分工以及经济剩余有关。劳动分工导致知识专门化和管理特定知识体系的从业人员出现。在知识发展的这一早期阶段,不同的专家之间并无竞争,每一个领域的专门知识都由劳动分工的实用要求决定。当知识形式变得越来越复杂以及经济剩余出现时,专家们会献上全部的时间和精力致力于各自专业课题的探究,随之而来的是概念机器的发展,以及知识从日常生活的实用需求这一原初的出发点那里愈行愈远。各种结构优雅的知识体系的专家们提出了新的地位要求——他们不再满足于仅仅是某种社会知识部门的专家,而且宣称对整个社会知识库具有统辖权。当然,这并不是指他们知悉一切,而是指他们宣称知悉所有人所知、所为的终极意义。

社会知识的发展和象征性宇宙类专家的出现,具有深远的影响和后果,如知识日益抽象化以至于不为实际的社会生活过程所左右,制度内在的惰性倾向也由于终极实在层面的合法化而得以增强,等等。但从社会组织的层面观察,最重要的后果是社会冲突。这首先表现为象征性宇宙类专家和执行者群体之间的冲突——执行者会嫉恨专家的自命不凡和社会特权,而且最有可能引起他们反感的是,专家宣称能够比执行者自己更好地知道行为的终极意义。在此情况下,执行者一方会出现各种反叛,导致与专家的主张相对抗的实在观浮出水面,最终他们也就成为掌

---

① Peter Berger and Thomas Luckmann, *The Social Construction of Reality: A Treatise in the Sociology of Knowledge* (New York: Doubleday, 1966), p. 116.

控新实在观的新专家群体。① 其次为专家群体之间的冲突。这类冲突大多体现为宇宙实在观的竞争（如一神教和多神教的竞争），与日常的实用层面无关，故而孰是孰非的问题并不能靠实践检验予以解决。这样，理论家们便诉诸各种更为坚实的后盾，为脆弱的理论争辩寻求社会力量的支撑。②

象征性宇宙的理论专家们所寻求的后盾和支撑，与现实社会结构框架内的利益分配有关。也就是说，非理论性质的利益很大程度上介入这些争论，并决定争论的最终结果。不同的社会利益集团将会与不同的理论"联姻"并成为它们的载体。理论 A 将会吸引上等阶层，理论 B 吸引中等阶层，其中的理由已经与当初激发这些理论原创者激情的因素相去甚远。③ 相互竞争的专家小圈子也会依附于这些作为载体的社会集团，因此实在观的理论竞争，也就转化为社会利益集团之间的力量对抗，哪一方会胜出将取决于利益较量的最后结果。同时，利益对抗反过来也被转译成理论术语。相互对抗的专家以及他们各自的支持者在主观上是否对这些理论保持忠诚，相对于这些结盟和对抗过程的社会学理解而言，则是第二位的。④

在论述专家群体的诞生及其社会影响和后果之后，贝格尔和卢克曼又就这类群体在历史上的可能存在环境或存在形式做出归纳。

---

① 古印度社会婆罗门种姓和刹帝利种姓之间的冲突，以及由此而导致耆那教和佛教登上历史舞台，就是最好的历史说明。Peter Berger and Thomas Luckmann, ibid, pp. 118-119.

② 对于借助社会权力而推行的宇宙实在观在民众中的接受情况，贝格尔很有意思地写道："这并不意味着借助于权威力量推行的实在观较被自愿接受的实在观少可信性，因为社会权力包含决定关键社会化过程的权力，以及产生实在的权力。在任何情形下，高度抽象的象征性宇宙（即与日常生活的具体经验拉开极大距离的理论）乃是通过社会方式而从非实证支持获得有效性。"Peter Berger and Thomas Luckmann, ibid, p. 119.

③ 贝格尔认为，某种理论被特定的社会利益集团所接纳，固然是由于该理论的内在元素有助于集团的利益维护和内部团结，但也不可据此认为在集团利益和理论元素之间存在必然的逻辑关联。它们之间之所以"联姻"，乃是由于偶然相遇。例如在君士坦丁时代，起初在中下层阶级中流行的基督教最终被罗马统治集团钦定为国教，似乎不是因为其教义的内在要素，而是因为它碰巧被这些强有力的利益集团所利用。这类利用带有政治目的，和基督教特定的教义内容联系不是很大。某些其他类型的象征性宇宙理论或许也可以发挥同样的效果，但基督教正是在历史抉择的关键时刻碰巧出现。Peter Berger and Thomas Luckmann, ibid, p. 124.

④ Peter Berger and Thomas Luckmann, *The Social Construction of Reality: A Treatise in the Sociology of Knowledge* (New York: Doubleday, 1966), p. 120.

首先是垄断。垄断是指特定的专家群体控制整个社会内部关于实在的界定事务，他们的理论也作为法定传统要求所有社会成员接受和公认。在此情形下，尽管并非所有人把法定传统予以内化，怀疑分子也会存在，但不能形成有效的社会组织从而对传统专家及其理论构成实质性的竞争和挑战。当然，即便潜在或实际的挑战和威胁出现，传统专家群体也能够倚仗其与社会统一权力结构的结盟所获得的力量支持从而有效地抑制或消灭之。消灭的形式不一，肉体消灭或隔离是常采用的办法，但前述概念机器对内部"病态"越轨者的治疗、对外部社会的另类实在观则用己方象征性宇宙的语言重新阐释并予以清算的做法也屡见不鲜。需要指出的是，传统实在观的垄断地位以社会结构的高度稳定为前提，因此作为其载体的传统专家群体旨在维护社会现状，在政治上与保守势力"联姻"①。

其次为意识形态的斗争。当专家群体在实在界定事务上的垄断地位被打破，各种不同的实在观涌现且依附于各种具体的权力利益进而形成相互对抗的态势时，我们就可以谈论"意识形态"（ideology）。有必要指出：这一术语在垄断的情形中运用并无意义②，在社会间接触、两种不同的实在观彼此遭遇的情况下使用这一术语也同样没有意义③。意识形态的独特性在于：在特定的社会范围内，依据不同社会集团的既得利益以不同的方式对同一宇宙整体做出解释。

再次是多元主义的宽容与互存。与意识形态的斗争不同，多元主义意味着"共享一个核心宇宙，这一宇宙被视为理所当然，而各个不同的

---

① 贝格尔说："历史上大多数的垄断型实在观是宗教性质的。故也可以说作为实在观方面的全职专家垄断联盟的教会，一旦在一个特定的社会中建立起它们的垄断地位，本质上是保守的；反过来，与政治现状之维护利害攸关的统治集团，出于同样的理由，对宗教传统领域的所有革新皆持怀疑态度。" Peter Berger and Thomas Luckmann, ibid, p. 123.

② 例如，说基督教乃是中世纪的意识形态并无意义，理由很简单：基督教世界是由包括农奴和地主在内的所有社会成员"居住"。当然，在工业革命之后的时期，在某种程度上可以把基督教说成资产阶级意识形态，因为资产阶级利用基督教传统及其从业人员与新的工人阶级做斗争，而后者在大多数欧洲国家里不再被视为"居住"在基督教世界里。

③ 例如，不能说十字军的"基督教意识形态"以及阿拉伯人的"穆斯林意识形态"。

局部宇宙则在一种相互适应的状态下共存"①。也就是说，意识形态之间赤裸裸的冲突，很大程度上已经被不同类型的象征性宇宙专家们的彼此宽容和合作所取代。多元主义境况所改变的，不但是传统实在观及其从业人员在社会中的位置（即去垄断化），而且是这些实在观存留在个体意识之中的方式。随着传统实在观理所当然性的丧失，相对主义必然会在个体对世界的主观理解中盛行。此外，多元主义以都市社会的存在（即高度发达的社会分工、社会结构的高度分化以及高度的经济富余等）为前提条件，因此主要存在于现代社会，尽管其也在早期社会的某些局部地区如古希腊罗马后期的城市中存在过。

最后是知识分子专家群体。何谓知识分子（the intellectual）？贝格尔和卢克曼定义道："专业知识不为主流社会所需的专家。"② 在这个定义中，需要注意的是知识分子的社会边缘性特征。知识分子处于社会的边缘，说明他们不接受社会世界范围内的理论整合，在界定实在的事务方面以一种叛逆型专家的形象出现。像法定专家一样，他们也有对整个社会的设计规划。但前者的设计与制度秩序合拍、以制度合法化为己任，知识分子的设计却存在于制度真空的状态里，顶多在知识分子同伴所结成的次级社会圈子里被社会客观化。贝格尔和卢克曼指出：对于自身的边缘性处境，知识分子群体通常有两种选择。第一种是教派性退却，即退却到次级社会群体之中，在此获得情感庇护以及叛逆性实在观客观化的社会基础。第二种为革命，即试图将叛逆性实在观的客观化基础从次级社会群体的小圈子扩大到整个社会，在整个社会范围内实现其关于社会的设计和规划。③

---

① Peter Berger and Thomas Luckmann, ibid, p. 125.

② Peter Berger and Thomas Luckmann, ibid, pp. 126.

③ Peter Berger and Thomas Luckmann, *The Social Construction of Reality: A Treatise in the Sociology of Knowledge* (New York: Doubleday, 1966), pp. 126 – 127.

第二章　实在建构论之"主观实在"

根据贝格尔和卢克曼所主张的社会建构基本辩证过程的理论视角，社会是作为客观实在和主观实在同时存在的。何谓"主观实在"？它赖以形成和维护的社会机制是什么？在现实生活中，个体的"主观实在"是否存在转变的可能？作为个体主观实在确立标志的自我身份认同，其专门的合法化理论具有哪些特点，它与个体有机体的本能式自我的关系如何？这些问题的回答，恰是本章致力讨论和分析的要点。

第一节　实在的内化

客观实在经由人类行为的外化和客观化而建构，而客观实在转化为主观实在即呈现在人们的观念理解当中且不失其理所当然的真实性特色，则需要通过"内化"环节达成。何谓内化？对此，贝格尔和卢克曼有简单和复杂、广义和狭义的区分。

所谓广义的"内化"，贝格尔和卢克曼说，"是指对作为意义表达的客观事件之即刻领会或解释"[1]。换言之，这一客观事件作为另外一个主观过程的显示，无论我的主观过程是否与之对等，在客观上依然能够为我所通达，并且对我显示为意义。此类简单和宽泛至极的内化形式，乃是复杂形式的内化之基础。

狭义和复杂形式的内化，则以更加深入和持久的主体间表意过程的互动为前提。贝格尔和卢克曼指出，这一形式的内化使得个体"不但领会他者当下的主观过程，而且领会他生活于其中的世界，并且那一世界变得为我所有"[2]。也就是说，借由与他者的持续交流和互动，个体在主观上被引领至他者生活于其中的社会世界，并实现对这一世界客观意义

---

① Peter Berger and Thomas Luckmann, *The Social Construction of Reality: A Treatise in the Sociology of Knowledge* (New York: Doubleday, 1966), p. 129.

② Peter Berger and Thomas Luckmann, ibid, p. 130.

的接纳。只有在这一层面上，我们才可以谈论客观实在的"内化"，以及个体正式成为社会世界的成员。

个体由以达到复杂水平内化的成长过程是为"社会化"①，包括初级社会化和次级社会化两种形式。初级社会化为个体在儿童期所经历，由此，他被正式地接引到客观社会世界之中，成为社会的正式成员。次级社会化是随后出现的过程，把已经社会化的个体引入所处社会客观世界的新领域。

一 初级社会化

个体的初级社会化，是围绕与生活中的"重要他者"（significant others）所结成的重要关系展开的。重要他者在社会化过程中起主导作用，决定个体所内化的世界的性质，以及内化的途径、体现形式和最终状态。

首先，个体所接受和内化的世界，是经过选择和过滤之后的世界。换言之，重要他者把社会世界的客观实在传达给个体，但在传达的过程中，只指向这一世界的某些方面，而且即便这些方面，也带有重要他者各自的理解视角和鲜明的个性烙印。究其因，在于"重要他者在社会结构中的位属和他们特定的生活经历所造就的个人特质"②。

其次，个体对重要他者保持强烈情感依附关系的情境互动，是内化进行的具体途径。在这类情境中，儿童以各种情感方式认同重要他者。不管这些方式如何，只有认同过程（identification）出现时，对客观世界的认知和学习才能发生。具言之，通过对重要他者的认同，个体接受重要他者的角色和态度，并进一步把这些角色和态度予以内化，为己所用。在此基础上，个体能够逐渐地确立起对自我的意识，进而获得主观上一致和合理的自我认同。当然，这一过程并不是儿童单方面地接受重要他者教导的机械活动，而是包含"他者所赋予的认同和自我的认同、客观指派的认同以及主观利用的认

---

① 贝格尔和卢克曼对社会化的定义是："全面连贯地把个体引入社会客观世界或其中的一个组成部分的过程。" Peter Berger and Thomas Luckmann, ibid, p. 130.

② Peter Berger and Thomas Luckmann, ibid, p. 131.

同的辩证互动"①。

再次，自我意识的不断累积，导致身份认同（identity）的形成，而身份认同则是世界由以被内化的典型体现。贝格尔和卢克曼关于"身份认同"的定义是："个体在特定世界之中的位属，以及对这一世界主观上的利用和接受。"这就是说，儿童现在知道：他就是被人称呼为名字的那个人，而名字则是专有用语，对应着某个特定的社会位属。身份认同的获得，也就因此而意味着世界之中特定位置的指派。与此同时，当这一身份认同被儿童在主观上予以接受之时（"我是某某"），身份认同所指向的世界也为他所用。为此，贝格尔和卢克曼说："身份认同和社会世界的主观利用（subjective appropriation），仅仅是以重要他者为中介的同一内化过程的不同方面。"②

最后，在与重要他者持续、有效互动的前提下，个体在主观上经历了从重要他者的具体角色和态度的不断抽离过程，最终形成对"泛化他者"（the generalized others）的意识以及与此相关的一般角色和态度之认同。"泛化他者"意识的出现，意味着个体的头脑所面对的不再只是生活中的重要他者，而是社会中的所有人即整个社会。③ 这样一来，个体自我的身份认同不再拘泥于面对面互动情境的限制，在内化社会本身及其客观实在的水平层面上，被提升到一个更具稳定性和连续性的新高度。他现在拥有不但对应于这样或那样的重要他者的身份认同，而且拥有一般意义上的身份认同，而这一身份认同在主观上被领悟为始终如一，不管是否遭遇到他者（重要的或不重要的）。有鉴于此，贝格尔和卢克曼认为，当个体形成对"泛化他者"的意识时，社会、身份认同和实在以主观的方式凝聚成形，"客观实在和主观实在之间的对称也由以建立起来"。所有这些，都标志个体的初级社会化进入决定性阶段，同时也意味

---

① Peter Berger and Thomas Luckmann, *The Social Construction of Reality: A Treatise in the Sociology of Knowledge* (New York: Doubleday, 1966), pp. 131 – 132.

② Peter Berger and Thomas Luckmann, ibid, p. 132.

③ 当儿童意识到"所有人都反对泼汤"且这一规范被概括为"任何人都不要泼汤"时，社会化的决定阶段出现——"任何人"具有普遍性，原则上包括对于儿童而言极其重要的整个社会。它在意识内的形成，意味着个体现在不但认同具体的他者，而且也认同他者的普遍性，即整个社会。在此意义上，贝格尔和卢克曼使用"泛化他者"概念。

着这一阶段内化实在的任务从理论上讲臻于完结。①

鉴于重要他者在初级社会化中的重要作用，贝格尔和卢克曼对以之为中介的、个体所内化的社会世界的性质，做进一步补充论述。

个体的出生事件，使他在既定的社会结构和环境中遭遇重要他者。个体并无意志和能力选择重要他者，这一内在于社会化情境中的无可规避的条件安排，对于个体而言具有明显的后果。重要他者的非选择性，使得个体对他们的认同过程几乎是自动的，同时他内化重要他者世界的特定实在也是近乎必然的。也就是说，儿童并不把重要他者的世界作为许多可能的世界之一，而是作为世界本身（即唯一存在且唯一可以想象得到的世界）予以内化。正因为此，与次级社会化所内化的世界相比，这样的世界以其更为明晰的实在性或全面的真实性特色，牢固地盘踞在个体的意识当中，从而成为他后来生命历程中关于"不可复制的确定性"记忆所能追溯的最初源头。对此，贝格尔和卢克曼评论道：

> 儿童世界的真实性特质在个体那里，会逐渐形成一种有序结构（nomic structure）的意识。在这一结构中，"一切安好"（母亲在安抚她哭闹的孩子时常说的话）。在儿童的成长经历中，当发现许多事情远非"安好"时，自然会给他带来心灵上的冲击。当然，冲击的程度视个体生活的环境而有所不同。但不管怎样，儿童世界在人生的追忆中，最有可能保持其特殊的真实性本色。它永远是一种"家的世界"（home world），尽管个体在以后的生命历程中于此渐行渐远，步入根本没有"在家"感的各种生存境域。②

也正是由于这一点，他说："初级社会化使社会在个体那里所实行的一个最重要的'狡计'得以成功：使一大堆不相干的偶然性组合为貌似

---

① Peter Berger and Thomas Luckmann, ibid, p.133. 当然，贝格尔和卢克曼又强调：在现实的社会化过程中，由于主观实在和客观实在外延上的不对等，它们之间的对称关系不可能一劳永逸地得以完成，而是需要不断地制造和再制造。就此而论，社会化以及与之相应的社会实在的内化过程在实践中是不全面的，也从未完结过。参见 Peter Berger and Thomas Luckmann, ibid, pp.134–137。

② Peter Berger and Thomas Luckmann, *The Social Construction of Reality: A Treatise in the Sociology of Knowledge* (New York: Doubleday, 1966), p.136.

必然性，并因此而使出生事件变得具有意义。"①

　　初级社会化的学习内容和学习序列的安排，由不同的变量所决定。这些变量固然与不同的年龄阶段和性别等自然因素有关，同时也涉及不同社会对儿童期及其社会含义的不同规定，故而初级社会化具有社会历史的相对性。譬如说，在一个社会中的儿童期，在另一个社会中或许为成人期；而儿童期的社会含义，"从情感性质、道德义务、智力能力、性行为的可允许性、刑事责任、神性感应能力等方面考量，也因应不同的社会而变化"②。虽然如此，贝格尔和卢克曼还是提炼出初级社会化所需内化实在的基本内容：（1）语言；（2）制度所规定的、基本社会行为的动机图式和解释图式③；（3）最低限度的合法化机器的入门知识。④

二　次级社会化

　　次级社会化是指制度性质的或以制度为基础的次级世界之内化。我们知道，角色表征制度，因此在很大程度上，次级社会化又可被视为特定角色知识的获取过程，而作为承载角色知识的语言，自然也就成为个体所需内化的重点内容。基于这一点，贝格尔和卢克曼做出如下重要论述：

　　　　次级社会化需要获取与特定角色有关的语汇，这意味着把组织常规性解释和规范制度内行为为目标的语义域予以内化。与此同时，这些语义域所包含的心照不宣式理解、价值评价以及情感色彩也随之习得。⑤

　　贝格尔和卢克曼以骑兵生活为例，勾勒出初级社会化所需内化的角

---

① Peter Berger and Thomas Luckmann, ibid, p. 135.
② Peter Berger and Thomas Luckmann, ibid, p. 136.
③ 如希望自己的行为像一个真正勇敢的小男孩，认为小男孩有勇敢和怯弱两种不同的区分等。这些图式为儿童提供日常生活的制度化程序，某些程序即刻就可以实践，而另外一些程序则寄望于后来生活阶段的社会行为去实施。无论是即刻可以实施的还是寄望于将来实施的制度行为的程序，把个体的身份认同和他者的身份认同（如女孩、奴童以及其他部落的男孩等）区分开来。Peter Berger and Thomas Luckmann, ibid, p. 136.
④ 也就是说，儿童必须懂得各种行为程序的"所以然"。必须勇敢，因为它们希望成为真正的男人；必须举行仪式，因为不如此，诸神将会震怒；必须服从首领，因为如此，遭遇危险时，诸神将会相助。Peter Berger and Thomas Luckmann, ibid, p. 136.
⑤ Peter Berger and Thomas Luckmann, ibid, p. 138.

色语言在内容方面的大致构成。首先，在认知的层面上，一套专门的术语将会建立起来，用以表示战马及其特性和用途以及骑兵生活所可能遇到的各种情况。所有这些，都与步兵生活毫不相干。其次，以工具语言为基础，一套独特的象征和隐喻语言体系随之建立。个体与同伴均能心照不宣地理解这套语言并运用至彼此之间的交流，而其他兵种的人们听到后则不知所云。这样的语言，除包含认知和规范的因素外，也充满情感色彩和价值评判的成分，极有助于强化个体作为骑兵的自我身份认同。[①] 最后，角色语言至少要包括最低限度的合法化入门知识，其范围从简单格言到精心构造的神话不等，并且有时还伴有作为强化手段的仪式和实物的象征存在。如每年一度举行马神节庆祝仪式，参加者会在马背上用餐、新骑者接受物神崇拜性质的马尾等。

和初级社会化相比，次级社会化的特点主要体现为：承担社会化工作的执行者与社会化对象之间情感依附关系的消淡，前者角色的正式性和匿名性，以及在某些情形下技术强化手段运用的必要性。兹分别述之。

（1）情感依附关系的消淡。在初级社会化中，如果没有个体对重要他者强烈的情感认同，内化就不会发生。次级社会化却未必如此，只需要普通人际交往所需要的一定量的交互认同，就可以有效地进行下去。正如贝格尔和卢克曼所言："母子情深必然，师生情深却非必然。"[②] 情感依附关系在后者那里的消淡，很大程度上缘于社会化得以进行的制度背景通常得到理解。也就是说，次级社会化所内化的世界，在作为社会化对象的个体看来，总是与特定的社会制度安排相联系，因此属于"局部实在"（partial realities），从事社会化工作的执行者也被视为"制度职员"（institutional functionaries）对待。而在接受初级社会化的儿童视野中，情况则恰好相反：其所内化的世界乃是唯一的世界也即整个实在本身，传达这一世界的重要他者则理所当然地扮演整个实在的中介者角色。正是由于理解上的这种反差，次级社会化的开展显得较为正式，其中执行者的角色带有高度的匿名性特点——同样的角色可以由具备社会化指

---

① 作为骑兵的身份认同，包括"我是一个骑者""骑者决不可让敌人觊觎他座驾的后方""让美人对策马奔驰的感觉终生难忘""战场上快骑，赌场上快手"等方面。

② Peter Berger and Thomas Luckmann, *The Social Construction of Reality: A Treatise in the Sociology of Knowledge* (New York: Doubleday, 1966), p. 141.

引资格的任何个体承担，而与他们的情感或个性特质关系不大。

（2）社会化工作者角色的正式性和匿名性。正式性和匿名性会为次级社会化带来诸多后果，其中最重要的后果是与初级社会化相比，所内化的内容在主观必然性方面要消淡得多，并因此而导致这些内容的实在性基调漂浮未定，更容易被排除掉。此外，正式性和匿名性也使个体在主观上一方面确立整个自我及其实在性，另一方面确立局部自我及其实在性，并使这两者保持距离成为可能。①

（3）技术强化手段的必要性。次级社会化所内化的实在主观必然性的消淡，从实用的角度来讲非常有利，因为这会允许理性的、情感上得到控制的学习序列安排存在。但是，由于本身脆弱和难以维系的特点，其在某些情况下却必须依赖于特定的强化技术，营造必要的认同和必然性观念，以便使社会化过程能够顺利进行下去。贝格尔和卢克曼说，从内化内容的学习和运用方面考虑，技术强化手段的需要可以是内在的（如音乐教育，所内化知识的内在特性要求个体在主观上有高度的投入和沉浸于其中的状态），也可以是外在的（如职业革命者的训练，内化的内容并不繁杂，但革命运动的既定利益决定个体必须有献身精神），或者内、外两种因素兼而有之（如宗教工作者的社会化）。②此外，初级社会化和次级社会化之间的连贯性要求以及各种实在观之间的竞争，也使技术强化手段在次级社会化中有其存在的必要。

最后，贝格尔和卢克曼指出：各种启蒙仪式和见习期，是伴随次级社会化过程中技术强化手段运用的常见制度安排。这类制度能够使个体充分专注并沉湎于新的实在，其中的人际关系也变得富含情感意味，社会化执行者在很大程度上显示出初级社会化过程中"重要他者"的角色特征。这类情形所起到的效果是：个体"把自己献给音乐、革命、信仰，等等。不只是部分而是全部地献上自己的整个生命、随时随地准备牺牲自己，则是这种类型的社会化所能达到的极致状态"。③

① Peter Berger and Thomas Luckmann, ibid, p. 143. 随着从初级社会化向次级社会化的推进，对于儿童来说，在老师面前隐藏自己要比在父母面前隐藏自己容易得多。这种隐藏能力的发展，是其步入成年期成长过程中的一个重要方面。

② Peter Berger and Thomas Luckmann, ibid, p. 144.

③ Peter Berger and Thomas Luckmann, *The Social Construction of Reality: A Treatise in the Sociology of Knowledge* (New York: Doubleday, 1966), p. 145.

第二节 主观实在的维护和转变

通过社会化，个体被正式接引到社会客观世界之中，客观实在和主观实在之间的对称在一定程度上建立起来，但是，主、客观之间的对称从来就不是静态的、完结的事务状态，"就像一个不断进行的平衡动作一样"，需要不断地制造和再制造。① 与此同时，在现实的社会生活中，初级社会化的内化实在对于个体而言尽管有其坚韧的、理所当然的必然性，但时常受到人类体验边缘情境以及竞争性实在观的双重挑战，次级社会化的内化实在在意识中的根基较弱，更是面临被其他实在观置换掉的危险。② 所有这些，无论保持主、客观实在的平衡和对称，还是抵御竞争性实在观的挑战、排除人类体验边缘情境的威胁，均指向已有主观实在的维护问题。维护失败，则可能导致主观实在转变的发生。和主观实在的维护一样，转变也非自发地上演，而是以一定的社会基础和社会过程为支撑。

一 主观实在的维护

贝格尔和卢克曼首先指出：正如实在最初通过社会过程被内化一样，它的维护也经由社会过程，并且与前一种社会过程并无实质的不同。在维护主观实在的过程里，个体平日所遭遇到的所有（或至少大多数的）他者，对已经被内化的日常生活实在予以确认。③ 基于这一前提，贝格

---

① Peter Berger and Thomas Luckmann, ibid, p. 134.

② Peter Berger and Thomas Luckmann, ibid, pp. 147 – 148.

③ 贝格尔和卢克曼说，这样的现象可以出现在诸如搭乘市郊往返列车的情景里。他们写道："在此情景中，个体或许不认识车上的任何人，也不和他们说话，但乘客群仍然向他确认着日常生活的基本结构。通过整个的行为指向，车上的人们把个体从清早的那种边界模糊的、脆弱的实在感中抽离出来，以一种并非不确定的'语调'向他'宣布'：这个世界由勤劳的上班族、负责任的列车员、列车时刻表、纽黑文铁路以及《纽约时报》等构成。时报则成为个体主观实在确认的最为宽广的坐标。从天气预报到提供帮助的广告，报纸的内容无一不使个体确信，他确实置身于最为真实的、可能的世界中。与此同时，个体在早餐之前所经历的不良预兆感的恍惚出离状态（即清早噩梦方醒，对于平日所熟悉的人和物包括他自己所具有的一种陌生、疏离感），其真实性也大为降低。总之，只有置身于市郊往返列车的匿名乘客群中，日常生活世界的实在性才开始变得可以信赖。" Peter Berger and Thomas Luckmann, ibid, pp. 149 – 150.

尔和卢克曼把他者区分为"重要他者"和"重要性相对较弱的他者"两种类型。重要他者在主观实在的维护安排（the economy of reality-mainte-nance）中居于核心位置。就主观实在构成中的一个至为关键的因素——身份认同的确认而言，重要他者以明显的、饱含情感色彩的方式起根本性作用，而重要性相对较弱的他者多半以含蓄的方式，于随机交往中对前者的作用发挥"合唱"功能。这两种类型的他者在个体主观实在的维护安排中体现出辩证关系，它们之间相互作用，并进而与所确认的个体的主观实在之间发生作用。① 总之，实在的维护和确认牵涉个体所处的整个社会环境，尽管重要他者在此过程中占据优先位置。

　　他者是主观实在维护的基本力量，那么维护工作以什么样的方式进行呢？贝格尔和卢克曼的回答是"交谈"。为此，他发明了一个概念——"交谈机器"（conversational apparatus）。交谈机器的核心构成是话语，但不否定围绕话语的非语言交流的丰富意蕴。在维护主观实在的过程中，它表现出以下特点。第一，以隐性的方式维护主观实在。大多数交谈是在一个被默认为理所当然的世界背景下发生的，故而并不需要用很多的话语界定实在的性质。通过隐性的含义，交谈确认这一世界的主观实在性。第二，以随机的方式累积和贯通主观实在。交谈之所以是随机的，恰因为它指涉理所当然世界的日常事务。缺少随机性，意味着日常生活事务的中断，对理所当然的实在构成潜在的威胁。第三，在动态调整中维护主观实在。就交谈的内容而言，某些条目逐渐地被遗弃，而新的条目也不断地添加进来。这种新旧损益的动态过程所造成的结果是：从未被谈及的某些事物的主观实在性变得动摇起来，相反，以往以转瞬即逝和不清晰方式把握的条目现在则被赋予坚实的轮廓。一般来说，交谈机器通过详细谈论各种体验要素以维护主观实在，并把这些要素分配至真实世界的特定位置。

　　就交谈机器对主观实在的维护而言，贝格尔和卢克曼非常重视作为交谈工具的语言的作用，因为"语言能够把世界客观化，把生生不息的人类体验转化为一套融贯的秩序。在秩序的建立过程中，语言能够领会

---

① 在广阔的周围环境中出现的、对个体认同的坚决否定，最终会影响到重要他者所提供的认同。反之，重要他者的认同也会对周围环境产生效果。如一个忠实的妻子，在很多方面对于个体致力于使商业伙伴认可他的某种认同而言，不啻为一笔财富。

世界并且使世界实现出来（在 *realize* 一词的双重含义上）"①，而交谈则使个体在面对面情境中把语言对世界的实现潜能充分展现。据此，他指出：

> 一个根本性的实在维护事实，乃是不断运用同样的语言把正在展开的个体生平经验予以客观化。在最宽泛的意义上，所有使用同样语言的人们都是主观实在维护事务上的他者。②

在贝格尔和卢克曼关于主观实在维护的理论体系中，"可信性结构"（plausibility structure）是他提出的又一重要概念。贝格尔和卢克曼对这一概念的定义是："维护主观实在的特定社会基础和社会过程。"③ 显而易见，可信性结构在内涵上把前述重要他者和普通他者、交谈机器以及作为交谈工具的语言等因素包含在内，所有这些因素综合起作用，从而形成个体主观实在对他自己而言具有可信性的社会基础环境。在贝格尔和卢克曼看来，可信性结构是个体主观实在借以维护的唯一有效途径。他强调"只有在对个体身份认同予以肯定的社会环境中，个体才能维持他的自我身份认同；只有保持与天主教社群的重要关系，个体才能维护其天主教信仰"，而一旦与可信性结构中介者的交谈中断，主观实在势必会受到威胁。对于多年生活在不同信仰的人群中间且与信仰伙伴在空间上相互隔绝的个体而言，虽然也可以通过书信或祷告、礼拜仪式等手段维持自己对天主教身份的认同，但其产生和维护实在的效力与直接置身于面对面情境的可信性结构之中相比，显然要低得多，因为在最低的限度上，这些手段尽管继续支持他作为天主教徒的自我身份认同，然而就

---

① Peter Berger and Thomas Luckmann, *The Social Construction of Reality: A Treatise in the Sociology of Knowledge* (New York: Doubleday, 1966), p. 153.

② Peter Berger and Thomas Luckmann, ibid, p. 154. 这一论点的意义重大，贝格尔和卢克曼进一步通过"公共语言"（common language）这一术语的内涵所指予以分梳。他认为，该术语包含三个层次：初级群体风格的语言，地域或阶级独有的"方言"以及通过语言界定自身的民族国家语言。与此相应，个体也遵循着"向实在回归"的路线——从共享内部成员隐语的小群体，到"方言"所属的社会部门或区域，以至于把特定语言传统作为身份认同标志的更大集体。用相反的顺序来说，也就是：回到美国、回到布鲁克林、回到就读于同一所中学的人们当中。

③ Peter Berger and Thomas Luckmann, ibid, p. 155.

主观层面而言,"会变得空乏起来,缺少生动的实在性韵味,除非通过与其他天主教徒的接触使之'重新被赋予生机'(revitalized)"。①

可信性结构维护主观实在的一个显著功能是搁置怀疑。怀疑会导致主观实在的瓦解,为对抗怀疑,特定的社会约束(social sanctions)在可信性结构的范围内被所有的成员予以内化并不断地得到确认,而嘲笑则成为这类社会约束中的一种。只要个体依然处在可信性结构的范围内,对实在的怀疑在主观层面出现时,他首先会私下地自我嘲笑,知道一旦说出来,别人也会同样地嘲笑自己,于是,他在心理上对这些怀疑不再予以理会,继续生存在具有约束性的社会边界之内。贝格尔和卢克曼认为,如果作为社会基础的可信性结构不再可以利用,这种处理怀疑的自我疗法就会变得困难重重。

最后,为了理解上的方便,贝格尔和卢克曼把主观实在的维护区分为"常态型维护"(routine maintenance)和"危机型维护"(crisis maintenance)两种类型。② 前者在日常生活的常规状态下进行,遵循前述社会基础和社会过程;后者则发生在特定危机情形出现的时刻,维护措施基本与前者相同,但也存在某些特殊的区别,如以显性和密集的方式确认实在,以及特定仪式技术的运用。仪式或者是集体的,或者是个体的,其运用取决于危机对内化实在所形成的挑战之特点。如制度化的集体仪式针对自然灾难发生的时刻、个体性质的仪式针对个体遭遇不幸的时刻,而各种复杂的净化仪式则是针对陌生人(foreigner)及其对"法定"实在的潜在威胁而建立起来的。

二 主观实在的转变

在现实中,主观实在不一定会一直得到良好的维护和巩固,极有可能经历各种程度不等的调整和转变。贝格尔和卢克曼首先讨论主观实在近乎全部转变的极端情形,在此基础上再讨论不那么极端的情形。

贝格尔和卢克曼说,主观实在的转变一般被认为是全部的,这其实是一种误解,因为能够转变的主观实在乃是经由社会化而习得的实在,

① Peter Berger and Thomas Luckmann, *The Social Construction of Reality: A Treatise in the Sociology of Knowledge* (New York: Doubleday, 1966), p.155.

② Peter Berger and Thomas Luckmann, ibid, p.149.

而主观实在从未被全部社会化过①，也就不能够经由社会过程实现全部转变。但是，主观实在的某些重要部分依然存在着较之于较少改变而显示为近乎全部转变的情形，他把这种情形称为"置换"（alternation）。

置换究竟如何发生呢？重新社会化（re-socialization）是必然途径。重新社会化意味着"必须重新、彻底地安排实在性基调（reality accent），在很大程度上也就必须复制儿童期那种特征明显的、对社会化工作者的强烈情感认同"，在这一点上，它与初级社会化很相似。但是，重新社会化也与初级社会化有着根本性的不同，原因在于"社会化过程并非从零开始，而是要面对和处理如何拆卸、瓦解此前的主观实在之秩序结构的问题"②。

经由重新社会化而实现的对主观实在的置换，贝格尔和卢克曼认为必须具备相应的社会条件和观念条件，才能保证其顺利进行。兹分别述之。

（1）社会条件

支持新实在的可信性结构是置换发生的社会条件。作为主观实在维护社会基础的可信性结构，同样发挥主观实在转变的"实验室"功能。与初级社会化相似，个体与重要他者建立起强烈的情感认同关系，而重要他者正是新世界的向导，他们把新实在及其可信性结构传给个体。个体的主观世界也正是在新的可信性结构中重新找到其认知和规范的聚焦点。在此情况下，置换由此发生。

历史上主观实在置换的典型例子是宗教皈依。贝格尔和卢克曼以基督教神学"教会之外无拯救"的经典格言和扫罗成为保罗为例，阐明可信性结构对于成功置换的重要性。他说：

> 只有在宗教社群/教会的范围之内，皈依/拯救才具有可信性从而被有效地维持。这并不否认皈依早在加入社群之前就可以发生，扫罗（即皈依之前的使徒保罗）的大马士革经历就是在基督教社群之外皈依的典型例子，但这说明不了问题。皈依体验并不算什么，

---

① 至少个体对于自己身体和生活于其中的有形宇宙的意识始终如一，不受社会化的影响。

② Peter Berger and Thomas Luckmann, ibid, p. 157.

真正重要的是能够一直认真地对待皈依，保持住对这一体验的信任感。正是在这一点上，宗教社群拥有了自己的存在空间，为新实在提供不可或缺的可信性结构。换言之，扫罗在独处时的宗教狂喜体验或许可以使他成为"保罗"，但只有在基督教社群的背景之下，他才能够一直成其为"保罗"。后者认可他的这一身份认同，并且确认他据以定位这一身份认同的新实在。①

在新的可信性结构之中所进行的主观实在置换，无疑意味着摒弃原有的主观实在，并且与作为其支撑的可信性结构相隔离。隔离既是身体上的，同时也是思想上的。身体上隔离的对象乃为主观实在发生置换之前所居住世界及其"原住民"。如果由于种种原因难以做到的话，则采取思想隔离的方式，也即在观念和心理方面对所有这些局外人予以歼灭。不管怎样，正如《圣经》所言，个体将不再"与不信者同负一轭"，并因此得到保护，免受潜在的干扰性实在因素之影响。② 与此同时，置身于新的可信性结构范围内，也面临交谈机器的重新组织问题。简言之，交谈伙伴现在必须改变，并且要对交谈的对象非常小心，与新实在观相左的人和思想必须统统回避。

（2）观念条件

无论思想上与原有可信性结构及其"原住民"相隔离，还是重新组织交谈机器，均牵涉置换发生的另一个必要条件，即观念条件。前面已经指出，置换赖以发生的途径——重新社会化与初级社会化的一个根本区别，在于需要面临如何拆卸、瓦解此前的主观实在问题。这必然意味着一整套针对整个主观实在转换系列的思想观念机制的有效运作，而可供利用的合法化机器则位列其中，且可被认为是置换赖以发生最重要的观念条件。

像在其他场合中一样，合法化机器包含积极和消极两种功能。前一

---

① Peter Berger and Thomas Luckmann, *The Social Construction of Reality*: *A Treatise in the Sociology of Knowledge* (New York: Doubleday, 1966), p. 158.

② 贝格尔和卢克曼指出：这类隔离在主观实在置换的早期阶段（即"见习期"）特别重要，一旦新实在凝结成形，个体与局外人之间的审慎关系可以重新涉足，尽管在过去经历中曾作为重要他者的这些局外人依然具有危险。Peter Berger and Thomas Luckmann, ibid, p. 159.

种功能主要是为新实在以及对其进行利用和维护的可信性结构做合理化论证，后一种功能体现为对所有可供选择的其他实在（重点是被置换掉的实在）予以拒斥，拒斥的办法是从观念上予以歼灭。在此，我们关注后者。

合法化机器对原有实在及其可信性结构的歼灭策略，主要表现为把这类实在以及曾经传达这类实在的集体和重要他者，纳入新实在的框架范围内重新予以解释。对此，贝格尔和卢克曼有如下精彩剖析：

> 重新解释导致个体生平经历在主观层面发生断裂，个体生平经历以"公元前"和"公元后"、"前大马士革"和"后大马士革"的方式被书写。现在，发生在置换之前的所有事情被理解为以置换为指向（正如"旧约"之于"新约"，或说成是"福音之准备"），置换发生之后的事情则被理解为新实在之流溢。这会牵涉到对过去经历整体的重新解释，所依循的表达式是："那时我在思考，现在我终于明白"。在此过程中，经常会把现在的解释图式投射到过去（"那时我已经知道，尽管是以一种不明晰的方式"），以及对过去并不存在、但对重新解释那时所发生的一切却成为必要的动机因素之说明。通过这样的解释程序，个人以前的经历被归属到新合法机器体系内策略性的否定范畴之下，整个地予以歼灭："当我依然过着罪的生活时"，"当我依然陷于资产阶级的意识之中时"，"当我依然受着无意识的病态需要所驱使时"，等等。个体生平经历的断裂，与黑暗和光明一类的辨识等同起来。①

在对过去经历的重新解释过程中，除了以上所言过去并不存在但为了解释的需要从而编造某些动机因素外，也会对特定的人和事进行歪曲甚至虚构，以使记忆和被重新解释的过去相协调。由于新实在而非旧实在对个体而言绝对可信，在编造的过程中他可以显得非常真诚，认为自己在主观上并未对过去撒谎，只不过使之与同时能够包含过去

---

① Peter Berger and Thomas Luckmann, *The Social Construction of Reality: A Treatise in the Sociology of Knowledge* (New York: Doubleday, 1966), pp. 159–160.

和现在的真理本身相一致而已。贝格尔和卢克曼指出：这种现象，对于充分洞察历史上宗教文献中反复出现的伪证和造假背后的真实动机非常重要。①

　　交代完主观实在发生转变的极端形态之后，贝格尔和卢克曼又论及转变的非极端形态——主观实在重要部分的局部转变情况。

　　由于主观实在的置换经由重新社会化完成，贝格尔和卢克曼把这种局部转变视为从次级社会化到重新社会化之间的"居间形态"。也就是说，次级社会化接近但不等同于重新社会化，遂造成主观实在的局部转变。在当代社会里，由于社会流动、职业训练等原因，局部转变其实非常普遍。他们说："当个体进入广受欢迎的中上层阶级或成为物理学家，并把随附的实在观予以内化和利用时，其主观实在的转变可以是相当大的。"即便这样，这些转变"依然建立在初级社会化的基础之上，并且避免了个体生平经历在主观层面的突然断裂"，故而在程度上还不足以与重新社会化相提并论。② 同时，也正是由于这一点，其造成的后果是尖锐的，因为这些转变需要面对和解决早期和后来的主观实在因素之间如何保持连贯性的问题。贝格尔和卢克曼认为重新社会化是解决连贯性问题的"戈尔迪之结"（Gordian knot）的直接捷径，也即："放弃对连贯性的追求，从头开始重构实在。"③

　　当然，他也并不否认那种以较少激进的方式在过去和现在之间进行修补和弥合的措施。如在社会流动（通常是向上流动，即社会地位的提升）的情形中，使个体自己以及以往生活中的重要他者和群体相信转变并非实质性的是可能的，因为"这类解释图式已然现成，并且在实际的流动发生之前就已经由个体内化，故而能够确保个体生平经历的连续性，主观层面的不连贯现象也因此得到缓解"④。在此，需要强调的是这类解释图式与主观实在置换时的解释图式有一个有趣的不同：

　　　　在重新社会化中，过去以服从现在的方式被重新解释，倾向于

　　① Peter Berger and Thomas Luckmann, ibid, p. 160.
　　② Peter Berger and Thomas Luckmann, ibid, p. 161.
　　③ Peter Berger and Thomas Luckmann, ibid, p. 162.
　　④ Peter Berger and Thomas Luckmann, ibid, p. 162.

把主观上曾经不可能的各种因素向过去投射；在次级社会化中，现在则被纳入与过去保持连续关系的角度予以解释，倾向于把已经实际发生的这类转变最小化。质言之，重新社会化的实在性基础乃是现在，而次级社会化则是过去，两者在性质上刚好相反。①

第三节　内化与社会结构

正如前文所见，实在的内化或曰主观实在的建构并非一劳永逸的事情，它需要凭借可信性结构这样的社会基础和社会过程予以不断地维护，否则，极有可能会经由重新社会化或接近于此的次级社会化发生置换或局部转变。同时，一个毋庸置疑的根本事实是：主观实在的建构是在特定的社会结构背景下发生的。这一事实意义重大，我们对贝格尔和卢克曼社会建构理论的论述也需要专及于此，因为社会结构因素从一开始就决定社会化取得成功的社会规模和程度，以及作为内化成果的"主观实在"在个体那里的稳定性情况。质言之，对内化/社会化现象的任何社会学分析，必须以内化/社会化与社会结构构型之间关系的适切理解为前提。

贝格尔和卢克曼从大处着眼，对社会结构因素的理解抓住最基本的两点——劳动分工以及在此基础上的知识社会分配，并据此判定社会结构本身的复杂程度。进而，他们根据主观实在和客观实在之间是否建立起完美对称这一点，把社会化区分为成功和不成功两种类型，② 认为完全成功的社会化在人类学意义上是不可能的，完全不成功的社会化也较为罕见（多限于极度生理或精神残缺的情况），现实所呈现的社会化，基本上处于以这两种情况为两极而建立起来的连续统的中间变化地带。

一　简单社会结构条件下的社会化

以简单社会结构的认定为前提，贝格尔和卢克曼对接近于上述连续统两极的情况以及这些情况各自的特点做出分析。

---

① Peter Berger and Thomas Luckmann, ibid, p.163.
② 成功的社会化是指在客观实在和主观实在之间建立起完美对称，不成功的社会化则反之。

（1）取得最大限度成功的社会化

社会化在整个社会范围内取得最大限度的成功，意味着无论在个体和群体那里，主观实在和客观实在之间均建立起近乎完美的对称。他们认为，这种类型的社会化只能对应于最简单的社会结构条件，即在最简单劳动分工和最低限度知识分配一类的社会里出现。① 在这样的社会里，单一的制度秩序覆盖社会生活的全体，每一位个体都面临着本质上相同的制度设计，制度秩序的整体力量几乎以同等的分量作用于他们。在此背景下，个体对世界和自我的认识基本从社会知识库那里获取，客观实在也必然被个体大规模地内化，而内化过程中所产生的身份认同则为社会预先规制并且"高度地肖像化"（profiled）②。

无论在主、客观世界中，身份认同均被高度地肖像化，是简单社会结构条件下社会化取得普遍成功的标志。身份认同高度肖像化，乃基于它们能够充分代表位于其中的客观实在。简单地说，每一个人几乎就是他被认为所是的那一位。在这样的社会里，无论就客观还是主观而言，身份认同都很容易辨识。每一个人都知道其他人和自己是谁。武士就是武士，农民就是农民，这些身份认同对他人以及对他们自己来说皆毋庸置疑。贝格尔和卢克曼指出，身份认同高度肖像化，意味着在个体那里并无身份认同问题的出现。对此，他们解释说：

> "我是谁"之类的疑问不太可能出现在意识之中，因为社会预先规制的答案在主观上被普遍接受为真，并且在所有重要的社会互动之中被一贯地确认。这绝不意味着个体欣然于他的身份认同。某个人是处境悲苦的农民，甚至带有反叛情绪，但不管怎样，他的身份认同依然是农民。③

① 这样的社会，最为接近本书关于"全面制度化社会"的理想型论述。原始社会基本具备最简单劳动分工和最低限度知识分配的社会结构条件，在后来的古代文明社会里能够多少不一地发现这类痕迹。

② Peter Berger and Thomas Luckmann, *The Social Construction of Reality: A Treatise in the Sociology of Knowledge* (New York: Doubleday, 1966), p. 164.

③ Peter Berger and Thomas Luckmann, *The Social Construction of Reality: A Treatise in the Sociology of Knowledge* (New York: Doubleday, 1966), p. 164.

同时，从心理学的角度来说，在如此条件下形成的个体，也不可能以所谓"潜在的深度"的方式来看待自己。因为"表面"和"表面之下"的自我，"只是通过在任何给定时刻呈现于个体意识之中的主观实在的变动范围来区分，而非通过共时性的自我分层（表层、深层）的方式来区分"。例如，一个农民正在鞭打他的妻子时，他把自己理解为丈夫角色；在奉承主子时，把自己理解为奴仆角色。这两种角色或隐或显，在时间上并不共存，其中的任何一种角色皆不被设定为"更深的""更加真实的"自我。质言之，在这样的社会里，个体不但拥有被他人和自己皆认为所是的身份认同，而且以一种统一的、非分层化的方式成其为自己。①

（2）不成功社会化的特例

在简单社会结构条件下，个体生活中的不幸事件，如身体或精神的残疾，或者被社会污名化的个人出身背景（瘸子、智障者或私生子）等，造成了某些不成功社会化的特例。在这些特例中，"个体被囚禁在社会的客观实在之中，而客观实在以一种陌生的和删节的版本形式呈现于他"②。换言之，在俘获他们的、作为陌生力量的、社会所界定的实在与他们自己的主观实在之间，存在着高度的不对称——后者对前者的反映非常贫乏。

贝格尔和卢克曼指出，虽然被囚禁在社会客观实在之中以及主、客观实在之间高度的不对称，"作为身体残疾或私生子的个体，对于所指定的污名化身份却顺然接受。他是其所是，别人和自己都这么认为"。这也就意味着社会化不成功的个体同样以肖像化的方式被做出社会界定：瘸子、私生子、白痴等。当然，他对这一命运安排表示怨恨或愤怒，"但怨恨和愤怒，却是通过卑贱者的身份发出的，反过来也就成为社会所规定的卑贱身份的最终证明。因为对地位在其之上的那些人的身份认同而言，已经超越了这些愤怒的情感"③。也就是说，在日常生活中，尽管相反形式的自我身份认同不时地会在这些个体的意识中出现，但由于缺乏使之转变为现实的可信性结构作为力量支撑，这些意念最终只不过是昙花一

① Peter Berger and Thomas Luckmann, ibid, pp. 164 – 165.
② Peter Berger and Thomas Luckmann, ibid, p. 166.
③ Peter Berger and Thomas Luckmann, ibid, p. 166.

现的幻想而已。① 总之，所有这些特例并不构成对抗性身份认同和对抗性实在的制度化基础，社会结构依然如一，不会因为他们的存在而有任何改变。

二　复杂社会结构条件下的社会化

贝格尔和卢克曼认为，复杂社会结构意味着劳动分工和知识的社会分配变得复杂起来。复杂的劳动分工造成制度领域的分化以及制度秩序区隔化，单一制度秩序覆盖整个社会生活全体的局面被打破，制度的关联性结构只涉及社会中的特定从业人员，各种亚社会群体和组织纷纷涌现。与之相应，复杂的社会知识分配则直接导致与社会共享知识库形成鲜明对比的、被分隔开来的次意义系统的诞生，一系列理解社会整体的不同视角和不同世界观也因此出现。以这样的社会结构条件为参照，无论从客观的社会世界还是从个体对世界理解的观念层面立论，原先在简单社会结构条件下的单一、同质的实在（reality）被进一步多元化，分裂为异质性的"多个实在"（realities）也就在所难免。② "多个实在"使社会化变得困难重重，不成功的概率陡然增大，同时，作为客观世界内化成果的个体的"主观实在"在稳定性方面也随之漂浮不定，极容易发

---

① 贝格尔和卢克曼不无假设地以麻风病患者以及其他被社会认定为"不可接触者"等弱势群体的聚结为例，指出：一旦这些社会化不成功者汇聚在一起，形成对抗性身份认同和对抗性实在观的可信性结构，在亚社会群体内部新的社会化过程便会出现，个体也会获得与主流社会相对抗的新身份认同。结果，一方面会在个体自我理解的主观领域形成分裂（主流社会指派给他的卑贱者身份认同和亚社会群体指示给他的诸如"上帝之子"身份认同的分裂。无疑，他会倾向于后者，前者被理解为"表面"），另一方面也会对主流社会其他群体的身份认同和实在观产生影响和冲击——从最小的方面来说，人们不再可以很容易确认该亚社会群体成员的身份认同；从最大的方面来说，会对整个社会的身份认同指派带来混乱。Peter Berger and Thomas Luckmann, ibid, pp. 166 – 167.

② 贝格尔和卢克曼在两种语境下对"实在"一词进行单、复数区分。其一，论及与"日常生活实在"不同的"其他实在"，即人类边缘体验情境中的"实在"或宗教经验的"实在"等。这时，reality 的复数形式，意指"实在"的内涵具有多重性，即"多重实在"。其二，在"日常生活实在"这一范畴的内部使用之。"日常生活实在"这一基本实在分裂为多种样式，是为"多个实在"。具言之："日常生活实在"固然指客观的社会世界，但由于社会结构复杂化，一方面，它分隔为各个不同的社会实存领域或不同的制度部门；另一方面，身处这些不同领域和部门的个体观察和理解社会世界的视角也自然不同，甚至相互对立。为强调这两点，贝格尔和卢克曼对 reality 一词也多采用复数形式的表达。

生转变。

贝格尔和卢克曼对于复杂社会结构条件下的社会化论述，主要关注相对普遍的不成功社会化现象。他们明确指出：社会化不成功是不同的重要他者把不同的客观实在传达给个体的结果，也就是说，是由社会化工作人员的异质性所致。[①] 他们把这类现象的根源归因于三种典型情形，并且对每一种情形的特点和后果做出分析。

情形一：所有初级社会化的重要他者传达一种共同的客观实在，但传达的角度却很不一样，每一位重要他者都有其独特的个人经历和看待实在的视角。换言之，重要他者秉持同一实在的不同理解版本。

如果这些版本彼此冲突不大且同时由不同的重要他者提供给个体的话（如同一社会中的男性和女性分属不同的社会世界，持有对同一客观实在的不同理解版本），社会化过程本身将会化解这一现象，并不会导致社会化的失败。[②] 但是，如果由于个体生平经历中偶然事件的发生（如父亲不在，由家庭中的女性成员承担其社会化任务），这些版本所源出的背景和它们各自的管辖范围在个体那里模糊不清并且在内化的过程中发生"错位"的话，将会导致社会化"失常"（男孩"女人味"较重，没有获得社会所期望的身份认同）。在此情形下，社会需要借助于相应的治疗机制予以纠正。

情形二：初级社会化过程中，重要他者把尖锐分歧的不同实在或世界传达给个体。

例如，一个小孩同时由父母和保姆照料，父母传达给他的是种族征服者的贵族世界，保姆传达给他的是被征服种族或阶级的世界。在此情形下，根据社会的预先设定，父母的世界无疑具有主导地位。小孩属于父母的世界而不属于保姆的世界，这一点对于他人和他自己都不言而喻。但是，由于个人经历偶然事件方面的种种原因（如父母无暇顾及小孩而由保姆专门照料等），关于这两种世界各自的权能、地位的预先设定会被

---

① Peter Berger and Thomas Luckmann, *The Social Construction of Reality: A Treatise in the Sociology of Knowledge* (New York: Doubleday, 1966), p. 167.

② 男性和女性关于实在的不同理解版本被社会所辨识，并且这类辨识在初级社会化中被转达给个体，故而社会化过程的进行，就已经意味着这两种不同理解版本各自管辖范围的预先设定（男性的实在观版本为男孩准备，女性的实在观版本为女孩准备），作为社会化对象的个体也会自动向自己应属的实在观版本看齐。

浑淆、打乱，社会化因此走向失败。而且，小孩现在所面对的是不同的实在而非同一实在的不同理解版本，在这些实在及其指向的身份认同之间进行选择的可能性正式向他敞开。这样一来，就会产生另一种后果，即个体在日常生活中的身份认同呈现出两面性——在公开场合采取社会所认可的身份认同，私下里则采取隐秘形式的身份认同。后者凭借社会所预先设定的定型化图式无以识别，个体的生平活动也表现出不为人所知的一面。①

　　一旦个体在不同的实在和身份认同之间有自由选择和来回切换的可能，那么他就是潜在的"背叛自己的叛徒"。如果转而引出另外一个话题，"背叛"问题会变得极其复杂——在任何特定的时刻，哪一个"自我"受到背叛？当个体对本质上不同的重要他者（包括不同的泛化他者）中的其中之一实行认同的时刻，这样的问题立即显露出来②，因为从社会学的角度而言，作为个体自我理解的主观实在，现在是由异质的成分所构成。当然，个体可以采取自主决断的方式处理这类矛盾和纠结，但从矛盾和冲突中产生的、作为个体自主选择结果的主观实在，注定潜伏着不稳定因素，在未来的日子里，被曾经所舍弃的实在和身份认同所置换（alternation），对它而言乃是一个永久的威胁。正是在这个意义上，贝格尔和卢克曼指出：不成功的社会化"把不同实在之间置换的可能性包括在自身，并作为个体自我理解的一个恒定特征予以内化"③。

　　贝格尔和卢克曼认为，上述情形下的不成功社会化极有可能会影响到成功社会化的个体，导致个体主义自由选择风气的流行，从而出现"个体主义者"这样一种特殊社会类型。这里所说的"个体主义"，是指在各种相互分歧的实在和身份认同之间进行选择和置换。他们说：

---

① 如对应于父母的关切，小孩正处于成为骑士的学习准备阶段，但令父母意想不到的是，小孩为成为骑士的社会化准备过程只不过是逢场作戏而已——经由保姆的亚社会群体而获得的可信性结构为支撑，他正在为加入被征服阶级的宗教秘密团体真正地准备着。Peter Berger and Thomas Luckmann, *The Social Construction of Reality: A Treatise in the Sociology of Knowledge* (New York: Doubleday, 1966), p. 171.

② 当小孩正在为加入神秘宗教团体而准备时，他背叛父母；在受训成为骑士时，他背叛保姆。正如他认真学习时背叛玩伴、与他们密谋偷汽车时背叛父母一样。其中，每一种背叛都意味着"背叛自我"。

③ Peter Berger and Thomas Luckmann, ibid, p. 169.

不成功社会化向"我是谁"之类的提问开放。在不成功的社会化得到如此确认的社会结构脉络里，经由对不成功社会化者的反思，同样的问题也会在成功社会化的个体那里出现。他迟早会遭遇到那些具有"潜在自我"的个体（"自我背叛者"），那些在相互分歧的世界之间已经或正在实行置换的个体。通过一种镜像效果，这样的问题也可以施之于成功社会化的个体自身。对于这些个体而言，最初的表达式通常是："看那些人！感谢上帝的恩典，我避开了他们"；但最终的表达式或许是："他们能那样，我为什么不能？"这样一来，便开启了个体主义式选择的潘多拉之盒。个体主义式的自由选择最终会变得普遍起来，而个人的生平历程是由"正确"还是"错误"的选择所主导这样的问题则抛诸脑后。[1]

作为一种特殊的社会类型，个体主义者至少潜在地在现实中可能获得的几个世界之间穿梭，并且有意或无意地基于可能获得的不同身份认同所提供的"材料"，构建出"自我"观念。

情形三：次级社会化所需内化的实在与初级社会化已内化的实在之间的分歧，导致社会化失败。

在次级社会化过程中，初级社会化所内化的成果被保存下来，但与之相左且可以取而代之的实在和身份认同作为主观选择的可能性出现。这些选择无疑受制于个体所处社会结构的背景，如一个人想成为骑士，但是他的社会位置告诉他这是痴心妄想。当次级社会化已经推进到使某个人对自己在社会中的"适当位置"不予认同成为可能的境地，而社会结构又不允许个体主动选择的身份认同得以实现时，一种重要的进展出现：主动选择的身份认同成为虚幻的身份认同，但在个体意识的范围内作为"真实"被对象化起来，原有身份认同的实在性基调必然因此而大打折扣。

初级社会化和次级社会化不一致的另一个可能后果是：个体面对各种相互分歧的实在和身份认同，为了特定的目的，可以通过不带情感色彩的操控方式内化它们；就其中所涉及的某些角色的执行而言，他在主观上与之保持距离，只不过有目的、有计划地将其付诸实施。究其故，

① Peter Berger and Thomas Luckmann, ibid, p. 171.

在于次级社会化过程中情感依附关系的普遍消淡所致。具言之，在初级社会化中，如果出现相互冲突的世界，由于重要他者的中介作用，主观实在的每一次确立或者转变都会伴随着情感纠葛而发生；而次级社会化则不同，在面对各种分歧性质的世界时，内化并不以充满情感色彩的、对重要他者的认同为条件，个体完全可以在缺乏情感认同的情况下内化不同性质的实在和身份认同，操控的可能性正缘于此。贝格尔和卢克曼指出："如果这一现象得到广泛分布的话，整个的制度秩序将开始呈现出交互操控的关系网特征。"①

从以上的分析中不难看出，复杂社会结构条件下不成功的社会化大多与实在和身份认同的多元主义有关。在以市场为基础的、各种彼此分歧的世界能够普遍接触得到的社会里，多元主义较为常见，其所带来的是认识论上的相对主义，集中表现为"个体自身所属的世界在主观上也被理解为'某个世界'（a world），而非'世界本身'（the world）"。在行为层面上，制度化行为相应地也被领略为"自身可以超然对待的某种'角色'的'上演'而已，个体也能够对这类'角色'实行有效操控"，如贵族不再是"贵族"，他仅仅"扮演"为贵族。② 个体不但扮演他不被认为所是的角色和身份认同，同样也扮演他被认为所是的角色和身份认同。贝格尔和卢克曼认为，多元主义现象有着非常深远的后果和影响，并且在现代工业社会已越来越典型，对它的研究，必须和特定的社会结构背景相关联。在现代情境中，这意味着建立在社会劳动分工和知识社会分配两者必然关系逻辑理解的基础上，"以工业主义的结构动力学尤其是工业主义所造成的社会分层模式动力学为参照，对实在和身份认同的多元主义现象做出双重剖析"③。

第四节　身份认同

我们已经说过，身份认同是指个体对自己在特定世界之中的位属以

---

① Peter Berger and Thomas Luckmann, *The Social Construction of Reality: A Treatise in the Sociology of Knowledge* (New York: Doubleday, 1966), p. 172.

② Peter Berger and Thomas Luckmann, ibid, pp. 172 - 173.

③ Peter Berger and Thomas Luckmann, ibid, p. 173.

及这一世界本身之主观利用和接受。这一定义足以显示贝格尔和卢克曼在实在建构理论中关于"主观实在"部分的论述的基本要义。身份认同是个体主观世界和社会自我正式确立的标志，在主观实在建构的活动中居于核心位置。建立并维护身份认同，是这类活动的焦点。因此，在贝格尔和卢克曼那里，无论是对实在的内化过程分析，还是关于内化成果赖以维护的途径及其可能经受的转变之考察，都特别重视身份认同这一因素。除此以外，贝格尔和卢克曼还就应对社会化过程中身份认同问题解决的各种心理学理论进行评述，并对有机体和身份认同之间的辩证互动情况予以分析，以期把实在建构理论中身份认同的话题引向深入，做出更加完整、全面的交代。

一　心理学与身份认同

必须指出，在贝格尔和卢克曼的实在建构理论语境中，"身份认同"这一范畴兼具主、客观实在的双重含义。身份认同无疑是主观实在构成的一个关键要素，像所有其他的主观实在要素一样，其形成、维护乃至转变均在个体的主观意识层面发生。但个体身份认同的形成、维护和转变，都由社会化过程承担，社会化本质上是客观实在的内化，故而身份认同也属于客观实在领域的相对稳定成分。事实上，任何社会中都有其特定的身份认同类型存在，而这些类型作为客观的身份认同指派施加于个体，提供内化过程得以进行的对象目标，使主观层面的身份认同出现成为可能。

除主、客观实在的双重含义之外，贝格尔和卢克曼还特别强调身份认同的个体性——身份认同属于个体的认同，在个体与社会的辩证互动中产生，通过个体而呈现。这就意味着客观的身份认同类型只有在个体的日常生活情境之中才能够辨识。他认为记住这一点，对身份认同的理解就可以避免"对个体实存的独特性并无自觉的情况下，受'集体身份认同'这一概念的误导"，并且避开盲目纠缠于"日常生活中的类型划分与科学的逻辑构造之间到底有何等程度的精确关系"一类问题的方法论误区。[1] 要

---

① Peter Berger and Thomas Luckmann, *The Social Construction of Reality: A Treatise in the Sociology of Knowledge* (New York: Doubleday, 1966), p.174.

之，贝格尔和卢克曼对身份认同的解读，是通过把它还原于个体以及日常生活实在的背景和脉络之中进行的，这恰也成为他对所有身份认同理论进行整体评价的思维前提。

交代完以上几点之后，我们可以转而谈论贝格尔和卢克曼对身份认同理论的透析。他们把所有声称能够以全面方式对身份认同现象做出解释的理论，都冠之以"心理学"的标签。在这类理论是否符合现代科学的问题上，他们始终保持社会学研究的中立原则，不予置评。^① 在此基础上，他们指出身份认同理论即心理学具有如下特质。

首先，心理学内置于普遍实在的解释体系之中，且通常以宇宙学为前提条件。

无论作为客观的类型划分还是作为主观的构成要素，身份认同均属于"实在"范畴，而声称能够对这类实在及其形成和维护过程进行全面解释的心理学理论，自然也属于合法化领域的应有内容。对于心理学的理论合法化功能，贝格尔和卢克曼指出：

> 心理学理论通过处理问题个案提供解释图式，重新进入日常生活。出现于主观身份认同和社会身份认同指派（social identity-as-signments）、身份认同和个体深层心理之间辩证关系过程中的各种问题，都可以根据理论范畴予以归类。这一点，乃是治疗进行的前提条件。如果个体身份认同和世界之间的理论联结以社会的方式被确定并且在主观上被援用的话，心理学理论对于社会所建立的身份认同的维护和修复程序之合法化，将会发挥作用。^②

心理学理论旨在对身份认同及其维护和修复过程予以合法化，其植根于更为普遍的实在（即宇宙实在）的解释体系之中也就是题中应有之义。换言之，心理学内置于象征性宇宙及其合法化论证中，而且必须通过后者的逻辑才能理解。如把某些经验现象解释为鬼神附体的心理学，就必须以神话宇宙理论作为它的母体；把同样的经验现象解释为脑电波

---

① Peter Berger and Thomas Luckmann, ibid, p. 175.
② Peter Berger and Thomas Luckmann, ibid, p. 176.

受到干扰所致，就必须把关于实在的科学理论作为其整体背景。

其次，与其他合法化理论一样，心理学具有产生和实现"实在"的效力，但较之于其他理论，心理学的这种效力特别强大，能够直接、深入地作用于个体。

合法化理论一旦以社会的方式被确立（即为公众所认可），那么其所解释和合理化论证的对象——"实在"就具有应然性，而非在逻辑和功能上相互矛盾，并冲突地聚结在一起。这样，就为个体接受"实在"并进一步予以内化提供保障。在此意义上，任何合法化理论均具备产生和实现"实在"的作用，心理学理论也不例外。但与其他合法化理论不同的是：心理学的解释和合理化论证以建立身份认同为目标，涉及这一过程中在主观意识层面所出现的各种积极、消极因素以及正、负面现象的全面揭示，以更加密集的方式作用于个体，致力于"心理实在"（即稳定的主观身份认同赖以出现的心理环境和心理机制等）的社会界定和阐释。心理实在属于实在的一个特殊层面，"对于所有个体都具有最广泛、最连续的主体相关性"①，同时又通过饱含情感色彩的身份认同的形成过程而验明自身、显现自身。就心理学理论对心理实在的界定和阐释以及在此基础上对身份认同建立的指引作用而言，理论和实在之间的辩证关系因此以一种崭新的面目出现——心理学能够以直接和深入的方式具体地影响每一位个体，从而在主观层面极大地促成以身份认同为指归的"心理实在"的产生和再现。主观实在的建构凭借心理学的内化而加速；反之亦如此。

再次，心理学理论的验证，在它与经验上可以获致的心理实在的两相遭遇情境中进行。与任何合法化理论一样，理论对某种实在做出界定和阐释，而实在则反过来作为该理论被验证的基础，此乃辩证法，而非同义反复。

贝格尔和卢克曼举例说，把伏都教心理学予以内化的海地乡下人，如果在自己身上发现某些得到明确界定的"征兆"时，他就相信被"附体"；把弗洛伊德心理学予以内化的纽约知识分子，一旦在自己身上诊断

---

① Peter Berger and Thomas Luckmann, *The Social Construction of Reality: A Treatise in the Sociology of Knowledge* (New York: Doubleday, 1966), p.176.

出某些众所周知的"症状"，就会相信自己患上"神经官能症"。他认为，这并不意味着心理学的"自我验证"，"如果把个体生平背景考虑进去的话，就可以判断：'征兆'和'症状'都是由个体自己'制造'出来的"。此所谓"制造"，是指把心理学予以内化的个体将会根据心理学的相关原理去理解和评判相应的心理实在，而这类心理实在所指示的各种"症状"或"征兆"反过来则作为心理学的各种原理得以被验证的经验基础。其中的奥妙，与心理学极力维护并为之做合理化论证的社会身份认同的类型"在具有常识感的普通个体的主观意识中烙下深刻印记有关"①。

最后，心理学在经验层面能否胜任对各种身份认同难题的解释和处理，取决于它们是否立足于各自的社会背景，即特定的日常生活实在。就此而言，心理学理论具有相对性特质。

主张恶魔附体的心理学理论，对于解释一位居住在纽约的犹太裔中产阶级知识分子的身份认同难题，就不太可能会胜任。同样，精神分析学在解释海地乡下人的身份认同难题方面，也难以奏效。贝格尔和卢克曼指出："尽管这两种心理学在各自的范围内能够通过临床应用来证实它们的实际效力，但皆不能据此声称具有本体地位。无论是伏都教的诸神还是精神分析学的力比多能量，皆不能独立于各自社会背景所确定的世界之外而存在。"② 在这些背景的范围内，它们的确经由社会确认而存在，并且在社会化过程中作为实在被个体内化。海地的乡下人"的确"被恶魔附体，纽约的知识分子也"的确"患有神经官能症。质言之，恶魔附体和神经官能症在各自的社会背景中已成为主、客观实在的结构要素。在实际的日常生活中这类实在也是近便和可以领会的。正因为此，他认为心理学理论具有社会历史的相对性，根源在于其所立足的"实在"属于人类建构起来的，而实在的建构活动本身即具有历史性和相对性。

此外，对于心理学解决身份认同问题失败的情况，贝格尔和卢克曼也尝试做出回答。他们认为，失败大体可以归结为两种可能的情形。第

① Peter Berger and Thomas Luckmann, ibid, p. 179.
② Peter Berger and Thomas Luckmann, ibid, p. 177.

一，社会结构转型。在转型时期，"社会结构的根本性转变（如由工业革命引起的转变）导致心理实在的转变同步进行，并且出现了心理实在和社会结构之间的辩证互动"①。这样，旧的心理学理论不再能够充分解释经验现象即转变中的心理实在，新的心理学理论将会出现。关于身份认同的理论思考将会致力于承认和接受已经发生的转变之事实，并在此过程中相应地转变自身。第二，心理学理论本身的自行发展。也就是说，心理学理论"先于事实"而创造，以至于其本身的"身份认同"成为问题。心理学理论的社会建制（social establishment）以及随之而来的产生实在的效力（reality-producing potency），都由理论工作人员和各种社会团体之间的利益结合所决定，而"政治利益集团人为的意识形态操控则是其中的可能原因之一"②。

二　有机体与身份认同

身份认同通过个体与社会的互动而形成，其本身是社会性的，由社会所决定。与此同时，个体身份认同的形成乃至他整个的主观实在建构，所受有机体生物学因素的影响也不容忽视。对于有机体和身份认同的关系问题，贝格尔和卢克曼将其纳入人类实在建构活动中自然和社会之间关系的大视角进行解读。

在人类建构实在的活动中，作为人类有机体的"自然"和建构活动赖以依存的背景——"社会"，两者的关系是辩证的。这种辩证性在人的境况之中是已定的，并且在每一位个体身上得到全新的展现。对此，贝格尔和卢克曼从外在和内在两个方面做出分析。

从外在方面而言，自然和社会的辩证关系体现在作为动物的人和社会世界之间。有机体确定社会世界的可能性界限，社会世界反过来也给生物可能性施予限制。在有机体和社会的相互限制中，辩证法显明自身。贝格尔和卢克曼认为，社会世界受有机体生物性限制这一点显而易见，个体在建构世界的过程中依然会饥肠辘辘。英国人常说的一句话"国会能做任何事情，除了使男人生孩子以外"就是对这一事实的最好诠释。

---

① Peter Berger and Thomas Luckmann, ibid, p. 179.

② Peter Berger and Thomas Luckmann, *The Social Construction of Reality: A Treatise in the Sociology of Knowledge* (New York: Doubleday, 1966), p. 180.

总之，有机体的生物因素框定开放给任何个体的社会可能性范围，也即借由社会方式而实现的事物可能性之界限。而关于社会对有机体生物性的控制，贝格尔和卢克曼指出两点。（1）对个体寿命期望值的控制。不同的社会以及同一社会的不同阶层有着不同的寿命期望值，个体遭遇的身体意外事件或病理特征也随社会处境的变换而有质的不同，社会控制方面的特定制度安排能够使个体残疾甚至杀死个体，等等。所以这一切，均说明社会在很大程度上能够决定个体的寿命长短和有机体存活的方式。（2）对有机体机能领域尤其是性行为和营养摄入的渗透。个体受生物体质结构的驱使，寻求性释放和营养摄入。但生物体质结构并未告诉他到哪里去寻求性释放和找到食物。个体的性行为和营养摄入通过社会而非生物的方式被疏导以特定的方向，这种疏导不但对个体的此类行为施予限制，而且直接影响到有机体机能的发挥。因此成功社会化的个体面对"错误"的性对象就不能够发挥性功能，面对"错误"的食物时会呕吐。对行为的社会疏导，乃是作为实在建构基础的制度化之本质。据此可以说，社会不但决定个体的行为和意识，而且在相当程度上决定有机体机能的发挥。①

　　从内在方面看，自然与社会之间的辩证关系在个体的生物性基质（biological substratum）和通过社会而产生的身份认同之间展开，主要表现为生物基质抗拒社会对它的改造。这一点，在初级社会化的过程中最为明显。不能只归结为内在学习的问题而认为小孩对他初级社会化中的困难负有责任，实际上他体内的小动物一直在抗争和反击。② 然而，"战斗注定失败的事实并未排除它的动物性对社会世界日益深入的影响进行抵抗。这场斗争在社会化过程中会不断地走向消停，但抗拒作用最终会以生物挫败的方式恒定化自身"③。社会化以及由此产生的身份认同，必然会把这类生物挫败裹挟其中。因此，为了确保对个体内部生物基质的这种抗拒作用持续不断地予以打压，社会化过程中需要合法化，也即"社会必须向个体提供解释，说明为什么他应该每日三餐而非想吃就吃、

---

①　Peter Berger and Thomas Luckmann, ibid, p. 181.

②　例如，小孩抗拒社会强加在他的有机体时间之上的时间结构，抗拒并非按照有机体的生物要求所规定的食宿钟点，等等。

③　Peter Berger and Thomas Luckmann, ibid, p. 182.

为什么不应该和妹妹睡在一起",等等。[1] 类似问题在次级社会化的过程之中同样存在,尽管生物挫败的程度可能不会太尖锐。

贝格尔和卢克曼还指出,在充分社会化的个体内部,身份认同和生物基质之间的辩证互动也一直会上演。在社会所派生的身份认同以外甚至与之对立,个体会不断地把自身体验为一个有机体。在此情形下,辩证互动大多体现为"高级自我"和"低级自我"之间的一场斗争,两种自我分别对应于社会身份认同和前社会甚至反社会的动物性。[2] 对于身份认同的保持和维护而言,高级自我必须反复重申在低级自我之上。这一点,有时候在关键的力量较量中体现出来。[3] 反之,身份认同维护失败,则极有可能是低级自我的力量占据上风所致。

对于有机体和身份认同之间的关系问题,贝格尔和卢克曼最后评述道:"个体的生物性注定他要与他人一起建构这个世界,并居住在其中。对他而言,这个世界成为一种可支配的和确定的存在。世界的界限由自然所设定,但一旦建构起来,就会反作用于自然。在自然和被建构起来的世界的辩证关系中,人类有机体自身也被予以转化。人类产生出实在,并因此而产生出自身。"[4] 自身是指对应于社会世界的主观实在领域,尤其指作为其核心和标识的身份认同。

---

① Peter Berger and Thomas Luckmann, *The Social Construction of Reality: A Treatise in the Sociology of Knowledge* (New York: Doubleday, 1966), p. 182.

② Peter Berger and Thomas Luckmann, ibid, p. 183.

③ 如在战场上,个体必须以勇气克服对死亡的本能恐惧,通过对生物基质的支配权宣明,低级自我迅速被高级自我置于控制之下,而这一宣明无论从客观还是主观而言,对于武士的社会身份认同无疑都是必要的。

④ Peter Berger and Thomas Luckmann, ibid, p. 183.

第三章　实在建构论语境下的宗教阐释

1969 年，贝格尔在其名著《神圣的帷幕》① 的前半部分提出他关于宗教社会学理论"体系要素"（systematic elements）的论说。实际上，这些"体系要素"就是他就宗教社会学研究所提出的一般理论主张，目的在于试图指导现实的经验研究，因此可称之为宗教社会学的"元理论"（meta-theory）。本书为什么把贝格尔的宗教社会学元理论定位为"实在建构论语境下的宗教阐释"？笔者认为，可以做出如下解释。

首先，从实在建构论的理论内容看，合法化无疑是至关重要的构成要素。客观实在的确立，有赖于合法化对不同制度及其所指涉的不同角色和身份认同类型提供统一的意义整合；在主观实在形成过程中扮演关键角色的"重要他者"，正是凭借他所掌握的合法化知识逐步把个体接引到社会的意义模式和行为解释图式之中；更有甚者，就在主观实在的维护中发挥重要作用的"交谈机器"而言，所使用的语言就包含大量或隐或显的合法化信息。总之，作为一种寻求意义解释的认知手段，合法化在主、客观领域的应用使"实在"内涵的真实性维度得到极力彰显，而且只有在此前提下，世界和自我对"人"才有真实性可言。鉴于合法化所提供的意义解释对于沟通和统一主、客观实在，以及在这两种实在的建构和维护过程中的重要性，贝格尔和卢克曼又把他们的社会学理论称为"知识社会学"。

其次，从贝格尔宗教社会学元理论的思想进路看，他是从认知而非经验文化的角度研究宗教的。在他那里，宗教被理解为人类意义最大限度的外化和巨大投射，开启了一种以神圣存在为核心的终极宇宙论的认知视野，这种认知视野为把世界和人含摄于其中并做终极意义上的合法化论证提供了可能。

---

① 这本书 1973 年在英国再版，更名为"宗教的社会现实"（*The Social Reality of Religion*）。本书的写作均依据这一版本，特此说明。

再次，从贝格尔宗教社会学元理论的基本论题看，最为核心的论题是宗教对主、客观世界的合法化维护，其他论题如神正论问题及其解决、宗教与异化，都是在这一核心论题的基础上派生出来的。

最后，从贝格尔宗教社会学元理论的论说方式看，实在建构论提供了明显的理论语境、思想方法和概念工具。事实上对贝格尔而言，宗教本来就是实在建构论中合法化理论部分的题中应有之义，因为宗教代表了主、客观实在建构和维护领域最为典型的合法化形式，宗教社会学也被视为是实在建构论或知识社会学不可或缺的分支和应用学科。

正是由于实在建构论为贝格尔对宗教的社会学阐释提供了基本的理论语境、思想方法、概念工具并且指明了阐释方向，本书对贝格尔宗教社会学元理论的论述将尽可能还原至前两章所述实在建构论的话语脉络中进行，力求在此基础上做出准确、客观的分析和评价。

第一节　宗教与实在的建构

在前两章，我们已经反复提起过贝格尔实在建构论的三个重要范畴——外化、客观化和内化。这些范畴构成了贝格尔社会学思想的基本骨架和纲要，正是以此为参照，贝格尔展开实在建构论的两个组成部分"主观实在"和"客观实在"的论述。本节的写作将首先聚焦于这三个理论范畴，就它们各自的内涵及其相互关系做重点解析。显然，这既有利于前两章内容的总结和深化，同时对于接下来探究贝格尔以神圣宇宙的建立为核心的宗教社会学思想也会提供帮助。

一　实在建构过程的三环节

在贝格尔的理论语境中，外化、客观化和内化表示实在建构过程的三个基本环节。对于这些环节，他分别做出如下定义。

外化是指人通过体力和脑力活动，不断地把自身的存在倾注到世界的过程；客观化是指这类活动的产物达到某种实在，这种实在作为外在于且不同于其原初创造者的事实性而与原初创造者相对立；内化是指作为原初创造者的人对这种实在重新加以利用，把它从客观世界的结构再度转化为主观意识的结构。①

正是这三个环节的密切衔接和同时起作用，建构起我们称为"社会"的人类世界的大厦。值得注意的是，贝格尔对于这三个范畴的定义和使用乃是基于某种辩证的思想逻辑，其所体现的，正是以辩证的观点看待社会及其与人之间的关系。他认为，作为日常生活实在之本体的社会，本质上是一种辩证现象，因为社会归根结底是人创造的产物，反过来它也持续作用并造就其创造者。对此，他结合这三个理论范畴，以"社会是人的产物"和"人是社会的产物"两个命题申述之。

"社会是人的产物"，意指社会是人把自身的存在予以外化和客观化的结果，除了由人的行为和意识赋予它以存在外，社会别无其他存在形式；"人是社会的产物"，是指人在社会之中把社会的客观意义内化为主观意义，据此形成稳定的人格和身份认同（也即成为一个"具体的人"），且个体人格和身份认同的保持以及不同时期的生平践履等，都是在社会范围内进行并且是社会过程的结果———一句话，每一位个体及其生平都只不过是社会史当中的一个点滴和片段而已，离开社会也就无所谓人的存在。② 贝格尔认为"社会是人的产物"和"人是社会的产物"这两个命题并不矛盾，而是从现象学的角度抓住了社会作为经验实在所固有的辩证特性，而由外化、客观化、内化诸环节所主导的这类实在的建构过程，因此也具有了辩证色彩。也就是说，对于这三个环节不能孤立、机械地理解，必须站在人与社会互为前提和因果的角度抓住它们之间的辩证联结，且只有这样，才能够更加深刻地领会实在建构论思想的要旨。

（一）外化

贝格尔指出，人不可能静止地居住自身的内部，然后再在周围环境中表达自我，而是一开始就进行外化，并且"除了把自身不断地向外部世界倾注并从中发现自我"的外化行动外，"很难设想究竟何以为人"。③

---

① Peter Berger, *The Social Reality of Religion*（Harmondsworth：Penguin Books，1973），p. 14.

② Peter Berger, ibid，p. 13.

③ Peter Berger, ibid，p. 14.

外化对人而言为何如此重要？实乃基于人类有机体生物学构造的必然性使然。

外化在生物学的必然性，主要体现为人类有机体本能构造的非专门化和非定向化特征以及由此造成的世界敞开性等方面。具言之，其他哺乳动物配备高度专门化、精密定向化的本能结构，这类本能结构决定了它们生活的世界及其种种可能性，并使后者处于封闭的状态，因此这些动物都生活在仅适合于它们种属的特定环境（即所谓"鼠世界""狗世界""马世界"等动物生存环境）里。相反，人的本能构造既未专门化，也未出现适应特定种属环境的定向化①，故也就不存在生物学意义上的"人世界"（a man-world），人所立足的、并未被他的身体构造所规制的世界不是封闭的，而是敞开的，必须通过他自己的行动去进一步打造，使之适合于人。换句话说，人置身于其中的环境并不是既定的、预先为他组织好一切的，而是需要他把自己的意义不断向其中倾注，通过外化行动使之转化为真正属于他自己的世界。就此而言，人类建构世界的活动并不是与生物学无关的现象，而是人的生物学构造的必然结果。

人类和其他动物相比在生物本能构造方面的天然缺陷，表明人类有机体具有内在的不稳定性，这种不稳定性使得实在建构活动的起始环节——外化成为必然，并且导致两方面的结果。一方面，人不能像其他动物，仅凭本能构造就能与外部世界确立起自动的关系，而是需要以自己的行动去创立这种关系并且努力维持关系的稳固性；另一方面，人以一种奇怪的方式与自己的身体失衡，他不能停留在身体内部，需要通过不断的外化表达自我从而与身体达成和解。综合这两点，贝格尔认为，人的存在事实上是"在人和身体、人和世界之间进行'平衡行为'（balancing act），或说是人'追赶他自身'（catching up with himself）的过程"②。正是在这个过程中，人创造出世界。同时，也只有在由他亲手创造的这样一个世界中，人才能安放自身，实现自己的生命，完成自己的存在。总之，"人不但创造出世界，而且创造出自己。或者更准确地说，

---

① 相对于其他哺乳动物在出生时已经形成专门化、定向化的完整本能结构而言，贝格尔把这类本能结构在人类有机体之上的残缺称为生物学构造的"未完成"（unfinished）状态。Peter Berger, ibid, p. 14.

② Peter Berger, *The Social Reality of Religion* (Harmondsworth: Penguin Books, 1973), p. 15.

他创造了在世界中的自己"①。

通过外化，人类弥补了生物学意义上的"人世界"缺失的遗憾，创造出属于自己的世界，贝格尔把后者称为"人文世界"（a human-world），也即一般所谓的文化。人文世界的特质决定了文化是人类外化行动的产物，除此以外，不可能有其他任何形式的文化存在。需要强调的是，文化旨在为人类提供类似于动物本能的那种严密结构，但由于是人创造出来的，文化在结构上不具备动物本能结构的相应稳定性。就此而言，文化尽管可被视为人的"第二自然"（second nature），却依然和所谓的"自然"有很大的不同——结构的不稳定性注定它会变化。如何维持文化世界的稳定性，是人类实在建构事业中的一个根本性课题。

文化包含人类所创造的全部产品，其中既有物质的，也有非物质的。社会无疑是非物质文化的重要组成部分，贝格尔对它的定义是"非物质文化中对个体与他的同伴不断发生的关系做结构化安排的那个方面"②，并做出两点分析：（1）社会作为文化的构成要素，完全具备作为人类外化行动产物的文化的一切特点。也就是说，没有人的活动，也就没有社会的存在，更无社会的实在性可言，社会不能从所谓的"人的天性"中推导出来，如果非要用"天性"一词来言说社会的话，只能说创造世界是人的天性；（2）社会不但是人类文化创造的结果，而且是文化存在的必要条件，故而在文化的组成中占有优先地位，理由是：人是社会性动物，以社会的方式组织、分配和协调文化创造活动，并且只有在社会中这些活动的产物才能持续存在下去。③

在一般人的印象中，社会被看作与人类活动无关的、消极性质的给予性存在。贝格尔认为，颠覆这类常规思维，把组成社会的各种实体反复归结为人的活动也即人的外化行动，是实在建构论研究视角最重要的成果之一。也就是说，所有人们头脑中设想的构成社会及其所有形式的"质料"是人类在行动中所外化的意义，而所有社会性实体（诸如家庭、社会、国家等）都可作社会学还原分析，把人类活动视为其最基础的本质。在贝格尔看来，结构功能学派的社会学家谈论制度、结构、功

———————————

①　Peter Berger，ibid，p. 15.

②　Peter Berger，ibid，p. 16.

③　Peter Berger，ibid，p. 17.

能和模式等并没有错，但一旦他们像普通人一样认为构成社会的各种实体存在于自身并源自自身，完全和人类的行动及其产物分离开来，错误也就随之而来。"外化"这一概念应用于社会学研究的一个优点，恰在于能够防止这类静态的实体化思维发生。换言之，"社会学解释应该一直是人文化的，应该把社会结构的庄严构造重新指涉创造它们的活生生的人类"。①

（二）客观化

人类把自己的意义外化，在此基础上进一步客观化为不以原初创造者主观意愿为转移的某种事实。这样的事实即为文化，而文化则具有客观性。

文化的客观性具有两点含义：第一，文化作为现实世界中存在于人的意识之外的客体集合与人相对（"文化就在那里"）；第二，文化可以被人们以集体的方式经验和领会（"文化为每个人存在于那里"）。②贝格尔尤其强调后一点，认为文化的客观性是一种得到众人认可和分享的客观性，处于文化之中，也就是和他人一起分享具有客观性的特定世界，这使文化和个体头脑中所设想的、旨在对现实世界中的制度和工具等予以改造的观念形态的东西区别开来。鉴于此，我们可以进而谈论作为文化最主要组成部分的社会的客观性。

首先，社会的客观性是强制的客观性。具言之，社会作为外在的、对于主观意识而言晦暗不明的、强制的事实性遭遇人。它就在那里，和主观意识无关，并且不受个体意愿所左右，一旦个体违反社会的既定规则，它就会对个体做出相应的惩罚，甚至毁灭个体。正由于此，社会通常被作为可以和物质宇宙相等同的实在（也即"第二自然"）而领会，其构成形态和外部自然一样同样被体验为客观世界的构成要素。需要指出的是，社会客观性的强制力虽然典型地见于政治、法律制度等社会控制机制，但最根本的强制力乃是社会把各种制度（即社会控制和非社会控制制度）所构成的整体强加于人类之上并使后者承认其实在性的能力。③

---

① Peter Berger, *The Social Reality of Religion* (Harmondsworth: Penguin Books, 1973), p. 18.

② Peter Berger, *The Social Reality of Religion* (Harmondsworth: Penguin Books, 1973), p. 20.

③ Peter Berger, ibid, pp. 21 – 22.

其次，社会的客观性体现为对个体生平经历做出解释的能力。个体生平经历以系列事件的方式展开并包含在社会世界之中，而这些经历只有在社会世界基本结构的范围内予以审视才有其客观的真实性。个体或许对自己的经历有高度主观化的自我解释，但他的解释只有夯实在集体所认可的、具有客观实在性的社会世界的坐标内才能生效。换言之，个体的生活只有落实在以客观实在性为特色的社会世界的范围内，对他自己以及他人来说才有客观实在性可言。①

最后，社会的客观性延展到它的各个构成要素之上，制度、角色和身份认同都作为具有客观实在性的现象而存在。这些要素的客观性同样都具有强制力，将其既定的意义模式强加给个体，对个体的行为及自我形象予以引导和约束。制度作为外在的和具有强制力的设置存在于那里，在相关行为领域中把它既定的模式强加于个体之上；对制度起表征作用的角色作为某种行为样式，其所具有的基本内涵及其对行为的基本范导功能已经做出客观界定并且是现成的，个体通过履行角色以自我和他人均可理解的方式表征制度的客观性，而角色所规定的行为程序以及对这类程序的履行，本质上与个体自身的个性特质或主观意愿无关;② 在履行角色的基础上，个体必须接受社会中既定的身份认同指派，使自我的一部分客观化并与这些类型化的身份认同等同起来，这部分自我也代表社会世界客观元素的形象在个体意识中定格并频繁出现。

（三）内化

客观化的社会作为外在的事实与个体意识两相对立，它与自然界一样，尚未过渡到内化环节。如果内化发生，社会的各种构成要素在被作为外在的事实予以把握的同时，也会被视为内在于个体意识之中的现象而存在。也就是说，内化意味着个体对社会世界的意义重新吸纳和利用，而这种吸纳和利用进而能够决定个体意识的内容和结构。可见在内化环节，社会作为个体意识的形成力量发挥重大作用。个体吸纳和利用社会文化世界的意义从而奠定自我意识的基本结构的过程被称为社会化，内

---

① Peter Berger, ibid, pp. 22 - 23.
② 个体可能把角色视为"面具"，在面具之下隐藏真正的自我，却不得不违反自己的意愿去"扮演"面具所规定的角色。Peter Berger, ibid, pp. 23 - 24.

化是通过社会化过程的开展而实现的。对于社会化，我们可以试做如下概括。

　　首先，社会化是学习和人格塑造并举的过程。社会化首先是学习，通过学习，特定社会的新生代成员逐步被接引至该社会的意义体系当中，参与社会所设置的任务，接受社会的角色和身份认同指派。但贝格尔马上指出，社会化并不只是意义学习，个体在学习和掌握这些意义的同时，还需要把自我与之等同起来，通过这些意义来塑造自我。也就是说，个体不但要成为文化意义的拥有者和传递者，而且成为这些意义的代表和表达者。[①] 他认为，自我和人格塑造的功能是从社会学视角理解社会化概念的关键所在。

　　其次，社会化有成功程度的不同。完全成功的社会化意味着个体和社会、主观世界和客观世界之间建立起完美对称，社会世界的每一项意义都被个体所掌握，在其意识内部都有与之类似的主观意义呈现。但是，由于社会结构条件以及个体生理、成长背景等方面的原因，现实中完全成功的社会化是不存在的，我们能够谈论的只是社会化的成功程度。高度成功的社会化在主、客观之间建立起高度对称，而社会化的失败则导致主、客观之间的非对称，客观世界以某种陌生或缩略的版本呈现在个体意识之中。[②] 尽管如此，贝格尔指出，如果社会化不能够把特定社会中的那些最重要意义内化到个体意识，"这个社会将很难作为可行的事业来维持，尤其是它无法建立某种传统以确保它在岁月中的延续"[③]。

　　再次，社会化不能凭空、自发地进行，必须以一定的社会基础和社会过程为支撑，[④] 最为明显的是必须依托于集体，尤其依赖于集体中他者主导作用的发挥。具言之，社会化所实现的世界的内化和个体身份认同的确立本质上是同一个过程，个体接受社会的身份认同指派形成主观身份认同，在此基础上连同身份认同所指向的世界一起加以接受，从而建立起主客观世界之间的对称。所有这些，都以集体生活中的他者尤其

　① Peter Berger, *The Social Reality of Religion* (Harmondsworth: Penguin Books, 1973), p. 24.
　② 本书第二章第三节论述不成功社会化的特例时，通过对身体残疾以及污名化出身者社会化状况的分析，已做出详细解释。
　③ Peter Berger, ibid, p. 25.
　④ 这里所谓的社会基础和社会过程，即为贝格尔反复所言的"可信性结构"。

是重要他者的存在为前提：只有通过与重要他者的有效互动和对话，个体才能成为别人所称呼的那个人；也只有继续这类对话，个体意识之内的世界和自我认知对他而言才能保有其真实性。贝格尔认为后一点非常关键，并且意味着社会化不会在个体那里立刻完结，而是毕其一生不断进行的过程，原因在于：作为重要他者所主导的社会化过程之产物的主观世界和外部的客观化世界一样，都是人为建构的结果，故具有内在的不稳固性。不稳固的主观世界需要通过与重要他者的不断对话才能维系，一旦这类对话中断，主观世界便开始动摇，终将丧失其主观的可信性。用贝格尔的话来说，"世界的主观实在性靠对话的细绳来维系"①。

最后，社会化的最终结果，是社会世界的客观实在性转化为个体意识内部的主观实在性，社会所设立的制度程序被个体在主观上领略为真实无妄，个体也把制度背景下社会所指派给他的角色、身份认同接受为唯一的角色、身份认同，除此以外别无其他的角色和身份认同。此外，社会世界中客观的制度及其关于角色和身份认同的客观规定，依然被作为类似于动物、岩石一样的外在事实而领会，但是，这些客观化的实存现在也在主观层面得到领会，具有了主观的意义维度。也就是说，对于成功社会化的个体而言，制度的意义由原初的晦暗不明变得透明起来，个体以反躬内省的方式发现真实的自我与社会指派的角色和身份认同高度吻合，甚至被等同于后者本身。

内化通过社会化过程而实现，个体经由社会化形成社会所认可的自我人格和主观身份认同，但决不可就此认为个体只是被动地由社会决定和塑造。贝格尔指出，为了避免这种机械决定论的错误，必须重申内化只是实在建构基本辩证过程的环节之一而已，这个基本辩证过程还包含社会赖以产生和创造出来的其他两个重要环节——外化和客观化。也即是说，必须把彰显"人是社会产物"命题的内化环节与彰显"社会是人的产物"的外化和客观化环节联系在一起、相互参照，才能以辩证的思维逻辑看待人与社会之间的关系，从而契合实在建构论思想的要旨。这一点，我们在前文已有交代。同时贝格尔也指出，即便个体在社会化过程中，也并非类似于被动、消极的惰性物质任由社会所铸造，而是对来

---

① Peter Berger, ibid, p. 26.

自外界的意义信息能够积极主动、有选择地利用和吸收。个体在社会化过程中的能动性体现在他与重要他者的互动与对话中——个体正是通过与后者长期的交往和不断对话，形成并维持自己稳定的人格和身份认同，而个体作为不断开展的对话过程的能动参与方，表明他"一直是社会世界并因此是自身的合作创造者之一"①。

二 神圣宇宙的建立

通过外化、客观化和内化三个基本环节，贝格尔用现象学的方式阐释了以主、客观实在以及二者之间的动态平衡和对称为标志的社会世界如何建构起来的问题，从而为他的实在建构理论勾勒出基本纲要。值得注意的是，贝格尔关于社会秩序和法则的见解是他社会学思想的又一要点，正是抓住这一要点，我们可以清晰地看到他的实在建构论如何把宗教话题囊括其中并向后者嫁接和转移。

（一）秩序和法则

经由实在建构辩证过程三个环节协同起作用，人类构筑起社会世界的大厦，而这座大厦之所以巍然屹立，乃是以秩序和法则为支撑的。着眼于此，贝格尔首先指出，人类建构社会世界的活动，同时也是经验之秩序化（an ordering of experience），即把某种秩序或法则（nomos）施予不同个体的经验和意义之上的活动。② 他认为，人的秩序化活动在其生理构造中已经注定，因为他在生理上拒绝其他动物天然具备的秩序化机制，故而不得不把自己的秩序强加于经验之上，而秩序意味着创立法则（反之，法则则代表秩序的存在）。同时，人的秩序化活动具有集体特征，在社会行动和社会互动中得以落实。随着社会行动和互动范围的不断拓展，行动者所携带的不同意义在更大的范围内被整合成共同意义域，而后者则形成社会整体的普遍秩序和法则。③

就法则的存在形态而言，有客观和主观两个方面。客观法则在客观

---

① Peter Berger, *The Social Reality of Religion*（Harmondsworth：Penguin Books，1973），p. 28.

② Peter Berger, ibid, p. 28.

③ 这绝不意味着社会法则可以囊括一切，能够把个体所有的意义包含在其中。个体一直会有游离于共同秩序和法则的边缘或外部的意义存在，如贝格尔反复论及的个体边缘情境体验即属此类。

化过程中形成，对于这种形成过程，贝格尔首先从语言说起。语言"通过把区分和结构施予不断展开的经验之流"①，为经验提供基本秩序，因此每一种语言都构成某种法则，或者说是世世代代的人们法则化行为（nomizing activity）的历史结果。具体而言，语言的法则化最初体现在为某项经验命名，使之具备实体的稳定性；在此基础上，当这项经验和其他经验通过句法和语法联系在一起并且伴随着更为严格的语言规定和说明时，法则化则上升到为所有客观化的经验条目建立全面的认知秩序和整体性法则的层面。这样，以语言为基础并且凭借语言，在社会世界中被当作"知识"的客观认知和规范的大厦建立起来。在这座知识大厦中，只有一小部分属于理论，大部分是前理论性质的，由理论家和街上的普通百姓所共享的制度知识、解释图式、道德箴言以及传统智慧集成等构成。每个社会都运用其所通晓的知识，把一种普遍的意义和秩序施予经验之上，故而这类知识也就成为指引人们行动的客观法则。参与社会也就是分享它的"知识"，即共同生活在客观法则之下。反之，客观法则经过个体的内化变为主观法则，并且对个体生平不同阶段的经历在主观意识层面予以整合，使之包含在富含意义的秩序结构之中。②

　　秩序和法则对于社会和人类生存的重要性如何？贝格尔认为，个体生活于社会世界的秩序和法则之内，也就意味着意义和安全感的可能获得；反之，个体一旦"越轨"或"失范"（anomy）、游离于社会世界之外，不但在情感和心理方面承受巨大的压力和缺失，而且会面临一种根本性风险，即无意义（meaningless）的风险。无意义对于个体而言，意味着他据以确认现实和身份认同的基本秩序分崩离析，整个的主观世界陷入极度的混乱和恐怖状态，而这类混乱和恐怖"使人无法忍受到这样的地步，以至于人宁可死也不愿要它"。有鉴于此，贝格尔强调秩序和法则无疑是"防御恐怖的一道屏障"③。正是基于对秩序和法则在人类社会和个体生存领域重要性的认识，贝格尔写道："从社会的角度来看，每一条法则都是从大量的无意义中分割出来的意义域，是无形、黑暗、魑魅魍魉的丛林中一块小小的清朗空地；从个人的角度来看，每一条法则都

---

① Peter Berger, ibid, p. 29.
② Peter Berger, *The Social Reality of Religion* (Harmondsworth：Penguin Books, 1973), pp. 30 – 31.
③ Peter Berger, *The Social Reality of Religion* (Harmondsworth：Penguin Books, 1973), p. 31.

象征着生命中的光明，它脆弱地支撑着，以抗拒'黑夜'那不吉祥的暗影。"①

越轨或失范是对社会秩序和法则的极端偏离，那么即便有了秩序和法则，是不是总意味着绝对安全？答案是否定的，因为个体徘徊于秩序和法则的边际或偶然碰及边际的边缘情境的情况时有发生。边缘情境通常出现在梦境或幻觉中，其后果虽然并不必然造成对社会秩序和法则的实质性偏离，但会产生某种挥之不去的怀疑情绪，在意识层面对他已经内化的关于社会世界及其法则的认识构成潜在的威胁。一般来说，有过边缘情境体验的个体，会怀疑现实除了有其正常的一面外还有另外的一面，怀疑自己以往接受过的关于实在的界定经不起推敲甚至是欺骗性的。此外，最厉害的边缘情境，非死亡莫属。在目睹他人（尤其是重要他者）之死以及联想自己将来之死的时候，个体对他正常生活过程中起作用的那些认知和规范程序之有效性不得不产生强烈质疑。说到底，死亡向社会提出了一个可怕的难题，在于它挑战人类对于社会赖以存在的秩序问题的基本看法。②

越轨或失范从反面印证秩序和法则存在的必要性，而边缘情境则揭示了人类社会天然的脆弱和不稳固性（precariousness）。换言之，即便有了秩序和法则，也会受到不断迫近的强大混乱的陌生力量之威胁，用贝格尔的话来说："社会确认的每一种实在，依然会受到非实在的潜在威胁；社会所构建起来的每一条法则，必须持续面对陷入崩溃从而步入混乱和无序的可能性存在。"③ 为了阻止混乱势力的迫近，使秩序和法则组建起来的社会世界的大厦能够成为人类安全可靠的居所，历史上的每一个社会都不遗余力地引导其成员规避混乱以回到社会的既定实在中，并因此而发明了种种相应的方法。在这些方法中，最重要的莫过于从认知层面对秩序和法则可信性的强调。

贝格尔认为，对秩序和法则可信性强调的一般思路是：为了保持社会世界稳定，对于社会成员而言，仅仅在头脑中把秩序和法则视为实用

---

① Peter Berger, ibid, p. 33.

② Peter Berger, ibid, pp. 32–33. 对于以死亡为典型的边缘情境的体验，本书第一章论述象征性宇宙的合法化功能时已有涉及，下文论述宗教类合法化时还会就此做重点分析。

③ Peter Berger, ibid, p. 33.

的或道德上可取的东西仍不够，还必须进一步作为必然的、事物普遍本性中不可或缺的构成部分加以接受方可，只有这样，秩序和法则才能是必然和理所当然的存在，在意义层面"与被认为是宇宙固有的根本意义的东西之融合"就会发生。① 这实际上是把秩序和法则所蕴含的意义构造向宇宙投射或"宇宙化"（cosmization），经由宇宙化，秩序和法则的脆弱结构获得宏观的宇宙根基和终极支撑，从而变得稳固起来。贝格尔指出，正是在秩序和法则的意义构造向宇宙投射或曰宇宙化这一点上，宗教进入实在建构论的讨论视野。

（二）神圣宇宙

"神圣宇宙"是贝格尔宗教社会学理论的重要范畴，也是他的实在建构论向宗教嫁接的一个关键接合点，这可以从他的宗教定义中发现。

对于宗教究竟是什么的问题，贝格尔在不同的场合分别做出不同的界定。② 在此，我们需要重点关注并加以阐释的，是他在实在建构论的理论语境中给宗教所下的定义：

> 宗教是建立神圣宇宙的人类事业。或者换以不同的说法：宗教是以神圣方式进行宇宙化的活动。③

首先，必须交代贝格尔宗教定义的价值立场问题。无论"建立神圣宇宙"还是"以神圣的方式进行宇宙化"，都属于社会世界建构活动的拓展和延伸，因此贝格尔断言宗教属于人类事业。很显然，贝格尔延续了社会科学研究宗教的一贯做法，他是站在经验科学的参照框架内看待宗教的，至于宗教是不是超出人类活动以外的东西（也即作为宗教文化现象之核心的宗教经验所指向的神圣者是否真实存在），贝格尔认为属于神学讨论的范围，而对于社会学研究来说必须保持价值立场上的中立，

① Peter Berger, ibid, p. 34.
② 如他在《异端的律令》一书和其他处，把宗教界定为一种人类态度（a human attitude），即人类"面对神圣者时具有敬畏感和道德献身感"的态度。参阅 Peter Berger, *The Heretic Imperative: Contemporary possibilities of Religious Affirmation* (New York: Anchor Books, 1980), p. 40.; Peter Berger and Hansfried Kellner, "On the Conceptualization of the Supernatural and the Sacred", Dialog (Vol. 17, Winter 1978), p. 40。
③ Peter Berger, *The Social Reality of Religion* (Harmondsworth: Penguin Books, 1973), p. 38.

可以存而不论。①

　　其次，"神圣宇宙"是贝格尔宗教定义的核心，其中"神圣"一词尤为重要，它在贝格尔的著述中几乎被等同于宗教的代名词。因此，"神圣"一词的含义和如何使用，也就成为阐明贝格尔所言"神圣宇宙"的用意以及宗教定义要旨的关键所在。笔者认为，可从以下三个方面对这一词语做出剖析。

　　（1）贝格尔很大程度上继承了德国宗教学家鲁道夫·奥托（Rudolf Otto）以来的宗教学传统，把宗教经验作为宗教研究的出发点，并且从现象学的角度力图概括和描述这类经验，他对"神圣"一词的理解和使用正本于此。奥托为了描述神圣者的不可思议、不可言说之神秘，专门创造了 numinous 一词，用以传达人们在面对这种全然异己的神秘力量时的惊悚感、敬畏感、依赖感以及从中体验到的活力（ennegy）和迷狂等情感因素。② 贝格尔说："奥托的描述揭示出宗教经验中神圣者所具有的两个相互悖反的核心特征：全然他在，同时对人类又具有巨大的救赎意义。超越人类的他在性以及属人的重要性这两者内在于这类经验之中，然而这两个特征彼此之间必然存在某种程度上的张力。这种张力，或许根本上缘于奥托所言'神圣'所具有的'富含魅力之神秘'（mysterium fascinans），导致在宗教态度方面的一种矛盾情结——深受其吸引，又想逃离之。"③ 简言之，神圣是"不同于普通人类现象的全然他者"，并且在这种"他性"（otherness）中，作为某种"压倒一切的、令人敬畏和具有奇特魅力的神秘力量"显现于人。④

　　（2）相比于日常生活实在而言，神圣开启了一种全然不同的实在领域，是为"另类实在"（another reality）。对于这种实在形式，贝格尔又用"超自然"（the supernatural）一词称谓之：

　　　　"超自然"经验是对另类实在的特殊经验形式……这种经验所

---

① Pater Berger, *The Social Reality of Religion* (Harmondsworth: Penguin Books, 1937), p. 181.

② 参阅〔德〕奥托《论神圣》，成穷、周邦宪译，四川人民出版社，1995，第 27~36 页。

③ Peter Berger, *The Heretic Imperative*: *Contemporary possibilities of Religious Affirmation* (New York: Anchor Books, 1980), p. 42.

④ Peter Berger, *A Rumour of Angels*: *Modern Society and the Discovery of the Supernatural* (New York: Doubleday & Co, 1969), p. 6.

指向的实在即为"超自然"世界，它是彻底它在的。这是一个完整的世界，和日常经验的世界相对立……赫然耸立在日常世界之上，萦绕甚至包裹日常世界。①

　　超自然实在既超越于日常生活实在之上，同时又萦绕并包裹日常生活实在，这正是贝格尔所言"神圣宇宙"的基本模式。然而贝格尔马上指出，把"超自然"和"神圣"在宗教学研究中作为范畴使用，还需注意二者之间语义上的区别和联系。一方面，这两个范畴不一定非要在任何场合都要相互关联——人们可以把诸如宗族、国家、政府机构和制度等世俗实体视为"神圣"，其间并不牵涉任何超自然意味，而巫术和现代通灵术探究超自然存在，也不掺杂任何的神圣感；另一方面，就对宗教经验的现象学描述而言，"超自然"虽然更为根本，但缺少"神圣"一词所提示的拯救性内涵，对这类经验的传达将会是不完整的。综合起来，贝格尔认为这两者属于同族性词语，但需区别对待，并且"可以这样看待它们之间的关系：它们是人类体验中的两个相互重叠却不同心的'圆'"②。很显然，在圆的交合重叠处，包含着传统上被称为宗教的文化现象的核心要素。鉴于此，贝格尔通常把"神圣"和"超自然"这两个词语交替使用，共同传达宗教所具有的独特超越性内涵。

　　（3）贝格尔还通过对"神圣"一词反面意义的辨析，发掘这个词语所具有的更深层含义，进而阐明神圣作为一种独特文化现象对于人类生活、生命安顿的重大意义和作用。他首先接受一般的看法，认为"神圣"的反面就是"凡俗"（profane），后者可定义为"神圣状态的匮乏"，并且"神圣"和"凡俗"的二分法对于任何宗教现象的分析都很重要。③在此基础上，他指出还有更为重要的一点值得注意，即"神圣"在更深的层次上和"混乱"（chaos）相对，因为在宗教发轫之初关于宇宙起源的许多神话中，神圣被认为是从混乱中产生出来，并且在后来的发展历程中一直把后者作为自己的反面来对待。贝格尔认为，这实际上是宗教

①　Peter Berger, *The Heretic Imperative*: *Contemporary possibilities of Religious Affirmation* (New York: Anchor Books, 1980), pp. 37–38.

②　Peter Berger, ibid, p. 40.

③　Peter Berger, *The Social Reality of Religion* (Harmondsworth: Penguin Books, 1973), pp. 35–36.

以自己的方式使现实秩序化,为人类抵御混乱和无序力量的侵袭提供了终极屏障,究其故,乃在于神圣"作为不同于人的、巨大而强有力的实在遭遇人。这一实在向人发话,并且把人的生命安置在一个富含终极意义的秩序中"①,而人只要"处于与神圣者的'正确'关系中,就能免受混乱力量的噩梦般威胁;一旦脱离这种关系,将会被抛至无意义深渊的边缘"②。

最后,在明确"神圣"一词含义和用法的基础上,可以正式谈论"神圣宇宙"的建立即秩序和法则以宗教的方式宇宙化的问题。

根据实在建构论,人的存在从本质上讲是外化行动。在外化过程中,他把意义倾注到现实中,每一个人类社会因此成为外化和客观化的人类意义大厦,或者说对人而言富有意义的世界,而秩序和法则体现了人类的意义创造,故而这样的世界也是秩序和法则的世界。宇宙化意味着把秩序和法则的意义构造向宇宙投射,结果,秩序和法则不再被认为是逼仄的人类世界所独有,而是上升到广袤无垠的宇宙层面加以确证。在此情况下,秩序和法则或者被认为是宇宙范围内事物的本性,或者干脆成为宇宙自身的存在本质——社会世界只不过是宇宙世界的微观版本和缩略反映,前者建基于后者,在基本结构上反映并源自它。简言之,宇宙化旨在为人类的秩序和法则提供终极根基和有效性论证。

贝格尔说,宇宙化并非一定要涉及神圣,特别是到了现代,宇宙化一直存在彻底世俗化的诸多努力,其中最重要者当数现代科学。③ 然而,他又指出:"可以很稳妥地说,在人类历史的起初阶段甚至大部分时期,所有的宇宙化都带有神圣特征。从历史上看,大部分的人类世界都是神圣世界,并且人类似乎只有通过神圣的方式才有可能设想宇宙。"④ 换言之,人类历史上秩序和法则的意义建构,大多是纳入神圣宇宙的世界观框架中予以有效化的。神圣宇宙的建立,使社会世界内的一切秩序和法则构造均带上神圣的特质和光环,社会整体作为人为建构起来的实在的事实被掩盖,这种实在先天的脆弱和不稳固隐患大为缓解。可见,宗教

---

① Peter Berger, ibid, p. 35.
② Peter Berger, ibid, p. 36.
③ Peter Berger, ibid, p. 36.
④ Peter Berger, *The Social Reality of Religion* (Harmondsworth: Penguin Books, 1973), p. 37.

以其神圣宇宙的构架，在人类实在建构事业中发挥重要的战略作用。正是在人类的秩序和法则等意义构造以神圣的方式进行宇宙化这一点上，贝格尔总结道："宗教意味着人类最大限度地自我外化并把自己的意义灌注于现实，意味着把人类的秩序向存在整体投射。换言之，宗教是把整个宇宙设想为具有人学意蕴的大胆尝试。"①

第二节　宗教与实在的维护

宗教以其神圣宇宙的架构，一方面意味着人类自身意义最大限度的外化和向外投射，同时也意味着人类的经验实在向宇宙论层面的终极实在过渡和对接，极大地克服了经验实在内在结构的脆弱和不稳固性。综合这两点，可以认为神圣宇宙是人类创造的、包含并超越经验实在的特殊实在形式（即"宗教实在"），宗教也在很大程度上可被视为人类实在建构过程的拓展和延伸，并且在历史上通常作为这一过程最重要的一环出现。当然，这是从人类历史上社会主要形态的现象学观察视角立论。然而，如果我们换一种角度立足于社会本位思考问题，那么可以很明确地提出如下观点：无论宗教实在还是神圣世界，归根结底都是为了维护社会世界的稳定性，在历史上作为人类实在建构成果的维护力量出现，就此而言，宗教具有实在维护功能。这里所言的实在当然是指经验实在，即人们日常生活于其中的社会世界。

宗教如何发挥社会世界的维护功能？答案是合法化。

一　宗教对世界的合法化

（一）合法化与世界维护的"处方"问题

贝格尔反复强调，以社会方式建构和确立起来的世界就内在结构而言是不稳固的，社会秩序的大厦经常由于人类自身制造的破坏力量的干扰而剧烈摇晃。② 为确保社会世界大厦稳固，除了社会控制等必要手段的运用外，还必须在观念层面对它的存在理由做出合理解释和论证，以

---

① Peter Berger, ibid, p. 37.
② Peter Berger, ibid, p. 38.

此赢得居住在其中的人们的信任和支持，这种解释和论证的过程就是合法化。对于合法化，本书第一章第三节曾有专门论述，在此，我们仅对这一概念的内涵、特征和具体形态等予以简要回顾和归纳。

（1）合法化是对制度进行解释和合理性论证的过程，但这一过程并非仅仅针对单个的制度孤立进行，而是立足于制度秩序之整体把不同制度化过程所出现的意义整合在一起，使之在客观上可供利用，主观上具有可信性。

（2）合法化属于社会知识库或社会公共话语体系的重要组成部分，简单地说，属于客观知识的范畴。事实上，相对于在制度创立时期人们把意义对象化在制度之中的"一度客观化"而言，合法化通过对不同制度意义的整合产生出新意义的过程，也被贝格尔称为"二度客观化"[1]。

（3）就具体形态而言，合法化经历了前理论层面的简单陈述、素朴形式的理论命题（谚语、道德格言、智慧箴言等）、为某个制度部门提供合理性论证的专业理论以及象征性宇宙（symbolic universe）四个发展阶段。象征性宇宙把意义的整合提升到无所不包的宇宙层面，以象征性整体涵盖整个制度秩序和社会法则，标志着合法化的最高水准。神话、宗教、科学和哲学被认为是象征性宇宙的基本存在形式。其中，贝格尔尤其关注宗教，认为它是"历史上最为普遍和最为有效的合法化工具"[2]。

为了阐明这一"最普遍最有效的合法化工具"在世界维护中的作用，贝格尔首先饶有趣味地提出这样的问题：假如某个群体凭空建构出某种全面的制度秩序，如何保证它在未来的时空里能够继续存在下去？他把这一问题称为世界维护的"处方"问题（recipe question），并且开列出自己的"处方"：

> 以如下方式解释制度秩序，尽可能地掩盖它"被建构"（constructed）的实质：让印有虚无基地标记的制度秩序，看上去作为从时间开端或至少从这个群体开始时就一直存在的某种东西而显现；

---

① Peter Berger, *The Social Reality of Religion* (Harmondsworth: Penguin Books, 1973), p. 92.

② Peter Berger, *The Social Reality of Religion* (Harmondsworth: Penguin Books, 1973), p. 41.

让人们忘记制度秩序是人创立的并且它的存在有赖于各色人等的继续同意；让人们相信，根据制度程序行动意味着正在实现与自己实存有关的最深切的愿望，并且把自身摆正到和宇宙根本秩序和谐共存的位置之上。一句话，建立起宗教类合法化论证。①

宗教类合法化何以能掩盖制度秩序"被建构"的实质？贝格尔指出，这得归因于宗教把人类现象定置于神圣宇宙的独特能力。具言之，通过引入神圣宇宙的参照框架，宗教把终极实在这样的本体地位赋予制度秩序，也即把作为人类活动产物的、不稳固的制度秩序结构建立在神圣实在的基础之上，后者使制度秩序超越人类意义和人类活动偶然性的局限，从而呈现出必然、持久和稳固的外表，甚至诸神才有的类似特性。一句话，人类所创造并居住于其中的世界被赋予神秘、终极的宇宙本体地位。

（二）宗教对主观实在的强化

宗教类合法化不仅指向全面的秩序和法则构造，而且指向具体的制度和角色。宗教对具体制度和角色的合法化论证究竟能带来哪些"利好"（gains）？对此问题的解答，贝格尔除了强调这些制度被赋予终极实在的本体地位因此在客观性和必然性方面得到强化外，更多地立足于主观实在的层面，着力论证宗教所提供的合法化如何有助于增强个体的角色意识以及在此基础上形成的自我身份认同。我们知道，角色意识和自我身份认同是主观实在构成的核心要素，因此，贝格尔认为宗教类合法化也有利于主观实在的维护，他论证的基本思路如下。

首先，总的来说，宗教类合法化使个体对于自己所担负的角色具有终极意义上的"正确感"（rightness），自我和角色的同一以及在此基础上形成的自我身份认同也就相应地变得更加深入和稳定。在本书第二章，我们已经谈到他者是主观实在形成和维护的基本力量。实际上，个体对自己所担负的角色的意识很大程度上就依赖于他者的认可，而且只有在他者把个体与角色等同起来看待的情况下，个体才有可能在意识深处形成自我与角色的同一。当然，仅仅立足于实在建构论的理论视角，这里的"他者"还

① Peter Berger, ibid, p. 42.

只是个体在日常生活中所遭遇到的同类。但是，一旦建立起对制度的宗教类合法化论证，角色也随之被提升到宇宙层面而具有了终极意义，以至于不但人类中的他者而且"超人类的他者"（suprahuman others）均以角色的方式确认他。也就是说，对于个体而言，上帝或诸神成为他维持角色意识以及稳定身份认同过程中"终极的、最可仰仗的重要他者"①。

其次，在上古宗教关于"社会—宇宙"关系的"微观—宏观"理解版本中，人类社会被认为是诸神所统治的宏观宇宙的微观缩影和精确反映，社会角色也相应地被理解为诸神世界分工的模仿性再现（mimetic reiterations）②从而带有诸神的烙印，其本身的客观性以及对制度的意义表征功能得到极大增强。在本书第一章的专题论述中，我们曾指出角色表征制度秩序，事实上进一步推究就会发现，角色所表征的乃是制度秩序背后各种客观化的意义复合群及其关系联结，如父亲这个角色，就集中体现了可以归之于家庭制度以及（更为一般的）两性关系制度的宽泛意义系列之聚结。当"父亲"角色通过上述模仿说被予以合法化（父亲在"下界"重复"上界"神圣原型的创生、统治、仁爱等行为）时，它对人类意义的表征能力立刻有了质的提升，因为表征作用已被带上"神性之神秘"（divine mysteries）特征。③ 在此过程中，"父亲"角色同样也被赋予不朽的性质，其客观性将会超越特定时空具体承担者的情感习惯或个性特质从而得到极大强化。换言之，"父亲"角色现在作为具有神灵背景和色彩的、既定的事实遭遇个体，任何可以设想的对这一角色的忤逆行为以及人类历史的沉浮变迁都无从动摇它的事实性地位。

最后，在"微观—宏观"宗教宇宙观体系得到突破、一神论兴起的地方（如古以色列人信仰彻底超越、历史性的上帝的一神论宗教兴起），即便不能够把人的行为和角色解释为诸神世界的模仿性再现，合法化也会把角色划归到宗教诫命和禁忌（religious mandates and sanctions）领域，以使人们深信其所担负的角色绝非人类活动过眼烟云的偶然产物而已。譬如在圣经宗教传统中，性、家庭、婚姻等虽然不能根据上述模仿说做出有效的解释，但这些制度以及有关的角色却通过神命、自然法以及圣

---

① Peter Berger, *The Social Reality of Religion* (Harmondsworth: Penguin Books, 1973), p. 46.

② Peter Berger, ibid, p. 46.

③ Peter Berger, ibid, p. 47.

礼等形式合法化，并且由于是上帝在地上亲自创立的，这些角色在"非人格"（意指角色与具体的角色承担者相分离）特点的基础上华丽转身，进而具备"超人格"（suprahuman）的神秘色彩。①

总之，宗教类合法化在维护制度秩序所代表的客观实在的同时，也对个体的角色和自我身份认同意识这两个主观实在的核心要素发挥极为有效的强化功能。这样，作为经验实在构成的两翼，主观实在和客观实在都被吸纳至宗教所设定的合法化意义语境中予以整合，它们作为被建构起来的实在之本质得到掩盖，从而获得超强的稳固性以及恒久、必然的神圣外表和光环。正是着眼于合法化，贝格尔认为宗教为整个世界提供庇护，给它支撑起"神圣的华盖"（the sacred canopy）。

（三）宗教对越轨和异端以及边缘情境的意义整合

合法化作为意义的二度生成和客观化过程，不但给社会世界中既定的制度秩序和法则赋予意义，还表现在对破坏秩序和法则或造成潜在破坏和威胁的各种去秩序化力量予以意义整合，尽管整合是在消极论证的层面上进行的。具言之，越轨和异端直接对制度生活造成破坏，而边缘情境则对制度生活的实在性构成潜在威胁。这两种情况都是宗教类合法化的意义整合对象，兹分述如下。

（1）越轨和异端

总有那么一批人，他们拒绝社会内部界定的实在，或者以身试法直接违抗社会的既定秩序和法则，或者聚集在一起挑战现有的实在观，提出并实践关于实在的叛逆学说，前者构成"越轨"，后者属于"异端"。很显然，无论越轨还是异端，都对制度生活造成极大干扰和破坏，如何在思想上遏制这两类行为，消解其所带来的可能负面影响，也就成为宗教对实在的合法化维护的重要方面。贝格尔指出，宗教对这两类行为的处理策略是首先贴上"混乱"（chaos）、"无序"（anomy）、"非实在"（irreality）等否定性价值标签，② 并且把这些标签与"神圣宇宙""终极实在"等核心宗教价值范畴对立起来，在此基础上发展出相应的合法化

---

① Peter Berger, ibid, pp. 47 – 48.

② 本书第一章第三节介绍象征性宇宙及其概念类维护机器时，曾指出对付这两类行为的一般合法化形式有"治疗"和"歼灭"两种，这两种方法恰是以这些价值标签为基础的。

话语模式。

正如宗教用无所不包的神圣宇宙秩序解释社会秩序一样，它也把处于社会秩序对立面的所有无序现象与吞噬一切的"混乱之深渊"（the yawning abyss of chaos）联系起来，而后者则是神圣者最古老的对手。违反社会法则冒陷入无序的危险，违反通过宗教予以合法化论证的社会法则则意味着与原始的黑暗势力结盟；拒绝社会所界定的实在冒步入非实在的危险……当社会所界定的实在和宇宙的终极实在等同起来，对它的拒绝也就表现为罪恶乃至疯狂的性质，拒绝者则陷入"负面实在"（negative reality）或说恶魔般实在的危险。①

一般而言，在宗教尚未摆脱神话思维的早期阶段，实在与非实在的对立大多通过神圣世界与地狱世界（或说恶魔鬼怪的领域）之间的斗争得到具象化表达，当宗教的历史发展超越这一阶段，这种具象化的表达形式则逐渐淡化。但无论如何，设置"光明与黑暗、有序的安全感与无序的被遗弃感的根本对立"②，一直是宗教为了在思想上阻止越轨和异端行为所采取的基本策略。

（2）边缘情境

社会世界是人们日常生存于其中的世界，故而宗教类合法化的维护对象也即日常生活实在。贝格尔反复强调，人们对日常生活实在的感知经常会受到边缘情境体验的困扰。边缘情境的体验以"恍惚出离"（ecastasy）③为特征，所谓"恍惚出离"，是指游离日常生活实在境域并置身于其外的精神状态。很显然，处于这样的精神状态，会使人们对日常生活实在的真实性和可靠性逐渐产生怀疑。如何化解边缘情境对社会生活的困扰，将其整合到全面的秩序和法则结构中去，是宗教对社会世界合法化维护的又一个重要方面。我们在前文论及象征性宇宙的一般合法化功能以及社会秩序和法则的话题时，已经谈到边缘情境，在此再做

① Peter Berger, *The Social Reality of Religion* (Harmondsworth: Penguin Books, 1973), p. 48.
② Peter Berger, ibid, p. 48.
③ Peter Berger, ibid, p. 52.

一些补充论述。

贝格尔首先认定，最一般、最常见的边缘情境体验是人们每天睡眠时的做梦，以及清早初醒到完全清醒这一过渡阶段的意识状态。在做梦时，日常生活实在被抛诸脑后；在清早完全清醒之前，日常生活实在的轮廓显得模糊不清。这样，日常生活实在被一大堆与之迥然相异的其他实在的阴影笼罩着。这些实在尽管不至于对日常生活实在在个体意识中原初或作为"至高实在"（paramount reality）的地位构成根本威胁，[①] 但贝格尔认为，潜在的威胁隐患依然存在并且很难消除。他说：

> 总有那么一些噩梦，在白天也挥之不去。具体来说，总有噩梦般的想法困扰个体，这类想法是：白日里的实在或许并非它被认为的那个样子，在它的背后潜藏着一个和它表面看上去的全然不同的实在，而这个实在也同等有效。一句话，世界和自我极有可能是与人们白日居留于其间的、社会所定义的实在很不一样的某种东西。[②]

如果说梦境或与梦境有关的体验还只是使个体对日常生活实在性的感知产生某些疑虑从而形成潜在威胁的话，那么在最为重要的边缘情境体验——直面死亡（目睹他人之死以及预先设想自己之死）中，这些疑虑则被无限放大，以至于人们对社会内部关于实在、世界、他者和自我等的界定彻底质疑。在此情况下，"日常社会生活中的每一件事物都被'非实在'的阴霾所笼罩——也就是说，在这个世界中的一切都和人们通常所认为的不一样，终将变得可疑和不真实起来"[③]。

贝格尔指出，梦境中不同类型的实在对日常生活实在的渗透性威胁，死亡在认知层面对社会世界的可怕质疑，在任何社会里都会不可避免地出现。因此，直面边缘情境为社会世界提供合法化论证，确保日常生活实在的优先地位，对于任何社会都是绝对必要的，而宗教在其中所起到

---

① Peter Berger, ibid, p. 21. 日常生活实在被贝格尔称为"至高实在"；如何化解其他实在的威胁，确保日常生活的实在的"至高"地位，被认为是对社会世界进行合法化的重要任务之一。

② Peter Berger, *The Social Reality of Religion*（Harmondsworth：Penguin Books, 1973），p. 51.

③ Peter Berger, ibid, p. 52.

的作用和重要性不言而喻。那么，宗教究竟如何针对边缘情境进行合法化论证呢？

贝格尔说，随着历史环境和具体宗教形态的不同，宗教对于边缘情境的合法化在形式和内容上存在巨大差异，但在差异的背后，一些共同的特征大致可以肯定：宗教以其神圣宇宙的架构，把分属于不同实在领域的日常生活世界和边缘情境整合进无所不包的终极实在之中；在终极实在的统一框架内，日常生活实在得以确保至高无上的确定性地位，边缘情境则不再属于日常实在领域内不可理解的意义"飞地"，而是在富含意义的宇宙秩序中找到其所属的正确位置。总之，建立无所不包的神圣秩序结构，使事物各安其所、各归其序，乃是宗教对实在的合法化维护的基本要旨。通过这类合法化，人们对日常生活实在的各种疑虑乃至疯狂质疑很大程度上能得到有效遏制，对死亡的恐怖也大为缓解，甚至"善终"（a good death）也是可能的，也就是说，"一直与所属社会里的社会法则保持富含意义的关系的情形下死去是可能的"①。

除上述梦境中的特殊体验以及直面死亡等会使人们置身于边缘情境外，个体在遭遇不幸、整个社会或集体在经受严重自然灾害或者剧烈社会动荡和变迁时，陷入极端情境的情况也极有可能发生。宗教如何针对后者设计出自圆其说的合法化话语，则是本书下一节讨论神正论问题所要重点考察的内容。

二　宗教类合法化与可信性结构

宗教对世界的合法化产生两种结果：其一，被合法化的世界成为神所眷顾或庇护的世界，可以定性为一般意义上的宗教实在或宗教世界（如通常所说的基督教世界、伊斯兰世界等）；其二，合法化论证本身即意味着建立起宗教世界观，这种世界观沉淀为社会知识库的重要组成部分，以客观知识的形式供社会居民学习和接受从而内化为他们的主观实在。需要强调的是，无论是以知识形式出现的宗教世界观，还是这种世界观所指向的、被合法化的世界，要确保在个体或群体的头脑中具有持续的可信性（也即能够长久地存在下去），必须具备一定的社会条件。

---

① 　Peter Berger, ibid, p. 52.

贝格尔把支持宗教世界及其世界观的社会条件称为"可信性结构"。

对于"可信性结构",本书第二章论及主观实在的维护时已经谈起过,它意指某种特定的实在和实在观赖以存在的社会基础和过程。宗教世界和宗教世界观寄希望于在时空中继续存在下去,需要以社会基础为前提、社会过程开展为保障这一点自然不言而喻。也就是说,宗教对世界的合法化成果能够持续生效,必须有相应的可信性结构提供支持。贝格尔就可信性结构在维护宗教类合法化成果中的作用和地位问题,有如下论述。①

第一,宗教自身的存在以及为了确保对社会具有持久有效的影响力,需要可信性结构。历史上所有的宗教都无一例外地建立起宗教社群(如基督教的教会、伊斯兰教的乌姆玛、佛教的僧伽等),正是在宗教社群形成的可信性结构范围内人们之间的交往和互动,宗教传统被视为理所当然,一代又一代的人们通过社会化把这些传统所代表的世界观予以内化,宗教世界也因此获得长久稳定的根基。同时,也正是基于可信性结构维护特定信仰和观念的有效性的考量,基督教格言"教会之外无拯救"对其他宗教亦具有经验的普遍性。

第二,宗教世界对于再度合法化的需求程度,取决于这类世界奠基于其上的可信性结构的稳定程度。也就是说,可信性结构越牢固,其所支撑的宗教世界也就越稳定,以至于在最理想情况下这样的世界自我确立,除了自身纯粹的存在外,根本不需要"宇宙维护类概念机器"(conceptual machineries of universe-maintenance)进一步的运作。② 但现实中理想的情况不常有,相反的状况倒是更为多见——可信性结构受到的威胁越大,对维护世界的再度合法化需求也越强烈。如中世纪基督教世界和伊斯兰世界相互威胁,为了保护自己、攻击对方,各自都有对核心信仰和价值予以再度合法化的迫切需求存在,因而在历史上都发展出严密繁复的神学思想体系和传统,这些神学体系和传统,发挥"宇宙维护类概

---

① Peter Berger, *The Social Reality of Religion* (Harmondsworth: Penguin Books, 1973), pp. 54 – 56.
② "宇宙维护类概念机器"是本书第一章合法化专节所论及的一个概念,意指以象征性宇宙为代表的社会世界的合法化形式本身不完美以及在实际运用过程中出现问题,需要各种概念和思想机制进一步运作使之更趋于合理,具有更高的可信度。宗教作为象征性宇宙的重要一种自然也不例外,故而发展出系统、缜密地阐释其核心观念和价值主张的神学体系。

念机器"的再度合法化功能。

第三，可信性结构对于维护宗教世界和宗教世界观发挥重要作用的事实，并不能反过来证明社会决定宗教的形而上学观点成立。社会和宗教作为人类实在建构活动的产物，就历史上的总体情况而言，它们之间展现出相互依存、交互作用的辩证关系。宗教可以作用于社会，对社会世界实行合法化论证，使之克服内在结构的不稳固性可能带来的危机；社会也可作用于宗教，对宗教的观念变革和价值文化形态变迁产生直接深远的影响。宗教及其合法化功能的发挥以社会条件的存在为前提，并非意味着宗教只是可信性结构所指示的社会基础的机械反映和社会过程的直接结果，而是说它通过奠定社会基础并参与社会过程的人那里获得主观和客观的实在性。

可信性结构为宗教世界和宗教世界观提供社会条件的支持，但它自身也存在如何巩固和维护的问题。贝格尔把这一问题称为"社会工程"（social engineering）问题①，并做出两种情况区分：其一，宗教在全社会范围内处于垄断地位，整个社会为宗教世界和宗教世界观充当可信性结构。在此情况下，社会内部发生的一切重要过程都在反复证明宗教世界的实在性，社会工程的问题主要涉及如何在正确的监护下（如宗教对教育、学术和法律的垄断）为个体的社会化和重新社会化提供必要的制度环境、可信性结构的边界保护或扩张、对内部异端或潜在异端分子实行有效控制等。其二，垄断打破，宗教日趋多元化并且为赢得主流世界观的地位相互竞争。在多元化竞争的态势下，各种亚社会群体和组织充当宗教的可信性结构，宗教也呈现教派（sect）特征，社会工程的各种规划和举措均围绕这一特征展开。

可信性结构作为宗教世界赖以存在的社会条件，与其他人为建构起来的社会实在一样具有内在的不稳固性，故而一方面需要巩固和维护，另一方面也意味着人们跳出一种宗教世界转而进入其他宗教世界即"改教"（conversion）的可能性存在，并且这种可能性"随着可信性结构不稳定和非连续程度的增加而增大"②。改教之后的个体要想保持新信仰，

---

① Peter Berger, ibid, p. 56.
② Peter Berger, ibid, p. 58.

也必须依赖新宗教的可信性结构——与新世界的人们紧密联系在一起，并且在身体和思想两个方面与旧世界的"原住民"相隔离。简言之，"在宗教世界之间移民，也就是在它们各自的可信性结构之间移民"①。这事实上已经涉及本书第二章已经讨论过的主观实在的一般置换问题，其中的一些细节已有论述，不再展开。

第三节　神正论问题及其解决

前文已经指出：秩序和法则被认为是人类社会抵御混乱无序力量的有效屏障，而宗教又把秩序和法则置于神圣宇宙的庇护之下，使之带有终极实在的神秘光环，整个世界也貌似成为人类安全可靠的完美居所。然而，这样的居所在历史上被证明并不完美，由秩序和法则构成的世界甚至可以用"人间地狱"来形容——自然灾害、战争、社会暴力等天灾人祸事件层出不穷、愈演愈烈地降临到人类身上，挑战他们的生命底线，摧毁他们的生存意志。正是由于人类生存境况之残酷的历史事实，涉及社会行动层面的意义问题随之而来：既然导致苦难、罪恶乃至死亡的混乱无序事件难以避免地频繁发生，人类行动一直被限制在秩序和法则的轨道内进行岂非徒劳？社会的秩序构架本身是不是造成人类不平等和苦难的根源？甚至可以进一步追问：由诸神或神圣力量所护佑的世界是否为一场骗局？

很显然，这些问题对秩序和法则存在的必要性和正当性构成尖锐挑战，因而促使各种合法化尤其是宗教类合法化理论不得不正视和解决一个带有根本性质的棘手课题，即：如何在确保秩序和法则合法性地位的前提下，化解混乱无序现象所带来的合法化意义危机？换言之，面对去秩序化力量的强势存在和不断入侵以及给人们带来的深重灾难，合法化必须在更深的层次上进行意义整合的补救工作。贝格尔指出，无论理论复杂性程度如何，以宗教的方式对混乱无序现象所做的意义整合和阐释，都可称为神正论。② 可以说，神正论问题及其解决是宗教类合法化工作

---

① Peter Berger, *The Social Reality of Religion* (Harmondsworth: Penguin Books, 1973), p. 59.

② Peter Berger, ibid, p. 61.

的核心要务。

一 神正论问题解决的社会心理前提

贝格尔指出：神正论问题的解决与人类基于社会本性发展出来的对社会有序化力量的无条件屈服有关，而这种泯灭自我的无条件屈服本质上是一种受虐狂态度；与宗教相关联的受虐狂态度是历史上一切神正论赖以成立并对混乱无序现象发挥意义整合功效的社会心理前提。

（一）自我向社会有序化力量的屈服

从社会世界维护的角度讨论神正论，有一个事实不得不提起：人类在他的童年时期生存环境极度恶劣，天灾人祸造成的苦难可以说达到无以复加的程度，然而人类顽强地存活下来，部落、氏族公社等早期社会的结构非但没有分崩离析，而且朝着有利于人类生存和繁衍的方向发展。基于这样的事实，我们不禁要问：在面对混乱无序现象几无任何有效的正式神正论可用的情况下，人类为何依然遵守社会的制度秩序规范并因此保持高度的社会团结？贝格尔认为，原因在于社会法则本身具有意义赋予能力，以及自我向社会法则所代表的有序化力量屈服。① 对此，结合他的相关论述，可以做如下几点概括和归纳。

第一，社会法则作为涵盖个体生活经历的意义实在（meaningful reality）遭遇个体，把个体的经历纳入普遍的意义结构之中，实现对个体的超越；反之，把这些意义结构充分内化的个体则能突破自身情感体验个殊性（individuality）和独一性（uniqueness）的限制，以社会法则的所设定的标准意义模式理解自己的生活经历，实现对自我的超越。

第二，个体超越自我与社会法则保持一致，意味着他不但依照法则所规定的制度程序行事，而且也能够在法则所界定的实在坐标内看待自己，"变得能够'正确地'受苦，不出意外的话，还会'正确地'死亡（即所谓'善终'）"②。社会法则对个体生存经历的意义赋予能力，在原始社会以及更为复杂社会里通过仪式得到验证。通过仪式以标准化的方式把个体生活中的各种事件尤其是不幸经历转化为社会中的一般事

---

① Peter Berger, ibid, p. 62.

② Peter Berger, *The Social Reality of Religion* (Harmondsworth: Penguin Books, 1973), p. 63.

例，并且把他的整个生平转化为社会史中的一个典型片段（episode），个体被视为和他的祖先、后代以及同代人一样，毫无意外出生、成长、受苦以至最终死去。

第三，随着社会法则对人类事务涵盖面的不断扩大以及全面秩序结构的建立，个体最终在秩序和法则的边界内"丧失自己"，那些将他降格为悲鸣动物的不幸经历的体验得以掩盖，痛苦变得可以忍受，恐惧感也不如先前来得那么强烈。正是由于超越个体并且赋予个体痛苦和不幸的方面以意义，社会法则发挥类似于神正论的功能，或者说具有含蓄神正论（implicit theodicy）的特征。[1]

第四，社会法则对个体痛苦和不幸经历的意义赋予是消极、宿命论式的赋予，并不涉及任何的价值期许或拯救性含义，对个体的超越也以个体彻底的自我否定为前提，因此，它所具有的类似于神正论的功能，更多地依赖于自身在个体那里建立起来的绝对权威以及个体对这种权威力量的无条件屈服。向法则以及法则所主导的社会秩序无条件屈服，是人类植根于他的社会本性发展出来的一种基本生存态度，这种态度是非理性和前理论性质的，先于任何宗教或非宗教的合法化理论形式存在，并且是后者得以建构起来并且取得成功的必要条件。[2]

（二）受虐狂态度（the attitude of masochism）

"受虐狂"本来是性心理学的一个范畴，但它的使用早已超出这一学科的边界，广泛用以描述从主仆关系到门徒政治等一系列人际关系领域反复出现的普遍现象。贝格尔是从社会学角度引入这一范畴的，他把个体否定自我向社会有序化力量屈服的极端和强化形式归为受虐狂态度，并且认为当社会有序化力量与宗教关联时，这种态度便构成神正论赖以成立并广为大众接受的社会心理前提。那么，何谓受虐狂态度？

在贝格尔看来，广义的受虐狂是指"个体面对单个或集体的同类或者由同类设立的社会法则等，把自己降格为惰性的、像物一样的客体的态度和行为。在此过程中，无论身体或心理的痛苦都认可这种自我否定，

[1]　Peter Berger, ibid, p. 62.
[2]　Peter Berger, ibid, p. 63.

以至于自我否定在个体主观层面实际上可以被体验为愉悦的"。① 基于这样的定义，他对受虐狂态度的一般特点、解脱效果、对象指向以及与神正论的关联做出专门剖析。

首先，所有的受虐狂都陶醉于对他者的屈服，并且是毫无保留、自我否定甚至自我毁灭式的屈服。他者作为与受虐自我相对的施虐方出现，具有绝对主宰、自我肯认和自我满足等特征，其所施加的痛苦和磨难足以令屈服发生，但个体陶醉其中也一点不假——"我啥也不是，他是一切！这样做，使我喜乐无穷"，受虐狂的本质在这一表白中袒露无遗。② 说到底，受虐狂态度"把自我变成虚无，把他者变成绝对权威。受虐者的快感恰存在于对自我和他者的双重变形中，因为通过这种方式，它把随主体性而来的种种拧巴的纠结和烦恼，似乎快刀斩乱麻地清除掉"③。

其次，对于饱受命运折磨和煎熬的个体而言，受虐狂态度通过彻底的自我否定，提供了超越苦难乃至死亡的捷径，以至于个体不但发现苦难和死亡可以忍受，而且对之表示欢迎，故而这种态度具有奇特的解脱效果。之所以如此，乃在于人不能独自承受苦难和死亡造成的孤独无助和无意义，因此甘愿以受虐的方式逃避孤独、寻求救助和意义，而他者被认为是可以信赖的且是唯一、绝对意义的完美体现，尽管他找到的只是悖谬的意义。

再次，就受虐狂态度的对象指向而言，有爱人、主人、集体以及由集体设定的社会秩序和法则等诸多选项，但重要的是它可以通过宗教面目出现。在此情况下，他者向广袤的宇宙投射，采取全能和绝对的宇宙形态，因此可以貌似更加合理地被认定为终极实在，"我啥也不是，他是一切"的想法也由于他者在经验上的不可通达而变得更为强烈。事实上，现实人际关系中的他者不一定能够胜任施虐者的角色，因为他有可能忘记或拒绝自己全能，或者根本没有能力前后一致地完成施虐行为，即便他能够完成这类行为，本质上依然是个人，而人是脆弱的、终有一死的。反观作为施虐者的上帝，却不受这些经验上的不完美所妨碍，他自始至终都是坚不可摧、无限和不朽的，故而"屈服于上帝，事实上也就等于

---

① Peter Berger, ibid, p. 63.

② Peter Berger, ibid, p. 63.

③ Peter Berger, ibid, p. 64.

避免了人际关系的受虐—施虐模式中经常出现的偶然性和不确定性之类的遗憾发生"①。

最后，当社会有序化力量被提升至上帝、诸神或者神圣宇宙法则的层面时，与之相关的受虐狂态度也就构成神正论问题解决的重要基础和社会心理前提。前理论性质的受虐狂态度无疑先于任何特定形式的神正论出现，但在宗教史上却一直是大量神正论构思的重要主题，甚至在某些神正论构造中得到直接表达。因此，可以说"理论上解决神正论问题的种种努力无论达到何种理性高度，受虐狂态度依然是决定这类问题解决的恒久的非理性因素之一"②。

二　神正论的类型

神正论及其对混乱无序现象意义整合功效的发挥，虽然以社会心理层面非理性的受虐狂态度为前提，但作为至关重要的社会合法化理论形式，依然可以根据理论表述的严密度以及解释过程的理性化程度判别它们。贝格尔提出"理性—非理性"的连续统模型（a continuum of rationality-irrationality），试图对历史上不同宗教传统提出的重要神正论思想进行大致的类型学区分和解析。

（一）非理性的神正论

在连续统上非理性的一极，存在着两种形式的神正论——自我等同于集体和神秘主义的神正论。先说第一种。

自我等同于集体的神正论是前述自我向社会有序化力量屈服最为直接的现实版本。需要指出的是，所谓的屈服是从效果上立论，对于现实中的个体而言可能是与生俱来的，并无意志决断的因素牵涉其中。这种神正论最主要的特点是个体的实存让渡于集体，自我完全消融在氏族、部落、国家等社会集体层面并与后者完全同一，从而实现对自身的超越。集体为何可被如此信赖，值得个体把自己整个的生命交付之？答案是集体的不朽，以及这种不朽对于个体生命意义和价值的赋予能力。

首先，从历史性的角度看，集体的不朽是指作为集体构成的、不同

①　Peter Berger, *The Social Reality of Religion* （Harmondsworth: Penguin Books, 1973）, p. 65.

②　Peter Berger, ibid, p. 65.

出生代个体的生命具有本体连续性。也就是说，祖先依然神秘地活在个体体内，个体也以同样的方式把自己的实存投射到子孙后代之中，这样一来，以血缘关系纽带联结起来的整个集体在历史的绵延中造就了一个基本生命，这个生命具体地体现在每一个集体成员的身上，具有不朽的特质。反过来，个体凭借与基本生命的同一相应地获得不朽，自己的有死性以及生平遭遇的各种不幸因而被极大相对化。同时，这种"所有人对所有人生命的参与"方式也把集体内部所存在的不平等予以合法化，其间的逻辑是：少数人手中的权力和特权是代表集体中的多数人掌握的，而多数人通过与整个集体的同一实际上也实现了对这些权力和特权的分享；多数人如果嫉妒少数人对这些权力和特权的具体行使，"恰如手足嫉妒脑袋一样愚蠢"①。

其次，集体的不朽也体现在它的抗击打和自我修复能力。个体终有一死，他在有生之年所遭遇的痛苦和不幸非但不能得到平复或弥补，反倒有变本加厉的可能。反观集体，即便也会遭遇诸如瘟疫、饥馑、外来侵略等不测事件，这些事件只不过是它无尽历史的短暂插曲而已，风波过后，集体依然如故。正因为如此，也就不难理解注定不能指望自己死后复活和不朽的个体，通过放弃自我与集体同一的方式希冀获得不朽。个体生命的意义和价值也在这种希冀中得到落实，以至于他能够为了集体欣然赴死，即便没有针对个体死亡的任何合法化理论给他以慰藉。

最后，在原始宗教中，集体的概念被无限放大，提升到把人和非人存在包括于其中的整个宇宙层面，集体的不朽等于是宇宙的不朽，故而宇宙成为个体自我与之同一的对象，同时也是个体生命意义和价值的全部所在。这即是贝格尔后来在《信仰的问题》一书中所言的、各大文明在其发轫之初均具有的"神话性母体"（mythical matrix）宇宙观。根据这种宇宙观，整个存在被作为有机的生命整体加以确认，"在自然和超自然之间、人类世界和属灵世界之间、人类和动物之间，边界是流动的、弥散的，个体则把自身作为宇宙有机体的构成部分来经验和理解。当人与宇宙的和谐联结受到破坏时，他便设计出宗教仪式加以修复"②。也就

① Peter Berger, *The Social Reality of Religion*（Harmondsworth：Penguin Books, 1973）, p. 70.

② Peter Berger, *Questions of Faith：A Skeptical Affirmation of Christianity*（Malden & Oxford & Victoria：Blackwell Publishing Ltd. , 2004）, p. 23.

是说，在个体、集体以及宇宙范围内的所有生命之间，存在着休戚与共的内在联结。在此情况下，人的生命并无自身的独立性，而是隶属于宇宙的整体生命，而宇宙则展现为生生不息的永恒律动和大化（the eternal eurhythmy of the cosmos），人要做的，就是待在社会秩序和法则的边界内顺应这种大化的洪流，其生老病死均为宇宙内部的神秘力量所推动，与自然界的节律和生命循环毫无二致。① 一句话，人只要随顺安命，就能够参与在意义层面给痛苦和死亡以一席之地的宇宙实存。

与上述自我等同于集体的神正论一样，神秘主义也属于神正论连续统非理性的一极，以自我的完全泯灭和超越为基本特征。贝格尔对神秘主义的定义是："人们寻求与神圣的力量或存在者合一的宗教态度。"② 神秘主义宣称：一旦实现和神圣合一，所有的个体性都将消融于弥漫一切的神性汪洋之中；与合一经验的实在性相比，个体的苦难和死亡变得微不足道，俗世中的一切事务也将变得无足轻重，无须认真对待。这类神正论以经验实在琐屑化（trivialization）的方式极力推崇"合一"——只要个体的一切归并于神圣，那么他的生命将会是完好的。很显然，神正论的难题在此被一笔勾销。"合一"经验的推崇，必然会涉及对神圣狂热屈从的受虐狂因素，历史上神秘主义者所奉行的各种苦行式禁欲、自我摧残的生活方式就是明证，这与自我等同于集体神正论中的"同一"截然不同。在后者那里，个体出于天性与集体同一，无须刻意修为，要消灭这种同一除非消灭个体生命本身，故而在显性的意识层面并不一定要涉及受虐狂态度。③

（二）理性的神正论

神正论连续统的理性一极，以古代印度宗教的"羯磨—轮回"说（即因果轮回说）最为典型。根据这种学说，个体的每一个行为都有其必然的结果，而个体的生存境况则是他过去行为的总体结果；个体此世

---

① 对此，贝格尔结合各种原始宗教中频繁举行的生殖和丧葬仪式做出说明。他指出，透过这类象征仪式，人的出生、衰老和死亡与自然界的节律和生命循环一样，都被理解为宇宙内部神圣力量的推动所致；如果个体在有生之年与这些力量的运动节奏保持一致，事实上也就是参与了宇宙基本秩序的运作。Peter Berger, *The Social Reality of Religion* (Harmondsworth: Penguin Books, 1973), p. 69.

② Peter Berger, ibid, p. 71.

③ Peter Berger, ibid, p. 68.

的生命只是伸展到过去和未来的无限因果链条中的短暂一环，他所经历的每一种可以想象得到的幸与不幸，都是他自己在这一因果链条上过往的行为所致，甚至他的生命在不同世间形态（"六道"）的轮转，也可以用跨越和沟通不同生命类型领域的因果链条加以说明。因此，"羯磨—轮回"说实际上是一种彻底理性且无所不包的意义阐释体系，这一体系能够为个体在现实生活中所经历到的混乱无序现象提供意义整合。同时，通过引入"达磨"（dharma）概念，[①] 这一体系也能够为现实的社会秩序提供合法化辩护，从而构成历史上最为保守的神正论学说。[②] 或者说，"羯磨—轮回"说是以理性的方式完成的典型宿命论式神正论的代表。

从因果轮回的宿命生存状态解脱出来，是婆罗门教修行者们毕生致力的目标，其所渴望的终极境界是《奥义书》所言"梵我合一"。所谓"梵我合一"，是指作为个体主体性的"阿特曼"（atman）与神圣宇宙本体或曰最高实在的"梵"（brahman）相互叠合、融而为一的神秘精神体验。一旦沉浸在这种精神体验里，生命实存的无休止运动戛然而止，所有一切都变成了不动的、永恒的、泯灭个体性的"一"。"梵我合一"的命题实际上意味着婆罗门教理性神正论的倒退，用贝格尔的话来说，"羯磨—轮回说的完美理性冲出自己的边界从而失却自身，退而跌落到所有神秘主义那种以自我超越式参与为特征的非理性原型中去"[③]。

佛教作为后来出现的反婆罗门教沙门思潮中的一种，虽然对婆罗门教做出重大革新，但在处理神正论问题上的思维逻辑和思想发展轨迹实际上与后者并无二致。贝格尔对此的论述较为粗略，但我们仍可以依循他的思路结合早期佛教的"三法印"学说（诸行无常、诸法无我、涅槃寂静）做出深入分析。

首先，"羯磨—轮回"说很大程度上被继承下来，但这一学说原来所夹杂的神灵和恶魔、大千世界想象之类的神话宇宙观表述在早期佛教经典中大为淡化，关注的焦点转向人。正是人，在变灭不定的各种世间（"诸行无常"）进行生死轮转，并且以排除诸神和恶魔意志干预、单凭自己的生命行动招致因果业报的方式独自承担生命历程中的各种痛苦和

---

① 意指社会职责尤其是种姓的职责。
② Peter Berger, *The Social Reality of Religion* （Harmondsworth：Penguin Books, 1973）, p.72.
③ Peter Berger, ibid, p.74.

不幸。这样，神正论问题被严格限定在"羯磨—轮回"说的阐释框架之内，通过排除人和宇宙秩序之间的一切非理性障碍从而得到最为彻底的理性解决。有鉴于此，贝格尔指出"羯磨—轮回"说在原始佛教中理性化的严密程度，"在正统婆罗门教范围内即使达到也极为罕见"①。

其次，和婆罗门教坚持因果轮回必有其主体承担者（"阿特曼"）的看法不同，佛教强调"无我"即破除主体性。② 非但如此，佛教还主张宇宙间的一切事物和现象并无实在性（"诸法无我"），世界乃为虚幻、本质为"空"（诸法"无自性"故"空"），而个体执迷此类虚幻、不明了"空"的本质（"无明"），因此沉溺于生死苦海，悲苦不已。凡此种种，均表明早期佛教在处理神正论问题的方式上较之于婆罗门教又有质的改变：神正论问题被取消掉。因为根据这些概念的逻辑，促使神正论问题产生的经验世界里的一切混乱无序现象同为并无实在性的虚幻而已，正如"自我"概念的虚幻性一样。

最后，在"诸行无常""诸法无我"的基础上，早期佛教推出"涅槃寂静"的境界解脱说。何谓"涅槃寂静"？佛教经典对此的说法很多，但大体不离跳出生死轮回且不生不灭、身心俱寂云云。由于破除自我以及神圣宇宙本体的实在性，"涅槃寂静"与婆罗门教的"梵我合一"还是存在本质的区别。无论这种境界的真实内涵是什么，有一点可以肯定：其最终的指向和后者一样，同为明显有别于日常生存体验的神秘精神体验。可见，出于摆脱现实经验世界的境界论诉求，佛教的神正论重蹈上述理性尺度过大而走向自己的反面、最终落入神秘主义窠臼的覆辙。

（三）居间形态的神正论

在"理性—非理性"连续统的两极之间，存在着各种形式的神正论，理论表述的理性化程度也各不相同。对于这些神正论，贝格尔着重考察了三种类型——此世补救的神正论，他世补救的神正论以及二元论的神正论。

首先是此世补救的神正论。这类神正论宣称混乱无序现象将会在此

---

① Peter Berger, ibid, p. 75.
② 破除主体性的同时如何又能坚持因果轮回说，是早期佛教所遇到的一个重大难题，后来的小乘和大乘佛教围绕这一难题提出大量的理论解释，这些均非本书写作需要关注的话题，恕不赘述。

世将来的某个时间里得到整治和补救——当神对人类苦难进行干预的适当时机来临，受难者将会得到抚慰，不义者将会受到惩罚。贝格尔认为，圣经宗教传统范围内的各种弥赛亚主义、千禧年主义，均可归入这一类别，并且都是在发生严重社会危机和灾难的时代里出现。"主就要来临（The Lord is coming）！"这是那些苦难年代里饱受命运折磨和摧残的人们一再发出的振聋发聩的呼声。对于这些呼声在早期犹太教、基督教以及伊斯兰教内部的出现情况，贝格尔总结道：

> 大地干涸，耶和华将会从圣山上下来施云降雨；殉教者正惨死在竞技场上，基督将会在云端出现并打败那些禽兽，建立他的国；异教徒统治这块土地，但马赫迪将会很快驾临，在复活的历代圣徒的协助下建立起伊斯兰教的普遍统治。①

总之，通过神的历史性干预，在此世将来的某个关键时刻克服当下的苦难和不义，苦难和不义被相对化，是"弥赛亚–千禧年"情结（messianic-millenarian complex）所主张的神正论的基本要义。从实在的合法性维护的角度说，混乱无序现象参照未来的秩序化得到合理解释，从而被重新整合进整体的意义秩序之内。当然，其所维护的实在是指某种理想性实在，即按照特定的宗教宇宙和价值观设定的实在，而非现实中已有的制度秩序和法则。根据这种神正论，现实世界是无序和不义的，唯有借助神力的干预，推翻这一世界，才能重建秩序和正义。基于这一点，贝格尔指出这类神正论"实际上或潜在地具有革命性"，如果考虑到神的干预行动需要人的配合性参与则更是如此。②

此世补救的神正论在实践过程中必然会遭遇信任危机，因为它很容易被经验证伪。耶和华并没有带来雨，基督复临一再被延迟，所谓的马赫迪被证明只不过是另一个地道的世俗统治者，等等。面对这些发难，可能的解决办法有二。

其一，宣称神的干预行动已经发生，但是以某种隐蔽的、经验上不

---

① Peter Berger, *The Social Reality of Religion* (Harmondsworth: Penguin Books, 1973), p. 76.

② Peter Berger, ibid, p. 77.

可证实的方式进行。这样，"弥赛亚–千禧年"的希望得以保留，但被转移到隐匿于经验实在之内的另一个实在领域（即经验上不可通达的神秘领域）实现，从而避开现实的和历史的质疑。如《以赛亚书》针对以色列人在巴比伦流放期间遭受的磨难提出的"受难仆人"（suffering servant）概念，就是解决这类诘难的一个尝试。[①] 这一概念在后来《新约》上帝"道成肉身"即关于耶稣基督的教义中得到改造，并得到更加系统、深入的阐释。

其二，把补救的希望改置到另外一个世界里延续，且这样的世界属于死后来生的世界。也就是说，人们在有生之年能够得到神灵庇护的可能已化为泡影，只能在历经坟墓之后（beyond grave）的生活中去寻找之。这样，我们就从此世补救的神正论过渡到连续统上的第二种居间形态——他世补救的神正论。在起源于世界各地的许多宗教传统中，都可以发现这类神正论的存在。基督教一方面把基督复临无限延迟，另一方面又允诺他终有一天会再度驾临、让死人复活并亲自进行末日审判（即令恶者永罚、善者永生）等，这从性质上说也属于这类神正论。贝格尔认为，他世补救的神正论把他世设定为平复苦难和有序化的场所，故而在影响方面是保守而非革命的。[②]

居间形态神正论的第三种类型是二元论神正论，这首先以古代伊朗地区的琐罗亚斯德教以及由此演变而来的密特拉教、摩尼教为代表。这些宗教主张：宇宙是善、恶两大势力进行斗争的场所，一切无序现象都被归之于恶的或负面的势力，秩序化则是善的或正面的势力逐渐占据上风的结果；人是这场斗争的参与者，他只有站在"善"的一边，才有被拯救的希望（无论是此世还是他世的拯救）。值得注意的是，在起源于古罗马帝国地中海东部沿岸的诺斯替教以及后来基督教和伊斯兰教内部的诺斯替异端思潮中，二元论的内涵有所改变和发展——善、恶势力不再在宇宙间进行正面的交锋和碰撞，主要强调它们本质的不同以及在此基础上的物质和精神对立。具言之，整个的物质世界是由负面势力创造（这种势力在基督教诺斯替派中被等同于《旧约》的神性），善神并未创

---

① Peter Berger, ibid, p. 78.

② Peter Berger, *The Social Reality of Religion* (Harmondsworth: Penguin Books, 1973), p. 78.

造这样的世界，故而不对它的不完美负责；物质世界的混乱无序不可以理解为无序对有序的入侵，因为这个世界本身就是无序、负面和混乱的；真正的"入侵者"是拥有纯粹精神的人，他是来自另一国度的陌生客；拯救的含义在于精神重返它的家园——一个与物质世界截然不同的光明国度。

可以看出，二元论神正论试图通过改变神正论问题成立的条件，提出对该问题的解决方案。一般而言，神正论问题产生于这样的追问：现实世界既然是井然有序的，为什么会有如此之多的混乱无序现象发生？或者，这一宇宙既然为善神所创造，善神怎么能容忍如此深重的苦难和不义存在？在二元论者看来，所有这些疑问都是伪问题，因为现实世界根本不是善神创造，也非有序的领域，而是秩序化正在形成的场所，或者本质上就是混乱的、充满伤害的王国；对于这个未完成的（unfinished）或负面的世界而言，无序混乱现象的出现倒是挺合时宜的，而真正的秩序和法则有待于这个世界的"完成"，或者应该干脆到这个世界之外的另一国度（即摒弃物质的精神国度）去寻找。对此，贝格尔评论道：二元论神正论按其内在的逻辑发展，必然会成为"反宇宙（acosmic）、反欲望（ascetic）、反历史（ahistorical）"的神学理论形态。[①] 因为这类神正论的成熟形态把物质世界连同人的身体和所有作为都视为负面实在，经验历史也被预先排除在拯救的事项之外。简言之，与这个世界相关的一切事物，尤其是人的物质性和历史性存在，在价值上都被予以极度贬低。由此，也就不难理解圣经传统的三大宗教（犹太教、基督教和伊斯兰教）在历史上都不遗余力地与诺斯替思潮做斗争——后者捐弃物质与经验历史的态度对这些宗教的世界观构成严重威胁。

三　圣经宗教传统的神正论

在对人类历史上不同宗教传统的神正论进行上述类型学判分的基础上，贝格尔重点考察了源于《圣经》的一神论宗教传统背景下的神正论。众所周知，神正论问题一直是伴随西方一神论宗教发展的一个大问题，并且显得格外醒目和突出，用贝格尔的话来说："如果所有的对手和

① Peter Berger, ibid, p. 80.

小神灵都被彻底清除,所有权能和伦理价值都归于创世上帝的名下,那么神正论问题也就变成针对 [上帝] 这一概念本身的尖锐问题。"① 其中的理由很简单:面对历史上反复出现的难以数计的社会罪恶和灾难,人们不禁要问:"上帝如何能允许这些罪恶和灾难存在?""上帝" 概念是否站得住脚,显然取决于对此疑问的解答能力,故而神正论问题及其解决一直都是贯穿一神论宗教传统发展的核心主题。

前文已经提到,圣经宗教传统在末世论视角下,经历了从 "弥赛亚 – 千禧年" 情结的具体历史期待到避开经验证伪的救世神学 (soteriology) 演变。后者宣称上帝的拯救行动已经以隐秘方式开始的同时,又保留了原有的 "弥赛亚 – 千禧年" 信仰,认为救世主会在世界末日复临人间并代表上帝进行公义审判。这一演变属于圣经宗教传统神正论内容的重要方面。然而,要想真正理解一神论尤其是它在《旧约》之后的发展,还必须正视该传统背景下的神正论的另一个重要方面,即它与受虐狂态度的特殊关系以及这种关系在历史中的变化情况。

首先,在《旧约》中,受虐狂态度从一开始就与神正论问题的解决直接关联,表现出与其他宗教受虐狂态度迥异的特质。比如说,《旧约》中对上帝的受虐式屈服和印度教对湿婆神的迷狂式崇拜不是一回事:湿婆既非宇宙间的唯一神灵 (为印度教的三大主神之一),并且作为司职毁灭和生殖之神,也不承担归于圣经上帝的任何道德属性,因此湿婆崇拜虽然带有浓厚的受虐狂色彩,但崇拜行为本身更多出于对这一可怕神灵威力的畏惧,原则上并不与神正论问题及其解决有任何的关联。上帝则不然,他创造了宇宙和人类,同时又作为绝对权能、绝对正义的唯一真神出现,这样的神灵,怎能陷人类于深重的苦难和不义?很显然,神正论难题在此很自然地被提出,人神之间的关系变得极度紧张起来。《旧约》在正视这一难题的同时,也指明了这一难题的解决方法以及紧张人神关系的缓和之道——上帝的彻底超越化 (transcendentalization)② 以及人类对上帝的无条件屈服。具言之,超越化的上帝意味着他完全凌驾于人类任何的伦理标准和道德法则之上,是全然相异的他者;面对这样的他者,人类

---

① Peter Berger, ibid, p. 80.
② 对于上帝 "超越化" 观念,下一章将会做出详细阐述。

既无法诘难，也无法挑战，惟有匍匐在尘土中做谦卑忏悔。贝格尔极富洞见地指出：正是在上帝概念超越化的过程中，圣经宗教传统"从一开始就隐含着解决神正论问题的受虐狂式绝妙方法"[1]。

《旧约》神正论和受虐狂态度之间的特殊关联，可以结合《约伯记》中的事例做出具体说明。义人约伯在亲历了一系列天灾人祸事件并因此失去家人、财富和身体健康之后，与他的朋友进行了一场上帝是否公义的讨论。一开始，他基于自己的遭遇激烈地怀疑上帝，以至近乎公开地抨击上帝，朋友们亦未能为他的遭遇找到合理答案。待上帝以令人敬畏的方式在旋风中现身并对他进行直接训诫后，他对上帝所有的疑虑和不满统统化为乌有，并且坦言自己一无所是："因此我厌恶自己，在尘土和炉灰中懊悔。"[2] 对于约伯最后极度谦卑和彻底屈服的表态，贝格尔点评为体现了"受虐狂态度的悲怆和奇怪逻辑"[3]。对此，可以做出这样的解释：在这场人神之间的直接对话中，对话双方的地位自始至终不平等——面对至高无上的权能者，怀疑者的怀疑资格自动消失，对神的指控戏剧般地被逆转为对人的指控；这种奇怪的逆转使神正论问题彻底消失，人正论问题（a problem of anthropodicy）被提上议程。换言之，人类罪性的问题取代了上帝公义的问题，这明显受本能的受虐狂态度驱使所致。这样一来，人神之间本可能存在的一场激烈交锋以"人身攻击（argumentum ad hominem）的论辩方式"告终。[4]

其次，在西方一神论宗教随后的发展历程中，各种形式的"神的前定"观念（conceptions of divine predestination）把上述《旧约》受虐狂态度推阐到极致。这种观念存在于圣经宗教传统的各大分支之中，尤其以伊斯兰教和后来基督新教的加尔文主义为最。以加尔文主义为例，它的创始者和拥趸们宣称：上帝永恒地选定某些人得救，而把大多数人判入地狱，任凭后者在有生之年做出怎样的努力，皆不能逃脱上帝的预先安排；真正的信仰者在于即便无从知晓自己是否属于上帝选民的情况下，也能够热忱地崇拜上帝，以严格的道德践履事奉上帝，加入荣耀上帝的队伍

---

① Peter Berger, *The Social Reality of Religion* (Harmondsworth: Penguin Books, 1973), p. 81.
② 《圣经·约伯记42：6》，和合本修订版。
③ Peter Berger, ibid, p. 81.
④ Peter Berger, ibid, p. 82.

中去。贝格尔认为，加尔文主义代表了宗教史上受虐狂态度发展的顶峰，因为"对上帝的推崇和对人的否定在此均被推向可怕的高潮"①。

最后，《旧约》受虐狂态度以及将这种态度发挥到极致的"前定"观念在现实中难以为继，故而历史上出现了松动的倾向，目的都在于试图缓和《旧约》那种受虐狂式的神正论问题解决办法的严酷性。前述大众中流行的彼岸世界的补偿观念、早期犹太教的"受难仆人"概念，以及拉比犹太教对苦难所做的具有拯救含义的神学论证和伊斯兰教的类似做法等，都体现了这一倾向。然而，"所有这些受虐狂式神正论的缓和形式，和基督论中所提出的神正论难题的基督教式解决方法相比，在历史的重要性和影响力方面无疑都要弱得多"。② 那么，基督论是如何缓解《旧约》一神论所造成的人、神关系紧张，进而提出神正论问题的独特解决方案呢？贝格尔认为，根源还得从《新约》"道成肉身"的上帝即耶稣基督的形象中去寻找。对于这一形象，他提出三点解释。

（1）道成肉身的上帝是受难的上帝，这一点对于神正论问题的解决至为关键。他引用阿尔伯特·加缪（Albert Camus）的话说"只有通过无辜的神的牺牲，才能证明无辜者所受无尽和普遍的折磨之合理性"，而且证明"苦难不再是不义的，反而是必要的"；既然"天堂和尘世间的一切事物均无一例外地注定要经受痛苦和折磨"，人们在遭受苦难折磨过程中将会有一种"奇特幸福感"产生。③ 所谓奇特幸福感是指苦难尽管难以忍受，却是令人满意的（satisfying）。

（2）道成肉身的上帝兼具完全的神性和完全的人性，故而基督的受难既等同于上帝的受难，同时也属于人的真正受难。

（3）基督并非为人类的无辜而是为人类的罪性（sinfulness）而自愿受难。对人类罪性的确认，是"奇特幸福感"存在的先决条件，也是个体能够分享基督牺牲事件所蕴含的救赎力量的前提。

不难看出，《新约》解决神正论问题的方法不只是停留在"受难的神性"，而是以此为基础重又回到《旧约》受虐狂式转变（即从上帝是否公义的神正论问题到涉及人类罪性的人正论问题之转变）的轨道上来。

---

① Peter Berger, ibid, p. 82.

② Peter Berger, *The Social Reality of Religion* (Harmondsworth: Penguin Books, 1973), p. 83.

③ Peter Berger, ibid, p. 84.

然而，贝格尔也认为，《新约》通过在神、人对立两极之间插入兼具完全神性和完全人性的中介形象耶稣基督，虽然仍沿用《旧约》受虐狂式解决办法，却使原来受虐狂态度的残酷性极大地得到缓和。这一点，同样可以根据他所提出的上述三点解释做出说明。一方面，基督是上帝道成肉身的结果，他的存在使上帝一改《旧约》耶和华高高在上、如雷电风暴般可怕的惩罚者面目，转而以和柔谦卑和充满慈爱的父神形象示人；另一方面，基督受难等于上帝受难，并且是为了人类而非自身的救赎受难，人类通过基督受难反躬自省，笃信自己的罪性和自身毫无价值，认定自己唯有更加依赖上帝、颂扬上帝、心悦诚服地膜拜上帝，才有得救的可能。凡此种种，均表明《新约》基督形象的出现，极大地冲淡和弱化了《旧约》受虐狂态度的残酷性以及盲目崇拜成分，同时以更具情感色彩和伦理关怀的"柔和"版本对这种态度重新包装，使之成为更加令人信服和接受的神正论问题解决方法。后来基督教历史上长达千年之久的神学思想发展，神学家们正是以《新约》所传达的基督形象为蓝本，以极具理性、极富思辨的方式为神正论问题的解决构造出种种方案奇观。正因为如此，贝格尔把基督教的神正论定性为"更加精致、更为成熟的受虐狂表达形式"，并且认为这种表达形式的成功与否是决定"整个基督教能否被人们信赖以及在历史上盛衰进退的关键所在"[1]。

贝格尔对基督教神正论的这一定性，显然有他个人的学术趣味与神学取向掺杂其中。作为一名基督徒和新自由派神学家，他一向主张以自由、开放甚至怀疑的态度信仰上帝，反对以极端受虐、简单粗暴的方式阐释基督教信仰，因此对上述加尔文主义（以及他认为的后来的新正统主义）不予认同，不把它们归于"更加精致、更为成熟"的行列自然在情理之中。[2] 然而，撇开此等神学派别的争议不谈，值得注意的是，作为社会学家的贝格尔，能够极力回避自己的宗教立场，纯粹从社会学的视角研究神正论尤其是他自己宗教传统背景下的神正论形态，这一点确

---

① Peter Berger, ibid, p. 85.
② 贝格尔对加尔文主义的评价，参阅〔美〕彼得·伯格、〔荷〕安东·泽德瓦尔德：《疑之颂：如何信而不狂》，曹义昆译，商务印书馆，2013，第96～99页；他对以卡尔·巴特为代表的新正统神学的评价，参阅：Peter Berger, *The Heretic Imperative: Contemporary Possibilities of Religious Affirmation* (New York: Anchor Books, 1980), pp. 73 - 79.

乎难能可贵。同时也需再次强调的是，他极具胆魄和极富思想穿透力地指出受虐狂态度一直为人类宗教史上解决神正论难题提供了社会心理暗示，甚至成为问题解决的秘诀所在，尽管这种态度在不同的宗教传统以及同一传统的不同发展时代体现出强度的不同以及表述形式的精巧、粗率之别。在他看来，理性一直受非理性的掣肘和役使，此乃人类解决神正论难题的不二定则，即便深受希腊哲学浸染和洗礼、把理性和思辨做到极致的中世纪经院神学亦不能外。在这里，我们可以引用他对基督教历史上主流神学家构造的各种神正论学说的评价作为本节的结束语：

> 当我们审视神学家们有时以惊人的理性设计出旨在解释人类苦难的种种方案奇观时，我们至少不应忘记，面对以至高无上的威严实行惩罚和毁灭的上帝，很有可能在理论家平静冷峻的面具背后，隐藏着一位体态扭曲匍匐在尘土之中的膜拜者。[1]

第四节　宗教与异化

贝格尔是从实在建构论的角度谈论异化及其与宗教的关系的，认为宗教类合法化之所以有助于现实世界稳定性的维护，根源在于宗教所蕴含的异化功能。异化对于个体的自我认知意味着什么？宗教究竟如何把世界及自我予以异化？这些问题，正是本节论述的要点。

一　异化的主观实在阐释

对于异化问题，本书第一章论述客观实在的建构时已有专门分析，这里就主观实在的角度对这一话题进行更深入的论述。总的来说，贝格尔以他关于实在建构过程的三个基础环节（外化、客观化、内化）为参照，把关注的焦点定格在"内化"环节，在确认社会世界以异化形式内化的基础上，进一步阐释了社会世界的内化所导致的意识二重化，以及作为"虚假意识"之一的自我异化之产生。贝格尔对此的论述较为含混

① Peter Berger, *The Social Reality of Religion* (Harmondsworth: Penguin Books, 1973), p. 65.

和零散，但笔者认为其基本的理论思路可剖析如下。

（1）在涉及社会世界现象构成的话题上，贝格尔尤其强调社会世界的客观性需要以个体的配合性参与即他对这一世界的意义内化为前提，在此情况下，被内化的世界在个体意识中同样保持客观实在性特色，从而为社会化自我的产生和异化创造条件。

先说第一点。人类由于有机体构造的"未完成"或说不完满性，为了自身生存的需要，不得不以集体的方式把自己的意义外化，从而产生出社会文化世界。世界一经产生，对于个体而言就具有"坚硬事实"（hard fact）的客观性，[①] 即作为外在于他自身、不以他的主观意愿为转移的实在而存在。需要指出的是，社会文化世界的客观性需要个体的合作才能得以维持——个体必须参与到社会世界赖以支撑和凸显起来的集体行动中去，唯有如此，社会对个体而言才能具有最大限度的真实性。当然，这并不必然意味着个体对所有的集体行动（如对他进行打压的行动）都无条件地服从和配合，而是说他能够较好地理解并领会这些行动的客观意义所指，故而对社会世界客观性的参与更多地是指意义层面的参与。就此而言，客观化必须以个体对社会世界的内化为前提。

至于社会世界在个体意识中的内化同样保有其客观实在性特色，贝格尔主要强调对于成功社会化的个体而言，他之所以接受并承担社会世界给他的角色和身份认同指派，不是外部的强制使然，更多的是因为这些角色和身份认同在意识内部已然成为自我认知的构成要素。换言之，他所承担的角色和身份认同对他自己而言具有最大的真实性，以至于他把自我等同于为这些角色和身份认同本身，而他所幻想的、与之相悖的其他角色和身份认同，则作为具有较少实在性的东西在意识中自动予以贬低。

（2）社会世界内化导致意识二重化，即自我认知的社会化成分和非社会化成分的内在对立，用贝格尔的话来说，内化会在个体头脑中"划拨、冻结并疏离一部分意识，使之与意识的其余部分相对立"。[②]

所谓意识的一部分"被划拨、冻结和疏离"，是指自我的一部分变

---

① Peter Berger, ibid, p. 89.

② Peter Berger, *The Social Reality of Religion* （Harmondsworth：Penguin Books, 1973），p. 90.

得客观化起来。客观化的自我是由社会世界的内化所锻造，故又称为"社会化自我"。它不只是提供给社会生活中的同类确认和辨识，同时也呈现于个体的整个自我意识本身。所谓"与意识的其余部分相对立"，是指社会化自我直接强加于非社会化的自我成分之上，并与后者处于相互对立的关系状态中。贝格尔认为，社会化自我与非社会化自我的对立，实际上是个体和外部世界的对立在意识内部的重现，并且前一种对立可归结为后一种对立，因为作为社会化自我构成的、个体主观的角色意识和身份认同本质上乃源自社会世界。① 在此基础上，他又指出这两种对立均表明社会世界正在从人这里逃离，而逃离是个体在自身内外同时制造"他性"（otherness）的结果。一方面，社会世界是人的"作品"，但它一经创造出来，又作为客观实在逃离于人；另一方面，就社会世界的"'他性'投射到意识内部"从而导致自我意识整体的分裂、社会化自我的产生而言，人也在逃离他自己。对于这种逃离状况，贝格尔用"疏离"（estrangement）一词形容。② 他认为，世界对人的疏离、社会化自我对本始的非社会化自我的疏离，均为"异化"。

（3）在两种自我成分的对立可归结为人与社会世界对立的前提下，贝格尔分析了意识二重化的格局通过歪曲人与社会辩证关系的"虚假意识"重新得到统一，指出：社会世界和自我相对于人的异化，皆源于虚假意识。

正如我们在本书第一章所谈到的，贝格尔强调异化是一种意识样式，反映出人与社会辩证关系在个体意识中的整体迷失。在他看来，社会世界是人的意义外化的必然结果，这样的世界反过来又作为客观实在进一步内化到人的主观意识当中，从而构成个体人格和自我塑造的基本力量，故而人与社会世界的关系本质上应该是辩证的——世界因人而诞生；人亦由世界塑造，并且把世界作为自己在其中自由开展行动的开放性舞台。但是在异化思维中，人与世界的辩证关系完全被歪曲和拒绝，具体表现为：客观化进程过度推进，社会世界属人的、活生生的客观性被转化为非人的、僵化的客观性，被作为和自然无异的、不可逃脱的事实看待，

---

① Peter Berger, ibid, p. 100.
② Peter Berger, ibid, pp. 91 – 92.

从而模糊了与自然之间的本质区别；人在世界中反复上演的并且世界的实在性也赖以展现和凸显的意义行动（meaningful activity），在个体意识中也失却其本有的创造性特质，仅仅作为某种过程或宿命的安排而出现；世界不再是个体在其中进行意义行动并因此扩展自身实存的开放性场所，反倒成为与现在和未来行动无关的、一大堆物化形式（reifications）的封闭集合。① 要之，正是由于人与社会世界本有辩证关系在个体意识中的迷失，贝格尔把异化归为"虚假意识"（false consciousness）。所谓虚假意识，是指对事物的本性以及事物之间本有辩证关系的错误理解和歪曲。显然，贝格尔所言"异化"主要从主观的认知层面立论，这与他对个体在内化环节中学习并接受外在世界的意义以及在此基础上塑造社会型人格和自我认同的强调是一致的。

社会世界既然经由虚假意识内化，那么这种内化而产生的社会型人格和自我之错谬也就在所难免。也就是说，在确认世界以虚假意识内化的基础上，可以进而谈论个体在自我理解和认知问题上的异化。上文指出人与社会世界的辩证关系表现为世界因人而生、人由世界塑造，后一命题的立论根据是角色和身份认同等社会世界的客观构成要素向个体意识内部投射，促成社会化自我的产生。社会化自我作为社会世界在个体意识内部的投射和反映，叠加在个体本始的非社会化自我之上，意识的二重化格局由以形成。从理论上说，人与世界本有的辩证关系理应存在于个体自我意识的这种二重化格局当中，体现为两种自我成分的内在对话和辩证互动。然而，正如世界以异化的面目在意识中呈现一样，社会化自我同样可以通过僵硬、刻板的异化思维被个体所理解，且作为唯一真实的自我被接受下来，具体表现为：社会化自我与社会世界一样同为意义行动的产物且有改变和重新生成的可能在个体意识中完全被抹杀或忽略掉，非社会化自我由于受到社会化自我的抑制隐遁起来，两种自我成分之间本有的辩证联结和内在对话因此而阻断，在社会化自我的指引下，个体最终也沦为社会世界的附属品——个体只把自身等同于制度程序为他设计好的角色和身份认同本身，除此以外，别无其他的选择和自我存在形式。在此情况下，意识二重化的格局通过向社会化自我的倾斜

---

① Peter Berger, ibid, pp. 92 – 93.

和最终定格似乎重又得到平复和统一，但这种平复和统一却是以消灭两种自我本有辩证关系（也即人与世界的实质性关系）的虚假意识得以实现。对于虚假意识所导致的自我的这种异化，贝格尔用"糟糕信仰"（bad faith）来称述之，[①] 本书稍后将会进一步涉及这一概念。

二　贝格尔与马克思异化观比较

从以上的分析可以看出，贝格尔立足于主观实在的建构，抓住内化环节重点分析了人与社会世界辩证关系在个体意识中迷失所导致的世界和自我相对于人的异化。无论社会世界对人的疏离还是社会化自我对本始性自我的疏离，在贝格尔的语境中，说到底都根源于个体的思维方式或者说意识状态。贝格尔基本上是从认知的角度考察和使用这一范畴的，他把异化归为一种意识样式或"虚假意识"的说法正源于此。在此基础上，我们可以进而比较他与马克思在异化观上的异同。

首先，贝格尔一定程度上继承了马克思唯物主义实践观关于异化现象的理解，把人与世界本有的辩证关系设定为异化概念的立论前提。贝格尔认为，社会世界是人以集体的方式进行意义行动的产物，而这些产物反过来又不断地作用于人，促进人的创造力不断丰富和提升，并且进一步作为人在其中进行意义行动、扩展自己实存的开放性舞台。很显然，意义行动是贝格尔理解人与世界辩证关系的关键，正是有了意义行动，人与世界互为因果、相互作用，才诞生出丰富多彩的人类文化世界和人类自我本身，人的"自我"内涵也具有历史性维度并且变得开放起来，并无所谓的抽象自我和一成不变的自然人性存在。笔者认为，"意义行动"作为一个范畴使用固然表明贝格尔受韦伯思想的深刻影响，但他以此为基础阐述人与世界的辩证关系很大程度上也源于对马克思实践观点的汲取。马克思正是以实践解释人类社会生活的本质，认为人类以生产劳动为本的创造性实践是社会文化发展的动力，同时也产生出人与人之间的历史性社会关系。当马克思说"人的本质不是单个人所固有的抽象物，在其现实性上，它是一切社会关系的总和"[②] 时，他正是基于实践

---

① Peter Berger, *The Social Reality of Religion*（Harmondsworth：Penguin Books, 1973）, p. 99.

② 《马克思恩格斯选集》第 1 卷，人民出版社，1995，第 56 页。

观点实现了对以往哲学家自然人性和抽象类本质思想的超越。① 换言之，马克思在用实践观点阐释社会世界存在之奥秘的同时，也成为理解人的自我及其生存奥秘的关键所在。

其次，贝格尔从认知的角度谈论异化，故而在理论话语和阐释方法上有别于马克思。② 马克思立足于历史唯物主义的世界观，从人的实然生存状态解释异化。在此视角下，"劳动异化"或"异化劳动"成为其异化观的核心概念，因为异化首先表现为人与其"自由自觉的劳动"相异化，由此而派生出人与其劳动产品、同类之间关系等不同层面的异化。马克思认为，强制性的劳动分工和私有制是异化产生的根源。贝格尔的理论话语是他的实在建构论，他尤其强调该理论的"内化"范畴，把社会世界的异化更多地视为个体在主观实在建构过程中所呈现的一种意识状态（即个体对自身与世界关系的错谬认知以及由此产生的刻板印象），并且认为这种意识状态是社会世界的客观化进程在内化环节过度推进所致。③ 此外，由于对内化环节的强调，贝格尔重点阐述了人在自我认知问题上的异化。

再次，对于异化在人类历史上的出现情况，贝格尔也不同于马克思。马克思认为，在早期人类社会的原始共产主义时期，由于没有强制性劳动分工，人们处于自由自觉的劳动状态，劳动产品也归所有人共同支配，整个社会作为原始平等的人类共同体存在，在此状态下，世界对人而言是非异化的；异化作为一种历史现象，随着私有制的产生而出现，并且伴随私有制发展的始终。反观贝格尔，由于从认知角度解释异化，把异化界定为一种意识样式，认为社会世界从其诞生的那一刻开始对人而言就是异化的，人类的历史也并非从"非异化的天堂般状态"往下跌落，个体心理发展和种系进化的研究证据表明人类对社会世界和自我的认知最初都是高度异化的，把世界和自我看作人类活动产物的非异化式理解

---

① 程敬华、万宝方：《马克思论实践与人的本质》，《南昌大学学报》（人文社会科学版）2012年第3期。
② 这一点多为论者所忽视。参阅陈慧明《试比较马克思与贝格尔的异化理论》，《华中师范大学学报》（人文社会科学版）2014年第8期。
③ 上文所言社会世界"坚硬事实"的客观实在性同样在个体意识中保持，表明客观化会僭越自身以至于过渡推进到内化环节。

只有到意识发展的后期才有可能出现。[1]

　　最后，贝格尔和马克思对异化的作用和功能评价有异。马克思基于历史唯物主义的社会发展观，认为异化的世界是非人的世界（世界由人创造，反过来却作为陌生、异己力量对人施行奴役和控制），故而对异化现象持否定和批判态度，指出社会革命的目标在于消除异化，真正实现人的自由平等和全面解放。贝格尔则认为，异化作为一种人对世界和自我错谬认知的意识状态，对于个体主观实在的建构乃至社会世界的存在和维护均发挥积极作用。正因为此，他反复强调无论社会世界以物化形式在个体头脑中的异化，还是个体凭借虚假意识建立起统一自我认知的主观异化，都不可与混乱无序现象混为一谈——前者能使现实的秩序结构"免遭人类世界建构事业中无数偶然突发事件"的颠覆和破坏从而保持一贯的稳定性，[2] 后者能使个体摆脱两种自我成分的对立所带来的行动抉择和身份认知方面的内心冲突和混乱，个体则以"知道自己是谁"的方式从而形成稳定的社会型人格和自我心理认同。[3]

　　总之，贝格尔是从个体的主观意识对世界和自我的认知的角度谈论异化，马克思则从人的实然性生存状态使用异化这一范畴，两者在理论话语和解释方法上存在本质的不同。贝格尔对马克思的异化学说既有汲取，同时又根据他关于实在建构的社会学理论做出改造和转化。从根本上说，贝格尔对人与世界以及自我疏离的异化现象所做主观实在的阐释，目的在于证明这么一条原理：世界和自我在个体的头脑中作为"人的作品"（opus proprium）具有先天的不稳固性，作为"外来的作品"（opus alienum）则似乎能够长治久安。[4] 正是在这一点上，宗教和异化的关系也进入贝格尔宗教社会学的思想视野。

三　宗教的异化功能分析

　　通过前文我们知道，宗教以其神圣宇宙的架构，成为社会世界秩序维护的有效屏障。现在可以指出，宗教之所以能够发挥如此强大的秩序

---

[1]　Peter Berger, *The Social Reality of Religion* (Harmondsworth: Penguin Books, 1973), p. 93.

[2]　Peter Berger, ibid, p. 93.

[3]　Peter Berger, ibid, p. 101.

[4]　Peter Berger, *The Social Reality of Religion* (Harmondsworth: Penguin Books, 1973), p. 93.

化功能，恰恰在于它本身作为一种异化现象存在的同时，也是一种强有力的异化推助力量。对于宗教的异化能力，贝格尔从以下几个方面加以阐释。

（1）站在社会科学的参照框架之内，以"神圣"为中心的宗教经验以及这种经验所指示的另一种实在是否具有真实性这一点存而不论，但"神圣"和神圣世界本身却和社会世界构成的其他文化元素一样，应该作为人的意义投射并且是"异化性质的投射"（alienated projections）来看待。

贝格尔指出，宗教经验中所遭遇的"神圣"最根本的特征是"他性"（otherness），即以相对于普通、凡俗的人类生命而言的"全然异己者"（totaliter aliter）的面目出现。他性是一切宗教经验中"对超越所有人类层面的东西心存敬畏、莫名恐惧并且顶礼膜拜"的根源所在。[1] 这一点，无论在东方印度教克利须那大神三头九臂、面目狰狞的形象，还是在西方基督教对异己者神秘恐惧（如上帝的威严宝座、夜晚丛林的耀眼光芒）等的大量描述中均显露无遗。然而，他性尽管表示全然不同于人类的存在者的根本特性，但正如上文所言，同时也意味着人的产物逃离人自身这一事实。究言之，宗教经验在社会科学探究的范围内不可证实，故而对其认知地位必须严格限制在括号之内存而不论，但是宗教经验从根本上说乃是人的经验，依托于这类经验的报告所呈现的神圣及其所居住的"另类世界"（other worlds）因此可被视为人类所生存的自然和历史世界中的"意义飞地"（meaning-enclaves）也即人类独特行为和表意活动的产物。[2] 与社会世界中的其他文化元素一样，宗教乃是人的意义外化和向周围环境的投射，这些被投射的意义一经被投射也独立于投射者自身，从而在人类社会的共同世界中变得客观化起来。反过来，就意义投射之客观化进程变得一发不可收并且表现出逃离并凌驾于人自身的他性而言，宗教可被称为"异化的投射"。

（2）宗教把社会世界合法化的秘诀在于宗教的异化能力，即把人类活动的产物转化为"超人的"（supra-human）或"非人的"（non-hu-

---

① Peter Berger, ibid, p. 94.

② Peter Berger, ibid, p. 95.

man）事实性的能力。宗教的异化能力通过神秘化实现。

贝格尔指出，宗教所认为的与人类迥异的神圣力量或神圣存在者，不管其具体形态如何，都不能从经验上证实或证伪，唯一能够证实的乃是宗教在此过程中对人类所建构并且生活于其中的社会文化世界强烈的异化倾向。与此同时，宗教在人类世界建构和维护事业中的历史作用，很大程度上源于其内在的异化力量，这也正是宗教合法化的秘诀所在。在宗教异化力量的作用下，人所建构的世界以拒绝人自身的方式得到解释——人类的秩序和法则被转化为神圣宇宙的秩序和法则，或者说"从人类领域以外的地方派生出意义从而获得实在性"①。通过宗教所实现的这种转化可称为"神秘化"（mystification）。也就是说，宗教把一张巨大的神秘之网覆盖在社会文化世界之上，这一世界不再是人类所构筑的意义大厦和人类行动的客观化表达，转而成为神性的隐秘象征，从而掩盖了这一世界源自人的事实，并且杜绝了可以人的方式理解和把握它的可能性发生。正由于对世界认知的这种扭曲，贝格尔认为宗教和其他异化思维形式一样，本质上属于"虚假意识"②。

（3）宗教通过对制度以及作为制度之表征的角色的神秘化处理使社会世界异化，为之提供有效的合法化论证。

我们在第一章论及制度化的缘起时，已经指出制度源于人类行为的习惯化（habitualization）和交互类型化（reciprocal typification），并且具有社会历史性的特征。简单地说，制度本质上是人类意义行动的产物。然而，宗教对制度的神秘化恰恰在于掩盖制度的社会历史起源和本质。用贝格尔的话来说，宗教通过把制度解释为"超出并高于社会历史的经验实存以外"的其他东西，从而实现制度神秘化。③ 对此，他举婚姻制度和政治制度为例予以说明。

各个社会为了自身繁衍的需要，制定出规范其成员性行为的各种程序，在此基础上产生出人类的婚姻制度。和任何其他的社会制度一样，婚姻制度必须解决自身的合法化问题——对人们在任何时候为何必须忠实并服从于这些特定的制度安排的原因做出合理解释。以宗教的方式把

---

① Peter Berger, ibid, p. 96.

② Peter Berger, *The Social Reality of Religion* (Harmondsworth: Penguin Books, 1973), pp. 96 – 97.

③ Peter Berger, ibid, p. 97.

婚姻神秘化，就是行之有效的解释办法。在宗教的语境下，"婚姻不再仅仅作为一种人类的行为来理解，而是成为对诸神神圣婚配的模仿性再现"；婚内出轨不但违背既定的制度规则，而且也意味着对这类规则的终极看护者神灵的冒犯，因此不但要受到同类而且还要受到愤怒之神的责罚。① 同样，在为解决成员之间权力分配问题而发展起来的政治制度中，暴力手段使用的合法化论证历史上大多也诉诸宗教。对于这种源自人类经验安排、借以增强政治生活威严感的手段运用，宗教则赋予它超出人类以外的更进一步的特性，结果，"关于某些人拥有砍头权力的现实的、经验的理解，转变为对那些代表神灵在尘世间执掌大权的恐怖君主的神秘敬畏"②。此外，神秘化同样可以延伸到作为制度构成要素的角色之上，每一种角色所内含的表征内容（representation）都以神秘的方式被扩大和提升，被赋予超越人类的实在性特色。因此，忠实的丈夫只通过与配偶做爱以释放性欲，不仅表征与之相配合的忠实的妻子、所有其他忠实的丈夫等角色以及整个的婚姻制度本身，而且表征神灵所认可的性行为方式原型甚至神灵本身；刽子手砍下罪犯的头颅，不仅表征社会所设立的道德、法律和君权制度，同样也表征神的正义。③

（4）宗教能为主观领域中自我的异化以及在此基础上产生的"糟糕信仰"之有效维护提供强有力支撑，个体的社会化人格也由此得到增强。

正如上文所言，自我的异化是指个体在主观意识层面，把整个的自我等同于所内化的角色和身份认同本身，社会世界的内化所造成的自我二重化以及随之而来的两种自我成分的对立以虚假意识的形式得到平复和统一。换言之，个体领受社会所指派的角色，在此基础上形成稳定的社会化人格和自我身份认同——他就是社会所认为或期待所是的那个人。在此基础上，我们可以进而谈论"糟糕信仰"，贝格尔对此的定义是"用虚假的必然性替代选择"④。简单地说，个体本有可能在不同的行动路线之间做出选择，但他只把其中的一条行动路线设定为必然。糟糕信仰对于自我已经被异化为社会所指派的角色和身份认同类型的个体而言，

---

① Peter Berger, ibid, p. 97.
② Peter Berger, ibid, p. 98.
③ Peter Berger, ibid, p. 99.
④ Peter Berger, ibid, p. 99.

意味着在某个特定的角色扮演中当他面临行动还是不行动的选择自由时，他把自身等同于这一角色从而拒绝做出选择。

贝格尔指出，主观领域内自我的异化以及糟糕信仰的产生，在没有宗教的情况下完全可以出现，但毋庸置疑，宗教可以是并且在历史上已然成为维护这两种虚假意识形式的强有力工具。他说："正如宗教神秘化并因此强化人类所制造的世界的虚幻自主性一样，它同样神秘化并且强化这一世界在个体意识内部的投射。"① 究而言之，作为这两种虚假意识形式基本前提的、内化的角色和主观身份认同，都可以通过宗教的方式彻底异化，使之脱离作为人类活动产物的存在论根基。内化的角色和作为其投射原型的、制度世界中的客观角色一样，在表征的内容和对象方面可以被赋予超越于人类的实在性特色；以这类角色为本质构成的主观身份认同，进而被个体理解为植根于神所创造或意欲的事物之本性也即具有神圣意味的东西。贝格尔指出，在此情形下，个体不但认为自己"只是"一名丈夫，而且在"只是"一词的表述中，暗含着他与神圣秩序的正确关系，即：他在社会化过程中所形成的身份认同成为"'神圣'在主观意识内部的'居所'，或者至少可算作这样的'居所'之一"；这样，"对于存在于外部经验世界背后的神圣者的敬畏感，也通过对社会化成果的基本形态（即自我身份认同）之神秘化，折射到个体意识的内部"，个体也因此而处于"面对自己发抖"（shudder at himself）的状态。②

至此，我们可以对贝格尔所论宗教和异化的关系做出如下总结：社会世界为人所构造，人造世界内在的脆弱和不稳固性注定这一世界必须异化，以便赋予其坚实稳固的外表，而宗教恰是这类异化的重要推助力量。具言之，人把自己的意义投射进浩渺无垠的宇宙中，构成以神圣者为中心的巨大神秘的异己实在，这种实在反过来又缠缚住它的创造者，凌驾于人之上并且成为社会生活的主宰和必然因素。结果，世界不再与人的社会行动有关，而是被宗教布下的神秘化巨网所笼罩，彻底沦为陌生异己者的作品。也就是说，在对神明的完全依赖和顶礼膜拜中，人类

---

① Peter Berger, *The Social Reality of Religion* (Harmondsworth: Penguin Books, 1973), p. 101.

② Peter Berger, *The Social Reality of Religion* (Harmondsworth: Penguin Books, 1973), p. 101.

凭借自己的意义投射完成自己以及自己所居住的世界之异化，并且将这种异化推向极致。

在本章行将结束前，笔者拟对贝格尔的宗教社会学元理论思想做两个评价。

（1）贝格尔对宗教所做的阐释与所依托的实在建构论的理论语境一样，在其根底处，强调人类生存论层面对意义和秩序的渴求透显出一种深沉的人文底蕴甚至价值关怀倾向，这和当时盛行的结构功能主义学派诉诸工具理性的实证主义研究路数极为不同。就实在建构论中的这一倾向而言，我们可以做出这样的分析：该理论首先假定了一个抽象的社会本体，就这个社会本体如何在人类历史上能够形成并得到有效维护做出自己的思考。这样的思考工作，乃是试图从历史上纷繁芜杂的社会形态及其变迁中勾勒出一个最基本的大问题：社会存在的奥秘是什么？人又为何能够心甘情愿地居于社会之中而不逃离？前一问题的答案是：社会由人的意义行动所创造，同时又内在于人而存在；后一问题的答案是：人需要社会，乃基于对意义和秩序的渴求；社会成全人类，能为人类提供基本的意义和秩序。人类的意义和秩序渴求天性与社会满足这类渴求的职责所需，乃要求社会在结构层面营造较好的人类生存条件以保障秩序，从而在秩序的边界内获得意义。

然而，社会的"被建构"性质注定它有结构上的脆弱和内在不稳固性，极容易遭到随时出现的无序混乱力量的威胁，故而现实对意义和秩序需求的满足是有限的，不能从根本上解决问题。这就有寻求适当合法化形式的需要，以避免无序现象的爆发和人类精神世界的意义危机的出现。贝格尔认为，宗教在人类历史上是最为常见也最为有效的社会合法化形式，因为宗教以其神圣宇宙的建构，能够把意义和秩序与神圣对接起来，从而最大限度地满足人类本性上的这两大需求，其中最明显者是宗教世界观对秩序和意义实现之天敌——死亡之化解，尽管化解是以受虐狂式的虚假陶醉而进行的，正如我们在他对神正论问题的论述中所见一样。关于死亡威胁以及人类对生存秩序和意义渴求的紧迫和强烈之类的表述，散见于贝格尔对宗教所做社会学阐释论题的每一处，贝格尔宗教社会学思想的内在关切由此可见一斑。同时代的社会学家哈维评论道，这与贝格尔早年所受存在主义哲学的影响有关。[①]

（2）贝格尔从认知的角度阐释宗教对于社会世界和人类自我的塑造和维护所具有的作用和功能，而这种作用和功能在现代性的背景下急剧退化和萎缩，被认为是世俗化。故而，贝格尔对"世俗化"概念的理解尤其重视认知维度，认为这意味着越来越多的人不再依仗宗教去理解世界和看待自身，他对世俗化根源的分析也是从世界和自我认知的角度着手，认为圣经宗教传统内部的某些观念因素在晚近时代的爆发，导致该宗教传统的"自掘坟墓"以及世俗化氛围的出现。基于贝格尔宗教阐释的认知角度，我们可以较好地理解他的宗教社会学元理论表述如何能够和对世俗化研究这样的现实经验课题实行无缝对接，即两者在逻辑上可能具有内在的联系。

---

① Van A. Harvey, "Some Problematical Aspects of Peter Berger's Theory of Religion", *Journal of the American Academy of Religion*, 1973, XLI（1）: 83.

第四章　世俗化命题的证明与证伪

宗教与现代性的关系话题尤其是此话题涵盖下的世俗化理论的存废问题，是自 20 世纪 80 年代至今西方宗教社会学界争论的热点问题。围绕这一话题，人们聚讼不已，产生了大量的研究著作和论文，但问题远没有得到解决，争辩的态势看来还要持续下去。有趣的是，贝格尔在他的整个职业生涯中一直介入这场纷争。具体来说，他经历了早年对世俗化命题的证明、中期对该命题证伪以及后期多元主义理论新范式的提出三个不同的阶段。这三个阶段体现他在不同时期的重要学术立场转变，每一次转变都试图厘清宗教与现代性关系以及现代性可能存在模式的新探索。本章介绍前两个阶段，即他对世俗化命题的证明和证伪。

第一节　早期对世俗化命题的证明

1969 年，时年 40 岁的贝格尔正式发表《神圣的帷幕》（*The Sacred Canopy*），在该书的后半部分，他对当时知识界所公认的西方现代工业社会的普遍世俗化现象进行了阐释，这样的阐释工作使他声名鹊起，为他赢得了世俗化理论家的声誉，他也被视为世俗化命题"最老练的"论证者。

一　"世俗化"释义

所谓"世俗化命题"，是指对现代性条件下必然导致世俗化或说宗教衰落的判断。需要指出的是，该命题的基本主张在西方学界由来已久，其渊源一直可以追溯到 18 世纪的欧洲启蒙时代，但以它为核心建立的、作为宗教社会学研究指导范式的系统世俗化理论，正式出现和论证完善工作则要迟至 20 世纪五六十年代。一个明显的例子是：在此之前，"世俗化"一词使用较为混乱，其并未获得客观描述和传达某种经验事实的价值中立属性，而是和表示意识形态的词语"世俗主义"（secularism）

往往混淆不分,① 因此在学界饱受非议,英国社会学家大卫·马丁当时甚至建议将这个术语从宗教社会学的字典中剔除掉。② 贝格尔明确表示不同意这一做法,认为穿透意识形态的迷雾,如果不涉及价值判断而单从纯粹现象描述的角度看,"世俗化"还是可以作为社会学研究的一个积极术语使用,前提是要严格加以定义。

贝格尔对"世俗化"的正式定义是:

> 世俗化是这样一种过程,通过这种过程,社会和文化的一些部分摆脱宗教制度和宗教象征的控制。③

单凭这一定义,我们还不能看出贝格尔所言的世俗化和现代性的社会条件有任何必然的关联。为避免误解,贝格尔马上指出:世俗化是一种全球性的普遍趋势,原因是现代西方文明的工业经济模式和资本主义经济秩序在世界各地传播。说到底,工业资本主义的经济过程作为基本的社会力量,势不可当地推进了世俗化进程。可见在早年贝格尔那里,世俗化是现代工业文明的一个内在、必然特征,现代性必然伴随世俗化的说法对他而言不成问题。正因此,这一时期的贝格尔可以说是不折不扣的世俗化理论家。

根据这个定义,贝格尔又指出西方现代社会的世俗化有三种表现形式:首先,在社会结构层面上,基督教会撤出过去控制和影响的领域,造成教会和国家的分离、教会领地的缩小或教育摆脱教会的控制等;其次,在文化和各种象征的层面上,哲学、文学和艺术作品中的宗教内容消淡,以及以彻底世俗的眼光审视世界的科学主义的兴起;最后,从个体意识的层面来看,世俗化在现代西方世界造就了数量巨大的一批人,"他们看待世界和自我根本不需要宗教解释的帮助"④。

---

① 对于何谓"世俗主义",贝格尔有他自己的定义,本书第二节将会介绍。

② David Martin, "Towards Eliminating the Concept of Secularization", in J. Gould (ed.), *Penguin Survey of the Social Sciences*, Harmondsworth, Penguin, 1965.

③ 〔美〕彼得·贝格尔:《神圣的帷幕:宗教社会学理论之要素》,高师宁译,上海人民出版社,1991,第128页。

④ 〔美〕彼得·贝格尔:《神圣的帷幕:宗教社会学理论之要素》,高师宁译,上海人民出版社,1991,第128页。

值得注意的是，贝格尔在此谈及社会结构和文化象征等客观层面的世俗化的同时，也特别提到主观层面的世俗化，即宗教世界观在个体头脑中被科学和理性的思维方式所替代。笔者认为，贝格尔对"世俗化"主观维度的强调，既源于对韦伯所主张的"世界祛魅"和"理性化"（rationalization）思想的直接继承，也与他从认知角度研究宗教的方法论进路有关。对他而言，无论是宗教为主、客观实在提供终极意义的合法化维护从而使实在更具理所当然性，还是实在的理所当然性与宗教无涉情况下的个体主观意识的世俗化，都是着眼于宗教世界观认知功能的存废立论。从认知的角度阐释宗教和世俗化，在他从西方宗教传统内部的观念因素探寻世俗化的成因这一具有开拓性的研究思路中，得到极好的展现。

二　世俗化之西方宗教探源

世俗化的成因是什么？贝格尔指出作为现代世界大范围出现的一种历史现象，世俗化的成因无疑是多方面的，不可做任何单一的解释。但是他又认为，不管怎样，要想回答世俗化为什么在西方出现的难题，"至少要部分地依靠它在现代西方的宗教传统中的根源"①。他所感兴趣的问题是："西方宗教传统在何种程度上自带世俗化的种子"从而成为它以后历史的"掘墓人"②？对此，他先从新教在现代世界形成过程中的作用说起。

（一）新教的世俗化能力

贝格尔指出：新教的世俗化能力，缘于它对天主教悦神仪式的变革，以及在这类变革基础上为一个全面世俗化世界的到来所提供的历史性契机。

首先，悦神仪式变革的基本方向——删繁就简。贝格尔说，天主教徒在现实生活中，可以通过不同的渠道体验神圣者的存在，如教会的圣事、神职人员的代祷、超自然的东西以神迹方式反复呈现的圣餐等。新

---

① 〔美〕彼得·贝格尔：《神圣的帷幕：宗教社会学理论之要素》，高师宁译，上海人民出版社，1991 版，第 149 页。
② 〔美〕彼得·贝格尔：《神圣的帷幕：宗教社会学理论之要素》，高师宁译，上海人民出版社，1991 版，第 132 页。

教改革则破坏这些人神沟通的渠道或媒介，其基本方式是对原有仪式删繁就简，使其中所蕴含的神圣和神秘意味大为淡化：圣礼的使用被减少到最低程度，甚至完全废除了它的神秘性质；弥撒中的神迹意味基本消失；较小仪式中的神迹即便有所保留，也失去对于宗教生活而言的真实意义；代祷仪式不再举行；等等。

其次，悦神仪式变革所导致的后果——为完全祛除超自然神秘性的、彻底内在和封闭的自然世界之形成，创造了认知上的无限可能。所谓"祛除超自然神秘性"，是指新教在宗教仪式上的变革使现实世界尽可能地摆脱"神圣者的三个最古老和最有力的伴随形式——神秘、神迹和魔力"①。在此情况下，世界虽然仍被认为是上帝所造，但变得与上帝无关，成为彻底内在和封闭自足的存在系统。同时对人而言，居住在这样的世界之中，也变得孤独起来。贝格尔对此评论道，新教"切断了天与地之间的脐带，以前所未有的方式将人抛回来依靠他自己"。②

最后，悦神仪式变革为世俗化创造的历史性契机——人神关联仅剩一条逼仄通道，一旦切断，世俗化的闸门从此打开，势不可当。贝格尔所言人神关联的"唯一通道"，是指新教徒对"源自上帝恩典的唯一拯救行动"的信仰。也就是说，现实世界并非完全褫夺神性，上帝迟早会对这一世界实行行动干预，这是新教把世界内在化、封闭化和自然化的同时唯一认可的神迹，目的是以极端的方式凸显上帝的超越性和可畏尊严，以使人类能够向上帝的拯救行动无条件地开放自身。③ 然而，对上帝及其拯救行动的信仰一旦出现危机，也就意味着人神关联的唯一通道会逐步沦陷，人类世界会不可避免地接受以科学和技术为代表的理性的全面渗透，最终变得世俗化起来，而这样的情形在西方晚近的历史中已经发生。正是基于新教改革为世俗化创造历史性契机的考虑，贝格尔指出："无论其他因素的重要性有多大，还是新教为世俗化充当了历史上决

---

① 〔美〕彼得·贝格尔：《神圣的帷幕：宗教社会学理论之要素》，高师宁译，上海人民出版社，1991，第133页。

② 〔美〕彼得·贝格尔：《神圣的帷幕：宗教社会学理论之要素》，高师宁译，上海人民出版社，1991，第134页。

③ 〔美〕彼得·贝格尔：《神圣的帷幕：宗教社会学理论之要素》，高师宁译，上海人民出版社，1991，第118页。

定性的先锋。"①

（二）《旧约》"世界祛魅"时代的开启

在确认新教为现代世界的世俗化直接充当开路先锋的基础上，贝格尔又进一步追根溯源，提出另外一个重要论点：新教的世俗化能力并非空穴来风，在古代以色列宗教中就可找到它的根源。换言之，"世界祛魅"在很大程度上从旧约时代就已经开始。贝格尔所言旧约时代的"祛魅"，是指古以色列民族和周围的文化世界彻底决裂、从"神—人"连续统一体的文化氛围中摆脱出来的过程，而《旧约》记载的"两次出走"②，则是这类文化决裂最终实现的象征性标志。

何谓"神—人"连续统一体？简单地说，它实际上是指某种宇宙观视野，在此视野中，人类世界被视为把神圣存在包含于自身的整个宇宙秩序的有机组成部分，人、神之间存在某种边界上的流动性和连续性，这种连续性认定"人间的事件和渗透宇宙的神圣力量之间，有一种不间断的联系"，故"在此'下界'的人世间发生的每一件事，在神灵的'上界'都有其类似存在，'现在'发生的每一件事，都与'太初'时出现的宇宙事件相关联"③。

贝格尔指出：《旧约》中上帝全新形象的出现，是对上述原始宇宙观的彻底颠覆和摒弃，人类世界因此摆脱曾经的神话和巫魅色彩，为现代世界的世俗化奠定了最早的基础。对此，他从圣经解释学的角度，结合《旧约》叙事的三大主题予以论述。

首先是上帝的超越化（transcendentalization of God）。上帝的超越化体现在多方面：（1）上帝虽然创造了宇宙，但孤悬于宇宙之外，并不参与宇宙的实际构成并对宇宙进行渗透；（2）上帝是唯一的，没有任何伴侣和后代，也没有诸神陪伴；（3）上帝的行动具有历史性，尤其介入以色列人的历史，对于以色列人来说，他是一个具有历史关联和从远方来的上帝，而不是该民族的地方神或部落保护神；（4）上帝与以色列人的

---

① 〔美〕彼得·贝格尔：《神圣的帷幕：宗教社会学理论之要素》，高师宁译，上海人民出版社，1991，第134页。

② 即早期希伯来人从米索不达米亚平原的转移以及后来出离埃及。

③ 〔美〕彼得·贝格尔：《神圣的帷幕：宗教社会学理论之要素》，高师宁译，上海人民出版社，1991，第136页。

历史关联以契约为前提，如果以色列人没有很好地履行契约中所规定的义务，这种关联可以解除，故而《旧约》的上帝又是能动的上帝，既不受地理的约束，也不受制度的限制。①

上帝的彻底超越化，在《创世记》关于上帝创世的叙事中得到典型体现。上帝创世是孤独的活动，并且上帝出现之前一无所有，他在虚无中创造出一切。所有这些，皆与米索不达米亚神话所描述的从混沌中产生并合作创造世界的诸神形象适成鲜明对比。此外，创世的过程以创造出人宣告结束，而人是和其他被造物以及上帝很不相同的存在。正是由于人的这种特殊性，上帝的超越性得到更有力的彰显。在《旧约》的话语中，上帝和人形成根本的两极分化，二者之间则横亘着一个彻底祛除神话和巫魅色彩的自然世界。

其次，神、人活动的历史化。贝格尔指出，上帝的超越化以及随之而来的世界祛魅，"为作为神与人的活动舞台的历史开辟了一块空间"②。也就是说，丧失神话想象的现实世界，同时成为上帝和人进行历史活动的舞台。整部《旧约》，就是围绕体现神的伟大活动的"神圣历史"以及作为人的活动结果的"世俗历史"以及二者之间的关联而展开。值得注意的是，这里的"人"是高度个体化的个人，并且"越来越不被视为神话所设想的集体性之代表"③。这样的个体以历史行动者的身份出现在上帝面前，并且对自己的行动负责。当然，贝格尔也提醒人们：这并不意味着《旧约》"人"的概念就是现代西方的个体主义，甚至也不可以说达到古希腊哲学的认识高度。但是，从历史上人类自我理解的发展历程来看，它毕竟为现代意义上的个体尊严和行动自由等观念，提供了一个最早的宗教解释性框架。

最后，伦理的理性化（the rationalization of ethics）。这一主题意味着把理性赋予生活之上。这种理性尽管属于神学形态，并且坚持整个生命服务于上帝这一宗旨，但最终必然归于对现实生活问题的现实处理，故

---

① 〔美〕彼得·贝格尔：《神圣的帷幕：宗教社会学理论之要素》，高师宁译，上海人民出版社，1991，第139~140页。

② 〔美〕彼得·贝格尔：《神圣的帷幕：宗教社会学理论之要素》，高师宁译，上海人民出版社，1991，第142页。

③ 〔美〕彼得·贝格尔：《神圣的帷幕：宗教社会学理论之要素》，高师宁译，上海人民出版社，1991，第142页。

而能够以冷静务实的态度处理社会人伦关系，摒弃神话世界观的一切迷信和杂乱的成分。传达这一主题的主要有祭司群体和先知群体。最早的祭司群体从清洁仪式开始（去掉其中的巫术色彩），并且在创立作为日常生活基本准则的律法的过程中，起到理性化作用。在此基础上，后来的先知们则进一步地推进，"把一种有聚合力的，事实上是理性的结构加在日常生活的整个范围之上"①。在巴比伦放逐之后，新一轮的祭司伦理继续发展了礼仪和法律制度，使之更趋完善和合理。

基于以上三点，贝格尔认为韦伯所言"世界祛魅"，在历史上要远远早于一般被认为是它的起点的宗教改革和文艺复兴运动。换言之，早在圣经宗教传统的发轫之初，就存在着上述独立的观念因素，成为后来社会世俗化的历史根源。

（三）从《旧约》《新约》到新教改革的历史嬗变

圣经宗教传统在其发轫之初所含藏的世俗化力量为什么在历史上长期处于休眠状态，直到宗教改革才蓄势爆发呢？贝格尔认为，这与从《旧约》中经《新约》一直到新教改革的历史时代嬗变有关。他首先指出，基督宗教的出现，就世俗化的论题而言事实上代表着某种程度的倒退，理由是："道成肉身"和"三位一体"的教义破坏了旧约圣经所坚守的上帝超越性，而大量的天使、圣徒和圣母玛利亚中保身份的存在，致使世界重新"复魅"；天主教繁芜复杂、无所不在的圣礼体系，提供了从旧约时代先知所要求的那种伦理绝对主义逃离出来的"逃生通道"，从而阻断了伦理理性化的进程。②

但是，从《旧约》到《新约》的历史转变也存在着积极的方面，不能一概抹杀。贝格尔就此指出两点：第一，以天主教为代表的普世基督教继承了旧约的历史化主题，保留了只有圣经宗教才有的那种历史神正论，同时也拒斥了那些对此世获救的可能性表示失望的宗教形式（如神秘主义），故而它自身就携带着革命动力的种子，虽然这类动力要等到基督教世界濒临崩溃时才会以种种千禧年运动的形式爆发出来。第二，基

---

① 〔美〕彼得·贝格尔：《神圣的帷幕：宗教社会学理论之要素》，高师宁译，上海人民出版社，1991，第144页。
② 〔美〕彼得·贝格尔：《神圣的帷幕：宗教社会学理论之要素》，高师宁译，上海人民出版社，1991，第145-146页。

督教教会以其把宗教活动和象征集中在单一的制度框架之内的特点，代表宗教的制度专门化。这是一种独特的社会制度形式，它导致整个社会分裂为两个部分，也即路德宗所说的"神圣王国"和"世俗王国"，而后者很大程度上可以被视为相对脱离神圣者管辖范围的领地。一旦支撑整个基督教世界的可信性结构发生动摇及其所营造的神圣与世俗之间的微妙平衡被打破，"世俗王国"便彻底脱离神圣者的管制，以加速度的方式世俗化。①

在普世基督教和世俗化的关系问题上，贝格尔尽管辨明以上两点，但依然认为从总体来看，这种宗教形式"可被视为世俗化这出戏的进展过程中阻碍和退化的一步"②。正因此，世俗化才需要新教改革作为开路先锋。这场改革被认为是含藏在天主教中的《旧约》观念性因素的世俗化力量强有力地再现和爆发。当然，贝格尔并不认为这些观念因素可以独立起作用，而是需要通过作用于社会基础过程，使后者在经验上出现可见的变化，最终才会导致全面世俗化社会的产生。然而，这样的社会一旦形成，无疑会反转过来阻碍宗教作为社会构成的力量继续发挥影响，宗教走向式微势不可免。正如此，贝格尔说西方宗教是它自己的"掘墓人"，并言"历史的嘲弄恰在于宗教和世俗化之间的关系当中"③。

三　社会结构层面的世俗化

笔者认为，贝格尔在写作《神圣的帷幕》时，欧洲基督教世界在早期现代化过程中的崩溃一直是他思考世俗化现象的一个模板。基于这一模板，他认为这样的世界之所以出现可信性危机从而导致自身的最后崩溃，固然可以从基督教文化的内部寻找认知根源，同时也与支撑这种文化的整个社会基础结构在晚近时代出现的重大变化有关，原因在于：圣经宗教传统所包含的"埋葬自己"的观念因素是一种隐性的世俗化力量，不能孤立起作用，而是要通过作用于社会构成的物质要素，使后者

---

① 〔美〕彼得·贝格尔：《神圣的帷幕：宗教社会学理论之要素》，高师宁译，上海人民出版社，1991，第147~148页。

② 〔美〕彼得·贝格尔：《神圣的帷幕：宗教社会学理论之要素》，高师宁译，上海人民出版社，1991，第148页。

③ 〔美〕彼得·贝格尔：《神圣的帷幕：宗教社会学理论之要素》，高师宁译，上海人民出版社，1991，第153页。

在经验上出现明显的变化。这些变化反过来把基督教推向全面的信任危机，进而才有人们主观上的普遍世俗化现象产生。换言之，主观的世俗化需要社会结构层面的客观世俗化的有效促动才能全面爆发，尽管这两者在逻辑上可能同步，却并无时序先后之分。

贝格尔指出：就现实中的经验观察而言，世俗化的效果首先是在社会基础结构的变化层面上得以显现。对此，他举经济、政治、家庭等社会结构要素进行分析，并就这些要素的变化对宗教在现代社会的地位和处境可能造成的影响做出判断。

首先，最明显的变化出现在经济领域。贝格尔认为，经济部门尤其与现代工业生产直接相关的部门乃是世俗化的"最早居所"，并且社会的不同阶层依照与这一部门的远近，都程度不等地受到世俗化的影响。对于经济领域的世俗化，贝格尔写道："现代工业造就了一个核心部门，对于宗教而言，它似乎是一块不受管束的'自由领地'。"① 与此同时，世俗化也从这一核心部门向其他部门辐射，从而造成宗教存在形式的"两极分化"（polarization）现象②。所谓"两极"，是指国家和家庭这两种分别代表最具公共性、最具私人性的制度部门的两极。贝格尔所言宗教存在形式的两极分化，实际上是指宗教从政治等其他公共制度部门分化出来以及宗教退居到私人领域这两种客观维度的世俗化。

其次，就最具公共性的一极——国家而言，贝格尔认为尽管在经济世俗化和政治世俗化之间可能会存在一定程度的文化滞后现象（如已经走上现代工业社会道路的英国，对政治秩序的传统宗教论证仍在延续），但不管怎样，宗教至多只是成为政治意识形态的修辞而已，它对国家的控制力已基本解除，"从宗教制度或政治行为的宗教前提等控制中解放出来的国家之出现，似乎是一个全球性的大趋势"③。很明显，贝格尔所指

---

① Peter Berger, *The Social Reality of Religion* （Harmondsworth：Penguin Books，1973），p. 133. 参阅〔美〕彼得·贝格尔《神圣的帷幕：宗教社会学理论之要素》，高师宁译，上海人民出版社，1991，第153页。

② 〔美〕彼得·贝格尔：《神圣的帷幕：宗教社会学理论之要素》，高师宁译，上海人民出版社，1991，第154页。

③ Peter Berger, *The Social Reality of Religion* （Harmondsworth：Penguin Books，1973），p. 134. 参阅〔美〕彼得·贝格尔《神圣的帷幕：宗教社会学理论之要素》，高师宁译，上海人民出版社，1991，第154页。

是政教分离。他指出：政教分离最重要的后果是国家在宗教事务上保持中立，不再作为为强制力量代表以往占统治地位的宗教发号施令，而是在彼此竞争的宗教团体中扮演相对者和仲裁者的角色。在此情况下，教会要想获取人们的忠诚，不得不独自去招募志愿信徒。如此一来，任何企图恢复国家对宗教的强力支持的努力注定会失败。贝格尔论及这一现象背后的动力，认为归根结底还是以资本主义和工业经济秩序为标志的现代化所释放出来的理性化过程所致。①

最后，就存在形式的另一极而言，家庭领域的宗教不像在政治领域那样至多不过沦为意识形态的修辞，而是依然具有保持自身实在性的巨大潜力。具言之，在家庭以及和家庭生活有关的人际关系领域，人们的日常行为动机和自我解释都与宗教大有关系，甚至高度世俗化的阶层如美国中产阶级，也接受宗教对家庭的合法化解释。但是，贝格尔也指出，宗教与家庭这种象征性结缘基本上被限制在私人空间，并且受制于这个空间的种种特性，如个体化。个体化意味着私人性质的宗教是个体或单个家庭的"选择"和主观"喜好"的事情，本质上缺乏共同的约束力。换言之，不管这类宗教对个体而言如何具有真实性，却不再可能完成传统宗教的任务，即："建造一个共同的世界，在其中，所有社会生活的终极意义对于所有人具有同等的约束力。"② 贝格尔认为，宗教被限制在私人领域，实现与政治和公共生活领域的隔离，"对于维系现代经济和政治制度的高度理性化秩序"有积极作用。③

在贝格尔看来，上述经济领域的世俗化以及由此导致的政治和公共事务领域世俗化、宗教退居到家庭生活领域的私人化，所有这些工业社会条件下社会基础结构上的变化对宗教的影响都是巨大的，造成了它在现代社会中的一种尴尬处境，即"共同性和实在性的分裂"④。简言之，

① 〔美〕彼得·贝格尔：《神圣的帷幕：宗教社会学理论之要素》，高师宁译，上海人民出版社，1991，第156~157页。
② Peter Berger, ibid. p.137. 参阅〔美〕彼得·贝格尔《神圣的帷幕：宗教社会学理论之要素》，高师宁译，上海人民出版社，1991，第158页。
③ 〔美〕彼得·贝格尔：《神圣的帷幕：宗教社会学理论之要素》，高师宁译，上海人民出版社，1991，第158页。
④ 〔美〕彼得·贝格尔：《神圣的帷幕：宗教社会学理论之要素》，高师宁译，上海人民出版社，1991，第159页。

宗教有时候成为政治和公共事务领域意识形态的修辞，在此情况下，它是"共同的"，但缺乏实在性；宗教对于私人生活领域的个体无疑是"实在的"，但又缺乏共同性。他指出：共同性和实在性的分裂，标志着宗教建立完整实在观为社会成员提供共同意义体系的传统任务结束，宗教建构实在的力量也只能被限制在亚社会群体中发挥，建造片段化的意义体系；而为这类意义体系提供可信性支撑的社会组织，无论是家庭还是更大规模的教会或宗教集团，由于其本身结构的脆弱性，只能在有限的程度上维持宗教的可信性和持久性。[①]　总之，根据他的理解，宗教在现代社会中的处境已捉襟见肘，衰弱不可避免。

四　世俗化与多元主义

多元主义是贝格尔早年为世俗化命题写作致力探讨的一个重要主题。对于这一主题，他主要从多元主义的形成、多元主义对宗教信仰的社会心理影响以及多元主义条件下的宗教市场经济三方面进行论述。

（一）多元主义的形成

贝格尔把多元主义的形成明确归于世俗化："世俗化造成了各宗教传统的非垄断化，因而事实上导致了多元主义。"[②]　也就是说，前文所述社会结构层面上的政教分离及其所导致的宗教在政治和公共事务领域撤出、国家不再作为传统宗教强制力的代表而是在各种宗教之间保持中立等，是多元主义产生的原因所在。

对于历史上宗教社会垄断地位的打破和多元主义局面形成的过程，贝格尔做出概要式描述。他说，在人类历史的大部分时期，宗教为社会共同体提供终极意义的合法化论证，一直扮演社会和文化事业的垄断者角色。在前现代社会中，宗教制度涵盖社会制度的一切领域，是调节思想和行动的力量，故而这种制度就等于社会制度本身；宗教所界定的世界也被认为是世界本身，世界的稳定性并不只是靠世俗力量及其社会控制来维持，更多的是靠宗教为社会成员提供的共同常识来

① Peter Berger, ibid, p. 138. 参阅〔美〕彼得·贝格尔《神圣的帷幕：宗教社会学理论之要素》，高师宁译，上海人民出版社，1991，第159页。
② 〔美〕彼得·贝格尔：《神圣的帷幕：宗教社会学理论之要素》，高师宁译，上海人民出版社，1991，第160页。

维持。① 就西方而言，"基督教世界"这一概念所传达的社会实在内涵，体现了典型宗教式垄断的存在。尽管教会和帝国两种制度之间一直存在斗争，但这属于内部的斗争，它们代表同一个宗教世界，基督教的垄断特征丝毫未因此减损。然而，随着欧洲"三十年战争"的爆发以及解决战争协议中"教随国定"原则的确立，虽然真正的多元主义局面并未出现，基督教世界的统一性却被打破，一个变化的过程从此开始。在随后的历史中，新教派别不断增多，无论天主教还是新教内部对离经叛道者的态度都变得越来越宽松和容忍，基督教世界进一步瓦解，多元主义局面逐渐明朗。②

贝格尔认为，真正的多元主义格局和多元化过程（pluralization）首先在美国开花结果，导致宗教派别林立的局面出现。美国的宗教类型——"宗派"（denomination），可谓是宗教多元主义存在形式的典范，因为这些宗派"一直对彼此永久性地和平共处和自由竞争这一点达成共识"③。多元主义并不限于宗教之间的相互竞争，作为世俗化的结果，宗教团体也被迫在世界观和价值主张方面与各种非宗教的对手竞争，因此不仅在拥有美国式宗派类型的那些国家可以谈论多元主义，而且在没有宗教垄断、宗教不得不和各种世俗的竞争对手打交道的地方，也可以谈论多元主义。④

（二）多元主义与宗教"理所当然性"的丧失

贝格尔指出，宗教在当代人意识中的情形，最大的特征是"理所当然性"的丧失，即个体不再把原有的宗教内容视为客观实在的自明性真理对待，而只是作为"看法"和"情感"保留在意识之中。这意味着宗教在意识中的位置发生了变换，用他的说法是："从含有至少一切正常人

---

① 〔美〕彼得·贝格尔：《神圣的帷幕：宗教社会学理论之要素》，高师宁译，上海人民出版社，1991，第160页。

② 〔美〕彼得·贝格尔：《神圣的帷幕：宗教社会学理论之要素》，高师宁译，上海人民出版社，1991，第160～161页。

③ Peter Berger, *The Social Reality of Religion* (Harmondsworth: Penguin Books, 1973), p. 141. 参阅〔美〕彼得·贝格尔《神圣的帷幕：宗教社会学理论之要素》，高师宁译，上海人民出版社，1991，第162页。

④ 〔美〕彼得·贝格尔：《神圣的帷幕：宗教社会学理论之要素》，高师宁译，上海人民出版社，1991，第162页。

都会赞同的基本真理的意识层面过滤出来，进入各种主观看法的意见层面，而对于这些意见，明智的人常不会赞同，而且人们自己也不完全有把握。"鉴于此，他建议可以把当今时代称为宗教史上的"怀疑主义时代"①。

贝格尔认为，宗教在当代人意识中信誉度下降的事实，不能归咎于意识内部或者意识本身发生了某种神秘突变，而应该根据经验上可以把握的社会历史过程做出解释。归根结底，是多元主义环境把宗教投入信任危机的漩涡当中，原因在于：多元主义除了作为一种全球性过程和世俗化密切相关外，同时作为社会结构现象，它消除宗教垄断，制造出相互竞争的多种可信性结构，从而使某种特定的宗教或宗教派别维持或重建可行的可信性结构变得尤其困难。这样一来，形形色色的宗教内容在认知上被相对化也就成为必然。也就是说，谁也不能被视为理所当然，结果是各自在意识中的客观实在性地位被打破。正由于此，贝格尔说在社会心理层面，宗教在双重意义上被"主观化"：（1）丧失了主体间自明的可信性，其"实在性"成为个人的"私事"，人们不再可能"实实在在地谈论宗教"；（2）宗教沦为个人的私事，故也只能扎根于个体意识中，其内容"不再涉及宇宙和历史，而只关乎个人的生存和心理"②。

贝格尔早年对多元主义削弱宗教信仰的理所当然性（即确定性）这一点深信不疑。在《神圣的帷幕》出版十年之后的另一本著作中，他写道："我们的时代境况，是以同时并存、相互竞争的世界观多元市场为特征。在这样的境况中，确定性的维持实际上非常困难。就宗教本质上端赖于'超自然者'的确定性而言，多元主义境况具有世俗化性质，并且事实上使宗教深陷信任危机中。"③

（三）多元主义与宗教市场经济

贝格尔指出，多元主义的关键特征在于以往宗教式垄断把信徒的忠

---

① 〔美〕彼得·贝格尔：《神圣的帷幕：宗教社会学理论之要素》，高师宁译，上海人民出版社，1991，第175页。

② 〔美〕彼得·贝格尔：《神圣的帷幕：宗教社会学理论之要素》，高师宁译，上海人民出版社，1991，第177页。

③ 〔美〕彼得·贝格尔：《神圣的帷幕：宗教社会学理论之要素》，高师宁译，上海人民出版社，1991，第213页。

诚视为理所当然的做法已不再可能，忠诚出于自愿而非强迫；结果，过去由国家和政治权威所保障的宗教传统现在不得不进入市场，并且卖给自愿购买的顾客，故而多元主义环境首先是一种市场环境；在这种环境中，宗教机构变成了参与市场竞争的力量，宗教传统变成了消费品，而"宗教活动则由市场经济的逻辑所支配"①。很显然，贝格尔在多元主义论题下提出了关于宗教市场经济的论说。

对于贝格尔的宗教多元主义市场经济思想，本书不拟做详细介绍，但勾勒出如下要点。

第一，市场竞争促使宗教组织以理性的方式优化自身，普遍采取科层制组织和管理模式，结果在不同宗教传统或神学背景的宗教机构中，造就了大量积极务实、不迷恋与行政无关的思索、精通人际关系的宗教行政和管理人员存在，他们的理性工作作风与一般商业公司的职员和管理层无异。②

第二，在多元主义市场环境下，由于竞争过于残酷以及市场的不稳定性带来的财政状况的不可预测性，各宗教组织携手进行合作，出现了卡达尔化的"宗教普世联合"即大型宗教集团。③

第三，在市场竞争环境中，由于宗教不再能强加而只能出售给消费者，"消费者喜好"成为左右宗教产品以何种形式出现的一个强有力因素。这对于宗教机构所提供产品的宗教内容来说，首先意味着可变性原则的引入——没有一成不变的宗教内容存在，消费者所置身世界的世俗化特征和私人生活领域的需要将决定宗教内容的变化方向；再就是消费者或者潜在消费者需求相似所导致的标准化，以及与所谓"信仰之重新发现"相联系的强调信仰特质和殊异性的"边际分化"（marginal differentiation）。边际分化不一定是去标准化，更有可能仅是"包装"上的分化，在包装的里面，可能是同样的标准化产品，原因在于：宗教产品的殊异性不是受特定的信仰传统所决定，而是取决于消费者的口味

---

① 〔美〕彼得·贝格尔：《神圣的帷幕：宗教社会学理论之要素》，高师宁译，上海人民出版社，1991，第163页。

② 〔美〕彼得·贝格尔：《神圣的帷幕：宗教社会学理论之要素》，高师宁译，上海人民出版社，1991，第164~166页。

③ 〔美〕彼得·贝格尔：《神圣的帷幕：宗教社会学理论之要素》，高师宁译，上海人民出版社，1991，第168页。

和需求。①

贝格尔关于多元主义条件下宗教市场经济的相关论述，被后来的美国宗教社会学家罗德尼·斯达克、罗杰尔·芬克等人所继承，他们在此基础上发展出一套更加系统、宣称可以运用到所有信仰之上的普遍原理的宗教市场理论学说（又称宗教"理性选择"理论）。这种理论认为：个体就本性而言是宗教的，故而对宗教的需求是恒定的，与任何时代因素的变化无关，个体在自己喜好和趣味的引导下，以理性的方式进行各自的宗教选择；在宗教市场自由开放、多元化竞争激烈并且可供选择的宗教产品丰裕的地方，宗教往往会会蓬勃发展；反之，如果国家的政策干预导致宗教多元主义竞争的活力丧失、市场上可供选择的宗教产品匮乏，宗教往往会衰落和萎靡不振。很显然，该理论把宗教多元主义的市场竞争作为有利于宗教发展而非衰落的事项看待，并据此旗帜鲜明地反对世俗化理论，这与贝格尔早年提出宗教市场经济思想的初衷相去甚远。在贝格尔看来，多元主义是世俗化导致的宗教去垄断化的必然结果，又是世俗化的表现形式；即便有充满竞争的宗教市场经济存在，也无以改变多元主义削弱信仰的确定性从而使信仰相对化、内在世俗化的特质，各宗教组织为迎合消费者需求的世俗主义倾向一再剔除或有意淡化作为其信仰核心的超自然因素，就是其自身内在世俗化的一种体现。

从以上对贝格尔论证世俗化命题的三个最重要方面的介绍中可以看出，贝格尔的论证工作主要还是立足于西方（尤其是欧洲）的历史与现状以及两者之间的比照和关联而展开。欧洲现代文明是中世纪基督教文明的直接延续（或说衣钵继承者），因此在这种延续过程中所发生的明显时代断裂，必须回溯到前此断裂时期的文明内部去追根求源，拷问其成因。现代欧洲的世俗化特质即属于这样的明显时代断裂之一，它的成因自然要回到前现代欧洲的价值文化形态及其漫长历史嬗变中寻找答案。基于这种历史还原式的运思方法，贝格尔展开了世俗化之西方宗教根源的探寻，认为《圣经》宗教传统早在其发轫之时就蕴藏巨大的世俗化潜能，这类潜能中经基督教文化历史的充分沉淀和涵泳，通过新教改革创

---

① 〔美〕彼得·贝格尔：《神圣的帷幕：宗教社会学理论之要素》，高师宁译，上海人民出版社，1991，第 171 ~ 174 页。

造的历史契机而爆发。正是在这一点上，他指出基督教是自己的"掘墓人"。同样的历史性关联视角也体现在他对欧洲晚近时代社会结构层面所发生的重大变异即世俗化的分析上，在笔者看来，这种分析明显以前现代欧洲的社会基础结构为参照模板，而后者恰是为基督教建立起"全社会的"（societal）观念统治提供可信性支撑的。从神圣到世俗的观念文化变迁，必然伴随着为观念文化提供可信性支撑的巨大社会结构的历史移易，这是贝格尔对世俗化命题阐释所依据的又一思辨策略。此外，他对多元主义的论述也是以前现代欧洲基督教的垄断式统治为历史参照而提出，并且认为这是基督教衰落的标志，尽管多元主义在美国发展最为成熟，但作为欧洲殖民者及其后代所建立起来的国度，贝格尔认为美国的情况也无以改变多元主义赖以从出的历史脉络及其世俗化的效果和实质。

总之，从大处着眼、强调历史与现实的关联和比照，是贝格尔对世俗化命题阐释所采取的基本思辨策略。这样的思辨策略使他的相关论述极具理论穿透力和说服力，但也导致研究方法上存在对经验的事实和证据有所忽略或甄别不足的缺陷，为贝格尔后来放弃世俗化命题的做法埋下了伏笔。

第二节　对世俗化命题的证伪

自20世纪90年代起，贝格尔在写作、演讲和接受采访等不同场合，反复声明自己早期职业生涯坚持并为之论证的世俗化命题是个错误，如他在1998年自己所主编的一本论文集中就曾明确指出：世俗化命题关于现代性必然导致宗教的衰落的论断是基于欧洲个案推导出来的结果，不具有普遍必然性；现代性固然具有一定的世俗化效果，但现代性自身也会产生强有力的反世俗化运动，后者则直接造成宗教在当代的兴盛和复兴；宗教和现代性的关系非常复杂，需要重新研究。[1]

贝格尔开始对世俗化命题的怀疑始于20世纪70年代，[2] 而正式承认

---

[1] Peter Berger, "The Desecularization of the World: A Global Overview", in *The Desecularization of the World: Resurgent Religion and World Politics* (Washington, D. C. : Ethics and Public Center, 1999), p. 2.

[2] 他在1974年说："在过去几年里，宗教舞台的许多观察者（我也在其中）高估了世俗化的程度和不可逆转性。" Peter Berger, *Religion in a Revolutionary Society* (Washington DC: America Institute for Public Policy Research, 1974), p. 16.

这一错误则在 90 年代初。① 本书不打算对他的思想发展轨迹和心路转变历程进行调查，主要关注他从哪些方面论述世俗化理论及其核心命题被证伪。笔者认为，综合他在不同场合的说法，可从认知和事实两个方面加以剖析。认知的方面是指世俗化理论思想根源和方法论的缺陷，事实的方面包括美国的宗教性、世界其他地区宗教运动的大爆发、世俗型宗教的失败和传统型宗教的成功、世俗主义在政治领域遭遇的强劲挑战。

一　世俗化理论思想根源和方法论的缺陷

贝格尔认为，世俗化理论的核心主张可用这样一个命题来概括——现代性必然导致宗教的衰落和全面世俗化社会的出现。抓住这一命题，贝格尔首先展开了对世俗化理论思想根源和传承脉络的探寻，指出：该理论的认知根源可追溯到 18 世纪欧洲的启蒙运动，以及 19 世纪在启蒙哲学的基础上演变而来的经验科学。启蒙时期一些激进的思想家如伏尔泰认为"宗教是一种大虚幻，不但引生了大量的迷信，而且也招致了滔天的暴虐"，故而以急切的期盼情绪预言宗教消亡。他喊出的"消灭臭名昭著者"，不但针对当时他所认为的万恶之源的天主教会，而且针对一般的宗教。在启蒙思想家那里，摧毁宗教的工具被认为是理性，"在理性的冷静光芒照耀下，宗教的种种虚幻终将消退"②。到 19 世纪，以理性排斥宗教的思想传统在知识界有巨大的诱惑力，并且直接影响了现代社会学的开创者——马克思、涂尔干和韦伯。对于宗教，马克思认为是"人民的鸦片"，涂尔干认为只不过是"社会秩序的隐喻"，韦伯则认为理性化终将实现"世界的祛魅"即摧毁前现代世界观的"魔幻花园"。尽管他们对待各自洞见的私下态度并不一致，但都坚信现代性导致宗教的平稳式微乃理所当然，根本无须质疑。③ 20 世纪曙光初现时，尼采以庄严的口吻宣告"上帝之死"使这一信念广为大众接受，宗教在现代社

① Peter Berger, *A Far Glory: The Question for Faith in an Age of Credulity* (New York: The Free Press, 1992), pp. 26-46.

② 〔美〕彼得·伯格、〔荷〕安东·泽德瓦尔德：《疑之颂：如何信而不狂》，曹义昆译，商务印书馆，2013，第 1~2 页。

③ 〔美〕彼得·伯格、〔荷〕安东·泽德瓦尔德：《疑之颂：如何信而不狂》，曹义昆译，商务印书馆，2013，第 2 页；Peter Berger, "Secularization Falsified", in *First Things A Monthly Journal of Religion & Public Life* (2008), p. 25。

会的消亡似乎是板上钉钉的事了。

世俗化理论在思想根源上虽然可追溯到启蒙时代以来的传统，但是，贝格尔也指出，作为宗教社会学这门经验学科的经典研究范式，该理论的正式提出和系统化表达却出现在 20 世纪五六十年代。那时，以他和布莱恩·威尔逊（Bryan Wilson）、托马斯·卢克曼等欧洲学者为代表的一大批社会学家立足于第二次世界大战以后西方宗教普遍衰落的事实，对宗教与现代性之间的关系进行了系统的抉发和阐释。就此而言，世俗化理论是有经验事实和实证研究的数据支持的，不是从纯粹哲学立场简单演绎出来的结果。

对于这么一种源于启蒙传统又有关于战后宗教的经验事实和调查数据为支撑的理论形态，缺陷到底在哪里呢？贝格尔指出两点：第一，这一理论是世俗知识分子阶层的构思之作，知识分子是启蒙运动的后裔，这样的构思也符合他们的内心期待；第二，世俗化理论是欧洲中心论性质的，是基于欧洲情境推断的结果，故而是错误的。①

先说第一点。启蒙时代以来的思想家把理性以及在理性基础上建立起来的科学视为宗教衰败的原因，世俗化理论家继承了这种看法，把现代科学和技术视为世俗化产生的根源——科学培养了一种反感对世界神秘化解释的理性头脑，而技术则教会人们用高度关联和实用的方式处理生活中的一切难题从而变得不依赖于宗教。贝格尔承认这种看法一定程度上有其合理性，因为至少在先进工业社会里，科学技术所带来的生活世界的理性化，势必会给宗教带来深远的影响甚至副作用，但据此认为科学技术必然会导致宗教的没落并且世俗化不可逃脱地与现代性相关联，则未必符合事实。对此，他解释道，"现代科学把人安置在一个缺乏超自然存在的冰冷宇宙之中，现代技术则通过提高人控制宇宙的能力给人以有限的抚慰，言其'有限'，是指技术永远不能改变人类有限性和有死性的根本生存环境"；现代世界的冰冷促使人们不断地从他处寻找抚慰，甚至准备好接纳能够给他们带来充足抚慰感的"虚幻"的宗教；在此情况下，世界在"祛魅"的同时，也存在"复魅"的可能，当代世界反世俗化的宗教运动层出不穷的发生也就成为必然；对于这些运动，世俗化

---

① Peter Berger, "Further Thought on Religion and Modernity", in *Society* (2012) 49, p. 313.

理论家推崇科学技术的理性主义意识形态无法做出有效的解释，实际上它们立足于人类实存的心理学层面而非形上学层面。[1]

再说第二点。世俗化理论固然有来自宗教的经验事实和调查数据为支撑，但这些事实和数据主要出自欧洲，该理论是基于欧洲个案推导出来的结果，因此在方法论上存在重大缺陷。在此情况下，欧洲宗教的演变轨迹也就不足以成为世界其他地区现代化的样板。换言之，欧洲在现代工业文明的进程中固然已经变得高度世俗化起来[2]，但不能据此认为现代性和世俗化具有不可分割的必然联系。世俗化理论如果要想确立社会科学研究的指导范式地位，应该把世界其他地区宗教状况的调查和经验证据纳入，进行综合研究。

二 世俗化命题证伪的事实证据

（一）美国宗教的繁荣

在贝格尔看来，对世俗化命题证伪的一个最明显的事实是美国宗教的繁荣现象。长期以来美国都是宗教性指数高居不下的国家，"宗教的现状不但维持着，并且较之于以往任何时候，更多的美国人定期去参加礼拜、支持宗教组织、把自己描述为具有强烈宗教信仰者"，而且"和世俗化理论的预言相反，宗教组织的繁荣和它们对以往被接受的信仰和实践的坚持有关——越是保守，越是成功"[3]。对于这样一个国度，你不能说它比欧洲任何国家或地区（比如说比利时）更少现代性。换言之，美国是现代化和宗教发展齐头并进的范例。

世俗化理论版本的支持者或许会沿用"例外证明规则"的说法主张美

---

① Peter Berger, *A Far Glory: The Question for Faith in an Age of Credulity* (New York: The Free Press, 1992), pp. 29 – 30.

② 对于世俗化理论的这一看法，他表示赞同，也乐于引征欧洲两位社会学家同行的实证研究成果。其一，英国学者维克汉姆（E. R. Wickham）对 19 世纪和 20 世纪之交英国工业化中心城市谢菲尔德的研究：当工业化推进时教堂的人数如何变得越来越少以及工业化如何改变宗教与各种人口群体之间的关系。其二，法国宗教社会学之父热布拉斯（G. LeBras）关于流动人口信仰变化的研究：来自法国保守天主教地区的农民进入现代化都市巴黎如何像被施了魔法一样，一下子变得信仰全失。Peter Berger, ibid, pp. 27 – 28.

③ Peter Berger, ibid, pp. 36 – 37.

国是世俗化的例外，但事实证明欧洲而非美国乃为重要的例外，因为在现代化向全球推进的背景下，世界上大部分地区的人们非但没有变得世俗化起来，而是"像以往一样地虔信，并且在许多地方，虔信的程度较之于以往有过之而无不及"①。在贝格尔看来，现代世界以宗教运动大爆发、宗教热情日趋高涨为特征，这是世俗化理论经不起事实检验的最有力佐证之一。

（二）　第三世界的宗教大爆发

这一话题，贝格尔在他的著述和演讲中都不厌其烦地反复提及。在最近出版的自传中，他自述自己对世俗化命题的动摇，始于20世纪70年代对第三世界的访问以及对这些访问经历的反思②，实际上，他所言的宗教大爆发是指发生在第三世界即发展中国家和地区的宗教运动和宗教复兴浪潮，以及这些浪潮波及西方发达国家并对这些国家的宗教生态产生影响的情况。

在全球宗教发展的经验事实面前，世俗化理论的拥护者提出了对这一经典研究范式的各种修正版本。版本之一是上文提及的"美国例外论"，贝格尔认为事实证明欧洲而非美国恰为重要的例外。另一种版本可称为宗教"苟延残喘"（last-gasp）或"最后防线"（last-ditch）论，认为世俗化是未来不可逆转的浪潮，但现阶段仍有宗教的残余抵抗，随着历史的推进，这些抵抗终将消停。

总之在贝格尔看来，少数宗教社会学家仍在坚持的原有世俗化命题依然有效的看法缺乏说服力。

（三）　世俗型宗教的失败和传统型宗教的成功

贝格尔认为，现代性必然导致世俗化和宗教衰落的论断如果被宗教组织和宗教人士所认可，对于其所在的宗教而言，后果将是灾难性的。对此，他结合宗教组织在此情况下所可能采取的两种回应策略（即抗拒或顺应）做出分析。③ 抗拒策略是指在全社会或小规模亚社会群体内建立起反抗现代化的宗教封闭系统，将现代世界的影响拒之门外；顺应策

---

① Peter Berger, "Protestantism and the Quest of Certainty", in *The Christian Century* (26 August – 2 September 2, 1998), p. 782.

② Peter Berger, *Adventures of an Accidental Sociologist: How to Explain the World without Becoming a Bore* (New York: Prometheus Books, 2011), pp. 136 – 138.

③ Peter Berger, ibid, pp. 3 – 4.

略是指顺应所谓的时代思潮，把自己的信仰和实践尽力向世俗性靠拢，以求得自身的生存。事实证明，抗拒策略终不可行，因为现代文化的力量是不能抵抗也抵抗不了的，这些力量终将冲破破封闭的闸门如潮水般地汹涌而入，造成宗教"堡垒"崩溃。同样，顺应策略造成的结果也很可怕，因为宗教组织牺牲自我特质尽力向世俗主义靠拢的做法所付出的代价也是沉重的，不但会造成信徒的大量流失，而且终将玩火自焚，把自身推向凶险的境地。

在以上分析的基础上，贝格尔指出，顺应策略的结果是对世俗化命题的直接证伪。[①] 其中的原因很好解释：如果我们所处的时代确如该理论所预言的那样日趋世俗化，宗教组织革除其教义传统和实践中超自然和神秘主义的部分，努力与时代思潮相合拍的世俗化做法，理应取得良好的结果才是。事实却并非如此，宗教在当代的世俗化试验已被证明基本失败，反倒是那些在信仰和实践方面饱含超自然主义因素的传统或保守型宗教获得了广泛的成功。

贝格尔认为，保守、正统或传统型的宗教运动几乎在每一个地方都得以发展，这些运动恰是以拒斥"进步"知识分子所提出的与时代节奏合拍的观念为前提的。相反，那些极力迎合和顺从所谓现代性的宗教运动和机构则无一例外地走向衰落。他总结道："所有这些宗教复兴的事实加在一起，为把现代性和世俗化理解为同源性现象的看法提供了大规模证伪。"[②]

（四）世俗主义在政治和公共事务领域遭遇的挑战

美国宗教社会学家何塞·卡萨诺瓦（José Casanova）在他的《现代世界里的公共宗教》一书中指出，世俗化理论实际上是由三个独立的、互不相干的命题组成，这三个命题是：世俗领域从宗教制度和规范当中分化出来，宗教信仰和实践走向衰落，宗教向私人领域边缘化。在他看来，分化层面的世俗化（secularization as differentiation）能够成立，"世俗领域从宗教的制度和规范当中分化和解放出来，依然是现代社会的一

---

① Peter Berger, ibid, p. 4.

② Peter Berger, "The Desecularization of the World: A Global Overview", in *The Desecularization of the World: Resurgent Religion and World Politics* (Washington, D. C.: Ethics and Public Center, 1999), p. 6

个结构性趋势"，但现代性必然意味着宗教在信仰和实践层面的衰落或者宗教被贬黜到私人领域的看法并不符合实情。① 贝格尔对卡萨诺瓦的观点表示认同，但同时又认为，即使分化层面的世俗化在现代社会的推进也绝非毫无障碍，宗教会给这一进程制造许多麻烦。也就是说，主导全球政治和公共事务的世俗主义会不断遭遇宗教的强有力挑战。在贝格尔看来，这是宗教在当代世界强势存在的又一证据，世俗化理论关于现代性必然导致宗教衰落的预言再一次被证伪。

对于什么是"世俗主义"，贝格尔做出这样的界定："世俗主义是指对现代社会重要特征的制度分化给宗教所造成的结果的接受。"② 简言之，前现代社会的宗教在一体化的社会制度背景下运作，现代社会则使宗教作为一个独立的部门和诸如政治、经济、教育等其他社会职能部门分离开来，这就是制度分化给宗教造成的结果，而对这类结果的接受反映在意识形态上，即为世俗主义。在此基础上，他又做出类型学的区分，认为政治和公共事务领域的世俗主义有三种基本形态：美国政教分离式世俗主义，法国"俗世论"（*laïque*）世俗主义、对宗教予以打压的极权式世俗主义。

第一种属于温和形态的世俗主义，和美国政治对待政教分离的传统态度有关，这种态度表现为接受宗教制度专门化的结果，但不牵涉任何反宗教的意图——国家对宗教并无敌意，不干涉宗教事务，是为了承认宗教机构的自主性以便其更好地运作。第二种世俗主义与第一种不同，至少在对待宗教在公共事务领域的角色问题上，具有明显的反宗教色彩，这一点，贝格尔认为，与法国人独特的国家观有关。源于大陆启蒙运动反基督教传统并且通过法国大革命成功付诸实践的"俗世论"版本的国家观，虽然承认私人领域的宗教受法律保护，但在公共生活和政治领域却严禁一切宗教象征和宗教行为出现。③ 第三种世俗主义相对于第二种，对待宗教的态度更具敌意，不但禁止宗教在公共领域出现，即便对贬黜

---

① José Casanova, *Public Religions in the Modern World* (Chicago: Chicago Press, 1994), pp. 211 – 212.

② Peter Berger, "Secularization Falsified", in *First Things: A Monthly Journal of Religion & Public Life* (2008), p. 24.

③ 贝格尔指出，美国也出现了"俗世论"（laïque）世俗主义兴起的动向，"美国公民自由联盟"（American Civil Liberties Union, ACLU）正在为这种版本的世俗主义代言。

到私人领域的宗教行为也会打压。当然，这种形态的世俗主义在当今世界已不多见。①

在明确世俗主义的概念所指和基本类型之后，贝格尔展开世俗主义所遭遇挑战的论述。他认为，在当代世界宗教蓬勃发展的背景下，所有以上三种形态的世俗主义都会遭遇来自宗教的强有力的挑战；极权主义式世俗主义对宗教赶尽杀绝势必引起宗教群体的极度反弹和抗争自不用说，即使温和如美国式政教分离世俗主义也未能幸免。第二种类型的世俗主义在已实现严格政教分离的基础上杜绝宗教在公共生活领域出现，自然会受到社会基层的宗教公民群体以及为这些群体代言的宗教政党的激烈抵抗。贝格尔认为，在这种情况下，世俗主义所遭遇的挑战主要体现为世俗精英被迫在政治和公共事务领域与宗教团体或宗教政党进行权力博弈。②

从上文四个方面的介绍和分析中不难看出，贝格尔证伪世俗化命题，关键还是依据宗教在欧洲版图以外的全球其他地区（包括美国和第三世界国家）蓬勃开展的事实。只有立足于这样的经验事实，才能说明传统型宗教的兴盛、世俗型宗教的失败以及世俗主义遭遇宗教的强有挑战绝非偶然，并且可以把这两种现象添加进来，共同作为证伪世俗化命题的经验证据存在。同时，他对世俗化理论思想根源和方法论缺陷的反思，也是建立在对现实世界宗教大发展这一核心经验证据的认定和足够自信的基础上。事实上，他也反复声明自己对待世俗化命题的学术立场之所以发生转变，不是出于哲学或神学上的考虑，而是被自己所亲历和观察到的现实经验证据说服使然。③

三　不被证伪的"两个例外"

有一个重要的问题必须再次予以强调：贝格尔表示世俗化理论在

---

① Peter Berger, "Secularization Falsified", in *First Things: A Monthly Journal of Religion & Public Life* (2008), pp. 24 – 25.

② 参阅〔美〕彼得·伯格、〔荷〕安东·泽德瓦尔德《疑之颂：如何信而不狂》，曹义昆译，商务印书馆，2013，第 188~190 页；Peter Berger, ibid, pp. 24 – 25.

③ 游斌、孙艳菲：《回归"大问题"意识：论现代社会与宗教——访美国著名宗教社会学家贝格尔》，《世界宗教文化》2006 年第 4 期；Peter Berger, "Faith and Development", in *Society* 46 (2009), p. 69.

当代宗教发展的经验事实面前被证伪，是指该理论的核心主张"现代性和世俗化具有内在、必然联结"的看法被证伪，这并不意味着他不承认世俗化现象存在，甚至不排除他在某些场合依然会说现代性与世俗化具有一定程度关联性的可能。① 也就是说，贝格尔自始至终并未刻意去消解世俗化现象的存在，也不认为当今世界由于宗教焕发蓬勃生机从而变得神圣化起来，并提倡所谓的"神圣化理论"。② 这一点，从他不断提及的世界在充满宗教性的同时也存在"两个例外"的表述中得到证实。

一个例外是作为世俗化命题立论基础的地缘意义上的欧洲，特别是西欧和中欧。贝格尔认为该命题在这里依然站得住脚，无论从个人信仰的表白层面③还是与教会有关的行为层面④考察，都已证明这一地区变得高度的世俗化。然而，人们是否可以据此判断欧洲社会已经被一种全面的世俗文化所笼罩？对此，贝格尔持谨慎态度。他注意到英国宗教社会学家格瑞斯·戴维（Grace Davie）的研究成果，后者指出：欧洲宗教机构参与率的衰退并不意味着对宗教兴趣本身的衰退，实际上在欧洲，还存在着"信仰但无归属"（Believing without Belonging）的现象，即在教会机构和正统信仰之外，还存在着一个活生生的宗教舞台，人们在这个舞台上以私下聚会的松散组织形式表达信仰，并且这种表达具有"奇特的自助特征"（odd do-it-yourself）。对于戴维的观点，

---

① 如在1992年出版的《逝去的荣光》（*A Far Glory*）一书中，他认为世俗化命题部分正确，指出："毫无疑问，世俗化在世界上的某些地方（尤其是西方）已经发生，并且这一现象和现代化进程以及科学技术带来的人类生活转变有关。"不但如此，他还认为传统的世俗化命题把科学和技术视为世俗化的产生的因素是正确的，因为科学培养了一种反感对事物进行神秘化解释的理性头脑，而技术则教会人们用高度关联和实用的方式对待生活中的一切难题。他说，因此"把'上帝之死'和现代工业生产以及对产品的消费联系起来是可信的"。Peter Berger, *A Far Glory: The Question for Faith in an Age of Credulity* (New York: The Free Press, 1992), p. 28.

② 学术界一度对贝格尔的思想存在这样的误解。参阅陈村富《世俗化、反世俗化与"消解世俗化"——评伯格的宗教复兴与政治伦理》，《浙江学刊》2001年第2期；李顺华《世俗化理论的旗手 神圣化理论的鼓手——Peter Berger的宗教社会学理论》，《新疆师范大学学报》（哲学社会科学版）2007年第1期。

③ 承认自己为新教徒或天主教徒的情况。

④ 定期参加礼拜，遵守教会所规定的关乎性行为、生育、婚姻等的个体行为规范，宗教机构神职人员的招募情况。

贝格尔评论道:"这些现象的存在,对于任何简单宣称西欧属于世俗领地的说法,无疑都提出质疑。"① 但尽管如此,他还是认为,与美国相比,欧洲人的宗教性水平已非常低,欧洲的情况较为复杂,需要专门做出研究。

另一个例外属于社会学层面,即存在一个受过西方高等教育(尤其是人文和社会科学领域的教育)的人们组成的国际性亚文化群,这一群体的人们被称为"世俗公知"(secular intelligentsia)。他们是欧洲启蒙时代价值观的传承者,奉行世俗主义意识形态,故而是世俗化程度最高的人群。该群体在人员数量上虽然相对单薄,但控制着左右社会现实和提供"实在"界定的各种制度机构,如教育、传媒以及具有更高权力范围的政治和法制系统,因此极具影响力。当然,这一群体在全球范围的宗教大爆发面前,也存在转变的可能,但可能性不大,因为世俗主义观念统治他们的头脑由来已久、根深蒂固。②

----

① Peter Berger, " Protestantism and the Quest of Certainty ", in *The Christian Century* (26 August – 2 September 2, 1998), p. 796.

② Peter Berger, "The Desecularization of the World: A Global Overview", in *The Desecularization of the World: Resurgent Religion and World Politics* (Washington, D. C.: Ethics and Public Center, 1999), p. 10.

第五章　世俗化理论家的质疑

需要指出的是，贝格尔证伪世俗化命题并不只是为证伪而证伪，目的是借此重新厘定宗教与现代性的关系，并提出自己关于现代性可能存在模式的看法。这一点，可以从他把美国作为反驳世俗化命题的重要证据的使用中窥出端倪。具言之，贝格尔用美国高度现代化和宗教繁荣并存不悖的现象证伪世俗化命题，其间蕴含着一个基本逻辑：人们在享受现代化带来的巨大物质财富和舒适生活的同时，大可心安理得地过宗教生活。当代第三世界国家宗教所展现出来的蓬勃生机以及社会经济状况不同程度的改善，又为他的这一逻辑的现实分量添砖加瓦。基于此，他非常自信地宣布对传统的世俗化命题和现代性观念实行颠覆，指出：现代性并非只有欧洲一种单一模式，而是如艾森斯塔特所言显现为包含不同民族和文化传统在内的多样化展开路径，即"多样现代性"（multiple modernity）；现代性也并非一定导致世俗化，"可以同时背负宗教和世俗两种不同的行囊而来"[①]。在"多样现代性"概念的支配下，他向学术界提出研究宗教在不同地区和民族现代化进程中扮演积极角色的可能，即"俄罗斯正教现代性""伊斯兰教现代性""印度教现代性""天主教现代性"等。[②] 这一点，我们在下一章将会再做介绍。

贝格尔学术立场的这一转向以及在此基础上提出的涵括宗教的"多样现代性"新主张，在西方学界自然受到许多人的欢迎，但也遭到世俗化理论坚持者的激烈反对。笔者认为，后一种现象值得注意，因为透过反对者的声音，我们可以反思贝格尔在当代宗教研究领域可能存在的缺陷和不足，并且深化宗教与现代性关系议题复杂性的认识。

---

① 〔美〕彼得·伯格、〔荷〕安东·泽德瓦尔德：《疑之颂：如何信而不狂》，曹义昆译，商务印书馆，2013，第201页。

② 〔美〕彼得·伯格、〔荷〕安东·泽德瓦尔德：《疑之颂：如何信而不狂》，曹义昆译，商务印书馆，2013，第200页。

第一节　英格尔哈特和纳瑞斯的质疑

从上文的分析可以看出，美国俨然已经成为证明世俗化理论破产和提倡"多样现代化"观念的典范国家。如何击破这一观念，解释发达工业国家如美国的宗教性，是世俗化理论捍卫者必须面对的重点难题。笔者认为，英格尔哈特（Ronald Inglehart）和纳瑞斯（Pippa Norris）提出的强调"生存安全感"的新世俗化理论，是该理论阵营中颇能应对"美国"难题并对贝格尔的立场转换构成有效质疑的代表。

一　基于"生存安全感"考量的新世俗化理论

英格尔哈特是当代美国政治学领域政治文化研究的大家，以研究发达工业社会的文化转型和后物质主义价值观著称。自 1988 年以来，他一直主持全球最具影响力的"世界价值观调查"（World Values Survey）项目。在此期间，他在该项目和其他大型调查机构如"欧洲晴雨表"（Eurobarometer）、"盖洛普民意测验"（Gallup poll）等公布的与宗教有关的调查数据的基础上进行研究，和纳瑞斯一起发表了对世俗化理论的看法，并提出这一理论新的修正观点。他们的看法和观点可归纳如下。[①]

（1）世俗化理论的历史由来已久，19 世纪的重要思想家如孔德、斯宾塞、涂尔干、韦伯、马克思、弗洛伊德等，无一不认为随着工业社会的来临，宗教将会经历重要性的衰退，并且不再具有分量。不单他们这么认为，实际上自启蒙时代以降，哲学、人类学、心理学等学科领域的主要思想家都已经断定神学性质的迷信、象征性质的教会礼仪以及和神圣事物有关的宗教实践属于过去时代的产物，在现今时代将不再合乎时宜。在 20 世纪大部分时期的社会科学领域，宗教消亡的看法乃是一种约定俗成的智慧，并且被作为社会学探索的主导范式看待。社会学家把世俗化与科层化、理性化、城市化等因素并列在一起，认为所有这些因素都意味着从中世纪农业社会转变为现代工业社会的重大历史革命的发生。

---

① Pippa Norris and Ronald Inglehart, "Sellers or Buyers in Religious Markets? The Supply and Demand of Religion", in *The Hedgehog Review* (Volume 8, 2006), pp. 71 – 72.

孔德、涂尔干、韦伯和马克思关于宗教在工业社会中衰落的信念是误导？20 世纪具有支配地位的社会学观念也全是误导？关于世俗化的争议已经完全得到解决？未必如此。谈论世俗化理论的埋葬为时过早。

（2）传统的世俗化论点依然有效，但需要修正，修正的办法是把世俗化与人的"生存安全感"（a sense of existential security）联系在一起进行解释。所谓"安全感"，是指生存得到足够的确保，以至于被视为理所当然。在此情况下，人们大多高度世俗化，不会信仰宗教。相反，在那些处境艰难和充满风险的人口当中，尤其是在个体最基本的生存条件得不到保障且不断面临危险的贫穷国度里，宗教性则表现最为强烈且持续存在。对于这些国家的人们而言，容易遭受自然、社会以及个人经历方面的风险所导致的那种脆弱感，这是促使宗教性产生的一个关键因素。同时，意指宗教实践、价值和信仰系统没落的世俗化进程，在生活于富足的后工业社会中的富裕人口部分那里，也极其明显地出现。

（3）世俗化只是一种趋势，而非铁律。就个体层面而言，对于在成长年代经历过与自我有关的（如对他自己或家庭直接构成威胁的）危机或与生活共同体有关的危机的人们来说，与在安全、舒适和可以预料的环境下长大的人们相比，倾向于更具宗教性。同时，就集体层面而言，即便在富足的后工业社会里，社会经济资源的分配不平等所造成的贫富悬殊，也会使大量的人们经受生存安全感的困惑和压力，从而使这样的社会仍有可能展示出较高程度的宗教性。但总体来看，在富足安康的社会里，世俗化的趋势会不断强化，人们可能信仰宗教，宗教的重要性和活力、对人们日常生活的影响力却已今不如昔，逐渐走向衰落。

二　对贝格尔的质疑

根据以上尤其是最后两点的表述及其所蕴含的内在逻辑，可就英格尔哈特和纳瑞斯的新世俗化理论如何对贝格尔展开反驳和质疑进行分析。

首先，没有现代化或现代化进程滞后，会怎样？英格尔哈特和纳瑞斯的回答是：无论如何，现代化无疑是人类摆脱生存不安全感和社会不平等的必要条件，没有现代化或现代化进程滞后，必然使人们热衷于宗教并从中寻求安慰，正如在第三世界贫穷乃至发展中国家里所见，所以贝格尔以这些国家和地区的宗教大爆发作为世俗化理论的证伪证据不成立。英格尔哈特和纳瑞斯说批评者过于依赖美国证据反驳世俗化理论而不把"跨国界的、富裕和贫穷社会的系统证据进行比较",也正属意于此。在他们看来,宗教社会学如果想有所作为,就应该"对全球范围内的教堂、清真寺、会堂、神殿、寺庙等的宗教活动状况"做出全面的调查和理解,而不是仅满足于"对欧美世界里新教和天主教的教堂出席情况的研究"①。而他们也身先士卒,着手进行了这样的调查工作。

在1981~2001年,为了探究宗教与现代化之间的关系,英格尔哈特主持的"世界价值观调查"项目进行了涵盖56个国家和世界几大宗教、受访者超25万人的全球大型问卷调查。这次问卷调查的宗教性测量指标有:宗教参与频率,祷告频率,宗教重要性陈述,是否信仰天堂、地狱、死后来生和灵魂;受访对象有:东方宗教徒、穆斯林、新教徒、天主教徒、正教徒;调查的国家分属农业、工业、后工业三种不同类型的社会。根据他们发表的调查结果,可以发现社会类型和宗教性指标之间有直接的关联,大体来说:至少每周列席教堂(或类似机构)的人数比例在农业社会为44%、工业社会为25%、后工业社会为20%;宣称每天祷告的人数比例在上述三种不同类型的社会中依次为52%、34%、26%;其他宗教性指标的曲线走势情况和这两项一样,先是从农业向工业社会大幅度下跌,然后是从工业向后工业社会小幅度下滑。英格尔在这次调查中得出的结论是:"根据任何一项宗教性测量指标,宗教方面的参与、价值观和信仰在较为贫穷的发展中国家依然较为盛行,但在最富裕的后工业社会里,公众中的大多数今天已经较少涉足宗教。"②

其次,在充分现代化的社会里,会怎样?英格尔哈特和诺瑞斯用具体的调查统计数据表明:在20世纪的最后30年,对于高度富有、以服务行业和知识型经济为主的后工业国家而言,都经历了宗教重要性的严重衰落和世俗化趋势的日益加剧;其中,西欧诸国最为明显,无论从教

---

① Pippa Norris and Ronald Inglehart, "Sellers or Buyers in Religious Markets? The Supply and Demand of Religion", *The Hedgehog Review* (Volume 8, 2006), p. 71.

② Pippa Norris and Ronald Inglehart, *Sacred and Secular: Religion and Politics Worldwide* (Cambridge University Press, 2004), p. 59.

会常规出席率①，还是和上帝或死后来生信仰有关的主观宗教性指标观察②均如此；美国的教会出席率统计尽管有过度虚报的现象存在③，宗教性指标总体上大体持平甚至有上涨趋势，然而在最后十年，该国的宗教性有所弱化④，这使它或多或少地和西欧接近，走向世俗化。

最后，美国作为现代化最成功的国家之一，其宗教的繁荣和兴盛该如何解释？是否可被视为反对世俗化命题的一个铁证？在英格尔哈特和纳瑞斯看来，未必如此。美国高度的宗教性不能用以科学技术和高度工业化、城市化等为核心特征的现代性做出解释，而必须建立在人类安全

---

① 英格尔哈特和纳瑞斯在"欧洲晴雨表"统计数据（1970～1999）的基础上，对20世纪最后30年西欧地区常规教会出席（每周至少一次参加教会礼拜）的人口比例的下降趋势做出勾勒。其中，下降幅度最大的是天主教国家，尤以比利时（从60%降至20%）、法国（从20%以上降至接近0%）、爱尔兰（1990年代前虽然一直在80%以上，但基本呈下降趋势，终至1990年代后降至这一水平点以下）、卢森堡（从50%左右降到20%以下）、荷兰（从40%以上降到2%以下）和西班牙（从55%降到20%以下）最为明显。当然，爱尔兰的教会常客比例依然很高，这与丹麦的情况形成鲜明对比（丹麦的比例一直略高于0%的水平浮动，1990年代后甚至贴近0%）。尽管如此，整个趋势的明显下降却是不容置疑。新教国家如英国、德国虽然下降的幅度不是非常明显，甚至还出现反弹迹象，但其定期出席教会的人口比例本来就较低（在20%～40%），并且世纪末的最后几年均降到20%以下。Pippa Norris and Ronald Inglehart, "Sellers or Buyers in Religious Markets? The Supply and Demand of Religion", *The Hedgehog Review* 8 (2006), p. 76.

② 根据他们的数据，西欧诸国信仰上帝人口的比例在20世纪后半叶都经历了不同程度的下滑，其中下滑明显的有：斯堪的纳维亚诸国（挪威：从1947年的84%到1995年的65%；瑞典：1947年80%，2001年46%；丹麦：1947年80%，2001年62%），荷兰（1947年80%，2001年58%）和英国（1968年77%，2001年61%）。就死后来生信仰而言，信仰比例下降最厉害的同样有北欧（挪威：1947年71%，1995年43%；芬兰：1947年69%，2001年44%；丹麦：1947年55%，2001年32%），荷兰（1947年68%，2001年47%）和法国（1947年58%，2001年39%）；下降幅度不大的有瑞典（从49%到39%，下降10%）、希腊（10%）、比利时（8%）和英国（4%），但这些国家本来的指数就很低。Pippa Norris and Ronald Inglehart, ibid, pp. 78-79.

③ 参阅〔美〕罗纳德·L. 约翰斯通《社会中的宗教——一种宗教社会学》（第八版），袁亚愚、钟玉英译，四川人民出版社，2012，第170页。〔美〕彼得·伯格、〔英〕格瑞斯·戴维、〔英〕埃菲·霍卡斯《宗教美国，世俗欧洲？：主题与变奏》，曹义昆译，商务印书馆，2015，第61~62页。

④ 20世纪最后30年内美国定期出席教会的人口比例在25%～30%之间浮动，但在最后十年下滑明显，降至25%，而报告说从未去过教堂的人数比例则升至20%左右。在该国，宣称并无宗教嗜好或宗教身份的世俗主义者的比例自1990年代起开始平稳攀升，从1972年的5%升至2002年的15%。Pippa Norris and Ronald Inglehart, ibid, pp. 79-80.

感尤其是社会经济不平等状况的分析之上。他们认为，对于引发宗教性的生存不安全感而言真正重要的方面，并不只是国家经济资源的总体水平，而在于这些经济资源如何分配的问题。然而，经济不平等以及由此造成的不安全感并非现代社会的一个结构性特征，因为就总体而言，"工业国家里福利国家制度的发展，确保了很大部分的公众能够抗拒随健康状况恶化、高龄和穷困潦倒而来的可怕风险。与此同时，私人保险制度、非营利慈善基金的运作以及各种经济资源的可供利用，已经把安全感带入后工业国家"。①

在做出上述观念上的澄清后，英格尔哈特和纳瑞斯首先通过基尼系数（GINI）②分析后工业社会国家经济资源的分配状况。他们发现：在这些国家里，经济不平等程度和宗教行为形式尤其是与倾向于通过个人祷告而表达宗教性的行为之间，存在强烈、重要的关联。③根据这一发现，他们认为：美国之所以宗教性出奇高，是因为它与其他发达国家相比，乃是最不平等的后工业国家之一。他们说：

> 在美国，尽管有些人非常富有，但许多美国家庭（甚至中产阶级家庭）面临主要劳动力失业、健康恶化却没有足够的个人医疗保险、容易沦为犯罪行为的牺牲品以及无力支付高龄长辈的赡养费等严重问题和风险。在诸如是否被医疗保险系统所覆盖、被随意解雇、被迫在失业和育儿之间做出选择等许多方面，美国人和其他先进工业化国家的人们相比，焦虑感要更多。企业文化和对个人义务的强调，产生出个体自由的各种社会条件，并释放出大量的社会财富。然而，其中的代价也是明显的：美国与其他的发达工业社会相比，收入的不平等和贫富差距要更大。④

---

① Pippa Norris and Ronald Inglehart, ibid, p. 88.
② 基尼系数是国际经济学界判断收入分配公平程度的一种指标，其比例数值介于 0 和 1 之间，前者表示收入分配绝对平均，后者表示绝对不平均，即 100% 的收入被一个经济单位全部占有。
③ Pippa Norris and Ronald Inglehart, ibid, p. 89.
④ Pippa Norris and Ronald Inglehart, "Sellers or Buyers in Religious Markets? The Supply and Demand of Religion", in *The Hedgehog Review* (Volume 8, 2006), pp. 89 - 90.

　　相比之下，近年来虽然承受经济结构调整的压力，斯堪的纳维亚诸国和西欧国家由于原来福利国家政策的实施，依然是经济最平等的社会。在这些国家里，尽管征收较高的个税，但在公共领域却配备着包括全面的医疗保健、社会服务和退休金在内的一系列广泛的福利服务。在这样的国度里，人们的生存焦虑感、脆弱感和不安全感普遍偏低，自然不会像美国人那样地热衷于宗教。此外，英格尔哈特和纳瑞斯对自己观点的论证并不止于国家之间的比较层面，还从美国社会内部收入群体的分布状况考察了收入分配和宗教行为的关联程度，他们的统计结果表明：收入群体的分布情况和宗教性有着全面系统的联系——穷人对宗教的敬虔程度几乎是富人的两倍。他们说："在美国，最不富裕的收入群体中有66%的人每天做祷告，而这样的行为在最高收入群体中只占47%。"[1]

　　问题的关键是这47%的数据该做如何解释？笔者认为，个体选择宗教的动机是多方面的，经济状况只是其中的一种，而非全部。英格尔哈特和纳瑞斯仅据以收入为主要考量指标的"生存安全感"的满足程度解释人们信仰或不信仰宗教，有单一解释的机械论之嫌，因为根据这一概念，他们无法解释世界上许多衣食无忧、生存条件得到充分保障的高收入阶层为何依然是虔诚的宗教徒。然而，抛开概念设置上的这一盲点不谈，必须承认：他们用社会学调查研究的正式数据，首次展示了各个国家社会经济现代化的不同水平和世俗化程度之间存在强烈的正相关趋势，并且揭示了并不属于现代化经济的结构性条件的、经济资源分配的极度不平等，是造成宗教在美国受热捧的重要原因。人们大可对他们在调查过程中技术手段的使用进行这样或那样的质疑，但在这些长达几年甚至数十年实证调查所取得的经验数据面前，任何试图重新界定宗教和现代性关系的理论家，都必须保持一定程度的谦虚和谨慎。

第二节　布鲁斯对证伪证据的再证伪

　　史蒂夫·布鲁斯（Steve Bruce）是英国牛津大学著名宗教学家，长期致力于世俗化理论建构和完善的写作。他对贝格尔改变学术立场的做

---

[1]　Pippa Norris and Ronald Inglehart, ibid, p. 90.

法公开表示失望和质疑，说"不管贝格尔现在说什么，他对世俗化理论发展的最初贡献依然有效，他正在为他并未犯下的罪忏悔，他对自己观点的反驳并没有说服力"①，并且认为贝格尔的立场转变是在社会学家和路德宗教徒两种身份之间试图寻求平衡的结果。②布鲁斯何出此言？这还得从他主张的世俗化理论的新看点，以及在此基础上对贝格尔证伪世俗化命题的关键事实依据所进行的再证伪说起。

一　世俗化理论的新主张

布鲁斯对世俗化问题的基本看法以及对世俗化理论范式的新主张可概括如下。

第一，世俗化是指宗教的社会重要性下降而非宗教消亡。③ 也就是说，"人们不应该事先排除这么一种可能性：在正式、公开的场合都高度世俗的某个国家里，依然有很大数量的民众是虔诚的宗教徒，但是，宗教却不再具有任何意义上的社会重要性"④。

第二，对世俗化的考察应该集中在具有因果关联的三个方面：宗教的社会影响力（power），宗教人口数量（popularity），人们认真对待宗教的程度（prestige）。具言之，在世俗化的背景下，宗教力量的衰落，会导致宗教人口数量以及虔信度的下降。⑤ 后一点非常重要，因为这意味着宗教本身也存在一个世俗化的问题。

第三，作为社会学研究的一种指导范式，世俗化理论不可因循守旧，必须做出综合创新。也就是说，必须综合社会学史上对该理论做出贡献的所有思想家的思想要素，对现代化引起宗教衰落的历史事实形成全面、系统的解释和范式表达。具言之，世俗化现象可以通过现代化进程中社

---

① Steve Bruce，"The Curious Case of the Unnecessary Recantation：Berger and Secularization"，in Linda Woodhead & Paul Heelas（eds.），*Peter Berger and the Study of Religion*（London & New York：Routledge，2002），p. 86.

② Steve Bruce，ibid，p. 87.

③ 这一点，他直接继承了英国已故宗教社会学家布莱恩·威尔逊（Bryan Wilson）的看法。

④ Steve Bruce，*Secularization：In Defense of an Unfashionable Theory*（Oxford University Press，2011），p. 1.

⑤ Steve Bruce，ibid，p. 2.

会出现的各种原因得到解释，而这些原因可以通过不同社会学家所提出的、涉及政治、经济、宗教组织、理性化和认知方式的 21 个范畴要素予以综合阐释。①

第四，社会学不是自然科学，作为其研究范式的世俗化理论也就不可能像自然规律和法则那样能够无条件地应用于所有现代社会的分析，不加辨析地生搬套用。实际上，世俗化范式试图解释晚近现代西方工业社会里某些社会因素所导致的重大社会变化，即世俗化现象的出现。这种解释是历史性的，并非着眼于未来一切社会里的宗教命运判断。就此而言，19 世纪社会学创始人孔德所认为的世俗化不可避免的看法，不为现代社会学家接受，同样也不属于世俗化理论范式方法论的有效组成部分。②

二　对贝格尔证伪证据的再证伪

从上述最后一点可以看出，在世俗化理论的解释效力和适用范围上，布鲁斯的态度较为谨慎，他明确表示该理论范式是西方过去时代的叙事，是对西方早期现代化环境下某些社会因素所导致的世俗化影响和后果的评估，这种评估与关于全球宗教的未来的预言无关。布鲁斯对世俗化理论的这一修正式表态，很明显意欲使贝格尔的证伪对象落空——他所主张的世俗化理论并不把当今和未来时代的必然世俗化作为立论要旨。然而，如果认为布鲁斯的这一表态是向贝格尔妥协和媾和的结果就大错特错了，因为在他看来，贝格尔在探究宗教与现代性关系的议题上步入严重误区，即把欧洲版图以外的当今世界的宗教状况作为"去世俗化"的证据，而"去世俗化"则进一步成为他提出"多样现代性"的立论依据。这一点是布鲁斯极力反对的，故而他又对贝格尔证伪世俗化理论的事实证据进行了一番"再证伪"。

笔者认为，布鲁斯和贝格尔的根本分歧，还是体现在对现代性概念的理解上。布鲁斯把世俗化理论的适用范围囿于西方尤其是欧洲，看似退缩，实则态度倨傲。简单地说，他实际上还是把欧洲的现代性或现代

---

① Steve Bruce，ibid，pp. 25 - 47. 就此而言，布鲁斯是世俗化理论范式的当代集大成者。
② Steve Bruce，ibid，pp. 3 - 4.

化看作一种理想、纯粹的现代性或现代化模式，在这种模式下，必然会导致世俗化，且世俗化是不可逆转的。反观当代世界的现实，这种理想、纯粹形态的现代性在他看来很难成功复制，故而作为其结果的世俗化也就不一定会出现，甚至会有宗教性高度发达的可能。相对于布鲁斯，贝格尔对于现代性概念的理解则要开明和开放得多，现代性并非只有欧洲一种单一模式，应该展现出多样化的形态和路径，即"多样现代性"。现代性的多样化模式并不排斥宗教，而是把宗教视为可能有利于现代化推进的积极资源包含于自身，这就是贝格尔理论立场转变所引发的对现代性和宗教关系的重新思考得出的重要结论。

　　然而，能否把宗教在欧洲以外地区的繁荣情况作为反对世俗化理论进而提出"多样现代性"观念的证据使用是存在争议的，也正是在这一点上，贝格尔的思想招来西方社会学界尤其是世俗化理论家的诸多非议。布鲁斯对贝格尔用以证伪世俗化理论的事实证据的再度证伪不无一定的道理，同时也显示出贝格尔在当代宗教研究领域虽然擅长宏大问题的敏锐把握，但对用于佐证其观点的经验证据的使用则有仅凭印象和感受、随意轻率之嫌。

　　贝格尔在谈及当代西方宗教社会学领域方法论弊端时曾抱怨说，虽然有越来越多的学者投身于经验研究，但对宗教调查数据的解释往往没有深度，容易把人引向歧途。[①] 贝格尔的批评虽然不无道理，但宗教社会学作为一门经验学科，实证研究不可偏废，此乃老生常谈，不需多说。贝格尔在其职业生涯经历这场重要的学术立场转变已近耄耋之年，自然无力也无须苛求他进行相关的经验实证和比较研究。但在笔者看来，如何把大问题的意识关切贯注到经验科学的实证调查和数据研究中去，在方法论上有所建树，乃是解决当前西方社会学领域世俗化理论的存废之争以及日趋激烈的宗教与现代性关系问题论辩的可能有效途径。

---

① 〔美〕彼德·贝格尔：《宗教社会学研究：方法与问题》，方立天主编《宗教社会科学》第一辑，中国社会科学出版社，2008，第1页。

第六章　宗教研究的多元主义理论新范式

　　贝格尔谈论宗教领域的多元主义，和他对世俗化理论的反思和批判密不可分。在他早年对世俗化理论的阐释中，多元主义被作为一个重要论据使用，认为这会削弱宗教真理的确定性，使各种宗教在彼此否定的过程中相互中和、相互抵消，最终结果是世俗化即宗教在现代世界里的衰落。贝格尔对世俗化理论的阐释工作始于 20 世纪 60 年代末，他也因此在知识界赢得了巨大的声誉。在此之后的 20 多年时间里，通过对"第三世界"国家和地区宗教复兴浪潮的密切关注，以及美国人宗教热情持续高涨的亲身体验，他正式宣布放弃世俗化理论，认为它是个错误。然而，放弃并不等于贝格尔走向反面，重新拥立"诸神的回归""世界的神圣化"等许多世俗化理论批评家的立场和主张。进入 21 世纪的十多年时间里，经过不断反思，贝格尔再度发声，提出在宗教和现代性关系这一重大议题的理解上，必须高度重视并重新审视"多元主义"这一包蕴在原有世俗化理论的思想要素，也就是说，多元主义必须作为一个独立的事项予以评估。现代性给宗教带来的是什么呢？多元主义。"它可能，或许也不可能与世俗化联系在一起。多元主义当然对宗教信仰构成巨大挑战，但本质上和世俗化命题所言的挑战不是一回事。对此，必须严格区分。"① 在此基础上，他提出建立宗教学研究领域的多元主义理论新范式主张，并且身体力行，于 2014 年同时在德国和美国出版《现代化的多种祭坛：多元主义时代的宗教研究新范式刍议》，阐述这一新范式的基本构想和重要命题。

　　本章结合此书和他在近十年间发表的与此新范式相关的其他著述材料，对这一新范式的基本理论内容逐项解读，并给出相应的评论。笔者认为，贝格尔建立这一新范式的初衷，是试图在"世俗化"和"去世俗

---

① Peter Berger, *The Many Alters of Modernity: Toward a Paradigm for the Religion in a Pluralist Age* (Boston and Berlin: Walter de Gruyter, inc. , 2014), p. IX, p. 20.

化"之间达成某种平衡，在部分承认世俗化并认可世俗话语的强大存在优势的前提下，为宗教在现代社会的存在提供理论阐释。然而，这类阐释建立在多元主义及其相对化效果的立论基础之上，就其客观效果而言，实际上不经意间重又滑向世俗化理论的藩篱，在思维方式上重蹈后者的覆辙。

第一节　"多元主义"的一般理论分析

一　"多元主义"释义

贝格尔说，"多元主义"（pluralism）一词在哲学上有着久远的历史，其基本含义是看待世界的多种方式，他对这个词的使用不是立足于哲学层面，而是普罗大众所能经验到的社会事实层面，也即更为平凡的日常经验层面。该词在经验层面的用法，是由霍勒斯·卡伦（Horace Kallen）于20世纪20年代所创造，目的是描述并颂扬美国文化的多样性。自卡伦之后，描述社会事实和表达意识形态立场双重含义的"多元主义"概念一直沿用至今。为了把它改造成为纯粹描述社会经验事实的社会学用语，去掉其后缀（－ism）所带有的意识形态色彩，贝格尔在2012年出版的《疑之颂》中，曾用"多元性"（plurality）一词替代之。但在2014年发表《现代性的多种祭坛：多元主义时代的宗教研究新范式刍议》时，他抱怨使用"多元性"会导致与同行交流时无尽解释的麻烦，故而主张仍保持使用"多元主义"一词，并予以严格的定义：

> 多元主义是指这样一种社会情形，其中具有不同种族身份、世界观、道德观的人们和睦地居住在一起，并且友善地互动。①

在上述定义中，包括两个关键因素——和睦相处以及社会互动。贝格尔认为，一个社会当然可以有多样性，但不和平相处，不同的种族群体卷入暴力冲突，可能以一个群体压迫、奴役甚至灭绝其他种族群体而

---

① Peter Berger, The Many Alters of Modernity, ibid, p. 1.

走向极端，在这样的情形下谈论不同异质文化并存的多元主义毫无意义。这类情形的典型例子是南北战争前的南方，白人和黑人作为奴隶主和奴隶共存。同样，多元的种族群体共处一地但彼此之间并无互动，也并非真正意义上的多元主义。多元主义要充分释放其动力，必须以持续的交流为前提，交流双方并不一定要对等，但必须绵延足够的时间并且涵盖大量足够的主题。他指出，人类学家的两个用语——"共餐"（commensality）和"通婚"（connubium）对理解这一点非常管用，餐桌谈话和枕边交流是多元主义的典型形态。① 下文我们会看到，在对多元主义现象的阐释过程中，贝格尔尤其器重这一概念所包含的不同异质文化主体之间相互交流和作用这一重要内涵。唯有如此，才能进而谈论多元主义的相对化效应以及这类效应对人类文化诸多方面带来的巨大改变。

二 现代性与多元主义

对于何谓现代性，贝格尔在马里恩·利维提出的现代化标准界定的基础上做出引申性解释。利维把现代化的标准界定为"生物性能源与非生物性能源的比例"。贝格尔认为，从中可以引申出两点：第一，现代性不是非此即彼的一个事情，而是以不同程度到来的一个事情；第二，现代性进程的关键因素在于技术。承认第一点，也就意味着像利维那样，以一种统计学的方式看待现代性。具言之，现代性是一系列特征的集合，这些特征在历史上以不同的分布率出现；同时，这些特征涵盖人类关切的宽广范围（经济的、政治的、社会的、心理的等），但所有这些特征能够集合起来的核心要素是技术。②

笔者认为，贝格尔把现代性或现代化过程理解为以不同程度和不同的分布率而出现这一点非常重要，对于讨论全球不同国家和地区的文化存在和社会发展现状非常有帮助。现代性并非铁板一块，而是以不同的

---

① 就此而言，传统印度社会是一个极端的反例，以严格避免彼此间社会交往的种姓制度组织起来，依照共餐和通婚禁忌（禁止和群体之外的人们一起进食和结婚），在阻止社会交往方面非常奏效。

② Peter Berger, *The Heretic Imperative: Contemporary Possibilities of Religious Affirmation* (New York: Anchor Books, 1980), p. 3.

比例和程度在现时代出现。故而"现存的"并非"现代的"，前现代的社会和现代性的社会之间也无泾渭分明的绝对分水岭，这本应该是讨论现代性话题的前设性观念，然而这一点往往被人们所忽略，以至于在相关问题的讨论过程中引起不必要的质疑。这一点，我们在下文论及多元主义对个体宗教意识的影响时，将会再度提起和厘清。

贝格尔认为，现代性或者说现代化进程所内含的各种动力因素，必然会导致多元主义的出现且使之成为现代社会的普遍发展趋势。他说：

> 现代化进程释放出所有的能量，造就多元主义。这些能量包括：城市化，大规模人口流动（包括大规模旅游），教育普及和高等教育人数的日益增长，以及所有新近出现的交流技术。在全球化的时代，无论是以直接还是间接的方式，几乎所有人都和所有人说话。除了在亚马孙雨林最深处的某些依然孤立的部落外，当代的大多数人都意识到这样一个事实，即存在着不同的生活方式、不同的价值观和世界观，迟早他们都会被卷入多元主义的动力旋涡中。就此而言，他们将会变得和生活在现代化、多元化社会中的人们更加相像。①

在促使多元主义产生的上述现代化诸多因素中，贝格尔尤其重视城市化。多元主义通常和城市联系在一起，这些城市大多是政府所在地、商业中心和港口等。他认为，这一点并不难理解，因为城市最有可能是来自不同文化背景的人们在其中摩肩接踵并且发生互动的地方。在前现代时期就有许多大城市，如罗马帝国时期的亚历山大城，就此而言，多元主义要比印刷出版和蒸汽机（即现代化初期的两个最重要力量）远为古老得多。然而，现代化凭借过去几个世纪所创造的、以加速度发展的科学和技术，使城市化进程在全球以惊人的速度推进，来自全世界不同地域甚至乡间僻壤的人们纷纷涌入城市，故而多元主义变得普遍化甚至全球化起来，不再是存在于前现代时期个别地域的零星现象。从某种意义上说，整个地球已经变成了一个巨大的"城市"。正由于此，他反复

---

① Peter Berger, *The Many Alters of Modernity*, ibid, p. 15.

强调"现代性必然导致多元主义"① "现代性使之多元化"②。显然,在这两个判断中,贝格尔把多元主义作为内在于现代性之中且随现代化进程而展开的必然现象来领会。

三　多元主义的后果分析

作为内在于现代性或现代化进程的必然现象,多元主义究竟给人类生活施加了哪些影响?换言之,多元主义带来的后果是什么?贝格尔从以下几个方面回答。

首先,现代性意味着人类生存境况"从命运到选择"的巨大转变,多元主义是促成这场转变的重要因素。

贝格尔说,选择的能力内在于人类物种本身,原始人在日常生活中就不断做出选择,如选择什么样的方式狩猎、用哪些工具肢解猎物等,但那时可供选择的范围显然非常有限。在随后的历史中,选择的范围不断拓展,特别是自工业革命后以几何式指数递增,根本原因,在于现代科学所引发的认知革命使人类的技术能力得到巨大提升。除技术造成工具领域的巨大革新外,较之以往任何时代,现代社会生活的各个领域也发生了天翻地覆的变化,这一变化可以用"从命运到选择的巨大转变"概括。用贝格尔的话来说,个体的所有生活领域不再是理所当然和命定的,而是几乎变成"无尽选择的舞台"③。人们可以选择自己的婚姻、生养方式、职业、居住地、政治和经济组织等。甚至连自己的性别和身份认同,也成了可以选择的事情。也就是说,"我是谁"不再是一个命运的问题,而是关乎选择的问题。④

人类的选择为何在现代性条件下得到巨大拓展和提升?贝格尔结合德国社会学家盖伦的制度理论做出分析。盖伦认为,和高等哺乳动物相比,人类在指引行动的本能储备方面相对匮乏,为了生存,被迫对如何行动做出不断的尝试、反思和选择。但是,如果每一次行动都涉及重新

① Peter Berger, The Many Alters of Modernity, ibid, p. 20.
② 〔美〕彼得·伯格、〔荷〕安东·泽德瓦尔德:《疑之颂:如何信而不狂》,曹义昆译,商务印书馆,2013,第8页。
③ Peter Berger, The Many Alters of Modernity, ibid, p. 6.
④ Peter Berger, The Many Alters of Modernity, ibid, p. 5.

选择，个体将会被选择的重负压垮，在残酷的进化竞争中人类也无未来可言。在此情况下，旨在为人类提供稳定行动路线和程序指引的制度（institution）被发明出来，从而确立起一个稳定的确定性领域，个体在这里可以几乎自发地行动，无须过多的反思和选择。① 制度建立的同时，也使得个体在其中可以自由地做出选择的另一个领域成为可能。盖伦把这两个领域分别称为"前台"（foreground）和"后台"（background），前台被牢固地制度化（institutionalized），是命运之地；后台则去制度化（de-institutionalized），属于选择之地。② 前台和后台对于人类社会生活同等重要，皆具有人类学的必要性。"一个仅由前台构成、每一个问题都是个体选择事情的社会，不能够长时间地维持自身"，势必会陷入停顿；同样，"仅由后台构成的社会也将全然不是人类社会，而是机器的集体"③。

在此基础上，贝格尔指出："现代性极大地扩展了与'后台'形成鲜明对比的'前台'"④，而多元主义极有助于"以牺牲后台方式的前台扩张"⑤。也就是说，多元主义是人类生活诸多方面相对化和去制度化、从"命运之地"转变为"选择之地"的一个非常重要的因素，如果不是唯一因素的话。谈及"去制度化"，贝格尔经常举的一个例子是两性交往的"女士优先"礼节，如遇门女士先行。它长久以来一直被制度化，个体将其视为理所当然，无须任何顾虑和反思。然而，随着近代女权主义的兴起，这样的礼节不再具有理所当然性，个体在特定场合不得不揣摩同行女伴的文化类型（是否属于女权主义者），从而选择妥当的行为方案（先行或后行），以免招致对方不必要的情绪反应。贝格尔在此所

---

① 贝格尔早年和卢克曼合著的《实在的社会建构》一书中，也汲取了盖伦的观点。在该书讨论制度的起源和本质问题时，他们把制度和行为的习惯化（habitualization）、习惯行为的交互类型化（reciprocal typification of habitualized actions）联系在一起，认为只有后两者，才能形成本始意义上的制度，为人类行为提供稳定的路线和程序指引。参阅 Peter Berger and Thomas Luckmann, *The Social Construction of Reality: A Treatise in the Sociology of Knowledge* (New York: Doubleday, 1966), pp. 51－54。
② Peter Berger, The Many Alters of Modernity, ibid, p. 6.
③ 〔美〕彼得·伯格、〔荷〕安东·泽德瓦尔德：《疑之颂：如何信而不狂》，曹义昆译，商务印书馆，2013，第13~14页。
④ 〔美〕彼得·伯格、〔荷〕安东·泽德瓦尔德：《疑之颂：如何信而不狂》，曹义昆译，商务印书馆，2013，第16页。
⑤ Peter Berger, The Many Alters of Modernity, ibid, p. 8.

说的是行为规范领域的去制度化，实际上在更为深层的、涉及人生意义图式的价值生活领域，来自不同种族和文化传统的信仰、道德、世界观并立，对原有文化价值系统的冲击可想而知。选择的视域被大力开启，原有世界不再可能被看作理所当然。正是在这个意义上，贝格尔着力强调全球化背景下多元主义的相对化后果，此"相对化"带来的不只是行为规范层面的去制度化，而且包括更重要的价值和观念层面，即原有文化关于实在和自我界定的价值观念系统[1]绝对地位的动摇，甚至瓦解。因此，他说个体命运的问题（"我是谁"）已然成为关乎选择的问题。

其次，多元主义极大地削弱人们赖以生存的原有世界的确定性，引发普遍的焦虑。基要主义和相对主义是缓解焦虑的两种可能模式。

在贝格尔的理论话语中，多元主义导致对确定性缺失的焦虑出现，是和他对上文所提及的"相对化"（relativization）概念的使用和分析联系在一起的。"相对"的反面是"绝对"，后者传达的是人们在经验生活中所领略的关于事物不可动摇的确定性，这类确定性既包括感官证据为支撑的经验认知层面（如人终有一死、外在世界的存在等），同时也指向信仰和价值层面（贝格尔称此为"当然陈述"[2]）。贝格尔指出，感官经验固然携带着难以被质疑的真理性证据，但在信仰和价值的一大片领域，随多元主义而来的相对化过程却大显威力，"经由于此，一些事物的绝对性地位被弱化，甚至在极端情况下被取消"[3]，这片领域的确定性也因此变得凌乱和模糊起来。也就是说，多元主义的相对化动力过程，造成现代人在婚姻、道德、宗教、政治等一系列生活实践领域的确定性危机，以往被视为理所当然的种种价值和规范不再绝对可信，开始变得可

---

① 贝格尔在其知识社会学中，称此为"象征宇宙"（symbolic universe）。参阅 Peter Berger and Thomas Luckmann, *The Social Construction of Reality: A Treatise in the Sociology of Knowledge* (New York: Doubleday, 1966), pp. 94 – 115。

② "当然陈述"（of course statements）是美国社会学家罗伯特·林德（Robert Lynd）夫妇在 20 世纪三四十年代"米德尔敦"调查研究项目中所运用的一个术语。当问题涉及诸如"美国政治制度优于其他政治制度"之类的判断时，受访者通常说"当然"。林德夫妇的调查分两次时隔十年进行，旨在分析受访的印第安纳州小镇居民这一时段内信仰和价值观念的变迁情况。参阅〔美〕罗伯特·林德、海伦·林德《米德尔敦：当代美国文化研究》，盛学文等译，商务印书馆，1999。

③〔美〕彼得·伯格、〔荷〕安东·泽德瓦尔德：《疑之颂：如何信而不狂》，曹义昆译，商务印书馆，2013，第 26 页。

以被质疑，甚至不排除被他择性的价值和规范所替代之可能。当代美国在堕胎问题上"拥护生命"（pro-life）和"拥护选择"（pro-choice）两大阵营长达数十年之久的激烈论战，在同性和异性婚姻问题上的巨大分歧等，从根本上说，都是多元主义的相对化效果所引发的确定性缺失所致。

确定性的缺失，必然会引起现代人深深的挫败感和焦虑情绪，对于那些曾经具有并且习惯于传统社会里的确定性的人们而言尤为如此。这也是许多现代人把前现代的传统社会作为某种不可企及的乌托邦，或梦中的香格里拉，不断眷顾和怀恋的原因所在。缺憾有待弥补，焦虑亟须缓解。贝格尔指出，有两种缓解焦虑的现代运动模式——基要主义（fundamentalism）和相对主义（relativism）。

简单地说，基要主义是寻求恢复已遭受威胁或破坏的确定性的一种努力。该词的起源具有宗教背景，并且在日常用语中也主要指极端狂热式的宗教运动，[①] 然而，对它的使用完全可以不囿于宗教。实际上，在世俗领域也存在大量的、复杂程度不等的基要主义，其中有政治的、哲学的、美学的，甚至像某些极端素食主义者、极度减肥运动的热衷者以及死忠于某个球队的球迷群体，也可归并到这一范畴的行列。[②] 总之，任何一种思想或实践都可以作为基要主义方案的基础。就其与现代性的关系而言，这类方案既有"反动的"（reactionary）也有"进步的"（progressive），但在核心处无一例外地对人们长久渴求的确定性做出确信之承诺。贝格尔认为，和前现代人们赖以生存的那种确定性相比，当代基要主义团体所提供的确定性乃天然脆弱，因为这类确定性是参与者选择的结果，而选择则意味着有被逆转的潜在可能。对于所宣扬的确定性，不管团体内部采取何种措施予以巩固和强化，不管成员如何高声确认，但选择的记忆会一直存留，其间必然暗中浮动着某种不确定性的基调。这与传统社会里世界观和价值系统的确定性显然无法相比。后者的确定性是给定的，人们生于斯长于斯，通过社会化过程自然习得，无须揣摩，无须抉择和反思，故而可称为"从容（或镇定）的确定性"（calm certainty）。这一差别，也造

① 〔美〕彼得·伯格、〔荷〕安东·泽德瓦尔德：《疑之颂：如何信而不狂》，曹义昆译，商务印书馆，2013，第69~71页。
② Peter Berger, The Many Alters of Modernity, ibid, p. 9.

就了基要主义者的另一重要特性——其脆弱性和攻击性在程度上成正比。换言之，基要主义者一般好斗，对外人不够宽容。①

　　与基要主义恢复确定性的努力相反，相对主义认为根本没有确定性可言，并无认知和规范的绝对真理存在。因此，相对主义可以简单地定义为"对相对性的拥护，把现实中上演的相对化过程作为某种优越的知识形式加以拥护"②。换言之，基要主义者所畏惧并试图逃脱的相对性体验，在相对主义者这里，则变成某种可以值得骄傲并且用于生活实践的深刻洞见。尼采所说的"怀疑的技艺"（the art of mistrust）是对这一洞见的方法论表达，其基本要点是：任何关于真理和道德的价值判断，都可转化为与真理和道德无关且潜藏于它们之下的"利益"话语予以戳穿（或说解构）。所谓"利益"牵涉权力斗争、经济贪婪或性欲释放等。马基雅维利、弗洛伊德以及新近出现的后现代主义思想家是相对主义世界观的代表，他们不仅为现实中的相对化过程所造成的思想和价值观念的相对性认知局面做合法化辩护，而且直接催生出各种文化运动，对当代人的思想和行为产生深远的影响。③

　　贝格尔指出，相对主义和基要主义都非常有害，破坏社会的发展、稳定和团结。相对主义否认价值的确定性，容易招致道德虚无主义，造成"维系社会的种种规范被镂空"的情形，使颓废情绪在社会层面蔓延。④基要主义的社会运动有两种模式，一种是把它对确定性的肯认强加于整个社会、谋求信仰和价值整齐划一的"收复失地"⑤版本（reconquista version），另一种是在小规模社会群体内重建确定性的亚文化或教派式版本（subcultural or sectarian version）。前一种版本以极权主义（totalitarism）为前提，而极权主义则要付出巨大的经济和社会代价，阻碍

---

① Peter Berger, The Many Alters of Modernity, ibid, pp. 9 – 11. 〔美〕彼得·伯格、〔荷〕安东·泽德瓦尔德：《疑之颂：如何信而不狂》，曹义昆译，商务印书馆，2013，第70~87页。

② Peter Berger, The Many Alters of Modernity, ibid, p. 11.

③ 〔美〕彼得·伯格、〔荷〕安东·泽德瓦尔德：《疑之颂：如何信而不狂》，曹义昆译，商务印书馆，2013，第49~68页。

④ 〔美〕彼得·伯格、〔荷〕安东·泽德瓦尔德：《疑之颂：如何信而不狂》，曹义昆译，商务印书馆，2013，第68页。

⑤ 所谓"收复失地"，是收复随多元主义的相对化过程而流失的传统信仰和价值观确定性的失地。

社会的现代化进程，甚至使之倒退。后一种版本虽然限于亚文化群体的小规模范围内，但任其繁衍，也会使整个社会最终变得"割据"起来，导致多个亚文化群体之间以及它们与主流社会之间无尽的争斗和冲突。①总之，在贝格尔看来，相对主义和基要主义对现代社会的管理者提出了严峻挑战，如何应对多元主义的这些负面后果，在很大程度上已经成为一个棘手和至关重要的现代难题。

最后，现代社会的大多数人既非基要主义者也非相对主义者，对于相对性，他们处于拒、迎之间的中间立场，更多的是以实用的态度应对和处理多元主义的生活难题。

所谓实用，是指现实中的多数普通人以一种"共处"（conviviencia）的方式与生活环境中代表异质文化传统的"他者"打交道。"共处"意味着避免直接冲突，并且在顾及彼此生存权利的基础上展开（世界观和价值观层面的）"砍价"交易（bargain），交易的结果涉及或不涉及认知妥协。② 贝格尔在感叹这么一种生活方式的长久存在和有效性的同时，也特别强调在外来移民较多的社会尤其是在像美国这样的移民国度里，人们在生活过程中和多元主义打交道乃是常事。③

对于多元主义所带来的生活挑战，贝格尔的分析也强调去制度化所带来的个体化特征，也就是说被卷入多元主义情境中的个体，在提供生活指引的原有制度动摇甚至失效之后，必须独自承担起构筑自己生活世界的任务。他结合上面的例子分析道，对于生活在意大利西西里岛村落或巴基斯坦乡下的这对年轻男女的祖父辈来说，婚恋的事情处理起来根本不是问题，因为牢固建立的、涉及两性关系问题的制度使一切变得有章可循；然而，对于置身于多元主义环境中的移民而言，传统的制度以及支撑制度有效运作的社会组织（村落、宗族、部落以及与之密切关系的教堂、清真寺等）皆全然空缺。这样，个体被连根拔起、无所凭依，被抛向自己并依靠自己，必须为自己在日常生活中所遭遇的婚恋以及更大范围的其他事务，做出行为与价值上的抉择和安排。贝格尔指出，这

① 〔美〕彼得·伯格、〔荷〕安东·泽德瓦尔德：《疑之颂：如何信而不狂》，商务印书馆，第86页。

② Peter Berger, The Many Alters of Modernity, ibid, p. 13.

③ Peter Berger, The Many Alters of Modernity, ibid, pp. 13 – 14.

样的任务是极易触发焦虑感的，大多数个体显然不堪重负，因为他们不像思想家那样致力于理论反思，而且往往把反思的任务指派给专家。所幸的是，现代社会就有这样的专家团体和组织，它们已经形成了一个巨大的帮扶机构和职业网络，为人们提供棘手问题的咨询。① 人们也乐于卸解烦恼，向这些团体和组织寻求帮助，这也是贝格尔所言解决多元主义生活难题的实用态度的另一层意涵所指。

第二节　宗教多元主义及其影响

在完成多元主义现象的一般理论阐释后，贝格尔转而进入宗教领域，对来自不同传统的多种宗教交汇和并存的现象进行描述和解析。他认为：宗教多元主义已经成为全球化背景舞台的一个普遍现象，这一现象在历史上也曾存在，但无论就规模和深度而言，都与现代社会无法相比；形成这一现象深层次的原因是内蕴于现代化过程中的文化扩展和传播的各种促动因素，但最直接的动力在于各宗教大范围宣教的宗教使命感；多种宗教并存的多元性格局必然反过来给宗教自身带来巨大深远的影响，这种影响体现在个体的信仰层面以及宗教组织和宗教建制的集体层面。

一　全球化背景下的宗教多元主义

贝格尔立足全球化的背景谈论宗教及其多元主义。何谓全球化？贝格尔指出：简单地说，就是"一切人日益和一切人说话"。② 无疑，他在这里所谈论的是文化层面上的全球化。所谓文化，从传统的社会科学意义上讲，"是指存在于人们日常社会生活中的信仰、价值和生活方式等"③。也就是说，文化全球化使人类在世界不同地域创造的所有异质性文化系统所包含的各种内容要素，能够突破地域，实现视界上的多元交汇和碰撞。对于这种交汇和碰撞，贝格尔用"交谈"（conversation）一

---

① Peter Berger, The Many Alters of Modernity, ibid, pp. 14 – 15.

② Peter Berger, The Many Alters of Modernity, ibid, p. 27.

③ Peter Berger and Samuel Huntington, *Many Globalizaitons: Culture Diversity in the Contemporary World* (New York: Oxford University Press, Inc. , 2002), p. 2.

词形象地传达之。各种文化传统如何突破地域进而彼此"交谈"？贝格尔不仅提到全球范围内的大规模人口流动（或短暂旅行，或永久性移民）这类有形的地域突破方式，还指出现代印刷品、电子媒介的发达尤其是作为信息大爆炸时代象征的互联网的全球性普及，使人们不出家门就能轻易接触到异质文化的丰富信息。他认为后一种方式更能有效地实现不同文化视界的深度对话，是为"真正的交谈"。①

文化层面的全球化和宗教有何关联？贝格尔指出，作为世界上各种文化传统中为人们提供安身立命之本的宗教，自然不会游离于这场全球性"交谈"的盛会之外，而是以更加积极、更为深广的方式参与其中。究其原因，除了上述全球化进程突破地域进行文化交流的促动因素之外，各种宗教都不同程度地经历了全球传播和扩张运动。扩张的结果有二，一是全球宗教的整体繁荣和复兴，二是世界不同区域内多种宗教交错分布、相互影响的多元存在态势，这就是贝格尔所描述的宗教繁荣和宗教多元主义的全球性文化景观。

对于各种宗教实现全球扩张的原因，贝格尔认为，内在于各种宗教的宣教使命感这一因素不可忽视，其带来的效应非常大，基督教 20 世纪百年的全球发展史就颇能说明情况。1910 年，来自欧洲和北美的新教代表在爱丁堡举行了一场大型传教会议，与会代表在会上宣称 21 世纪是基督教全球福音的时代。一百年过去了，事实证明这一宣言并非虚妄，基督教以超乎他们最大胆想象的方式在全球得到迅猛发展，并且改变了它的存在格局本身②——基督教的人口中心已经"南移"，不再属于欧洲和北美大陆的北半球区域，而是集中在亚、非、拉发展中国家的南半球区域；同时，基督教在南半球的传播由于与本土宗教相融合等原因已经发生形态的变异，铸造出许多道德上更趋保守、更富超自然主义色彩的信仰新形态，所有这些，不再是"落后地区的异域风情"，而是"已经通过来自南半球的移民的传教士注入北半球庄严静穆的教堂"③。也就是说，基督教在百年传播过程中体现出南北互透的特点，南半球的基督教新形态会反哺北半球，对欧美地区的既有宗教生态施予影响。

---

① Peter Berger, The Many Alters of Modernity, ibid, p. 27.
② Peter Berger, The Many Alters of Modernity, ibid, pp. 23 – 25.
③ Peter Berger, "Further Thought on Religion and Modernity", in Society (2012) 49：314.

　　基督教全球传播的结果是南北互透，换一个角度观察，地球东半球和西半球之间的宗教传播路径同样是双向的，正所谓"东西互通"。西方宗教如天主教和新教各派别，早在19世纪晚期就开始以"文化出口"（cultural export）的形式向东方尤其是远东地区进行大规模宣教。这一点，对于熟知基督教传教史的人们来说自不必言。反过来，东方世界的各种宗教也向西方世界积极传播。贝格尔认为，基督教以外的主要世界性宗教传统，正以历史上前所未有的方式任西方人所用。这种状况的出现毫无疑问要归因于宣教，而宣教的方式可以是书籍、媒体，更有可能是这些传统的代表直接现身说法。①

　　具有浓郁出世色彩且疏于传教的印度宗教尚且如此，专注于现世生命质量改善的东方"灵性宗教"（spiritual religions）在西方世界大行其道也就自不待言。所谓"灵性宗教"，是西方学者对禅佛教、道教、佛教密宗等东方宗教文化传统的总称。在西方人眼里，这些宗教强调个体生命深层次灵性体验和实践、注重身心和谐和精神境界的提升，故而被冠以"灵性"的标签。以佛、道为代表的东亚宗教，除了以独立完整的形式在欧美诸国传播并赢得大批追随者外，更多的是融入"新时代灵性"（New Age Spiritualities）运动当中，为这场运动提供基本的文化资源支撑，从而掀起西方世界宗教生态的重大变化和革新。这是一场气质和风格迥异于西方一神教传统的全新形态的宗教实践，② 因其过多地摄入东方元素、在西方世界的风靡以及对西方传统宗教的地位可能构成的潜在威胁和挑战，西方学界内部甚至发出"西方的失落"和"西方东方化"之类的感慨。③ 贝格尔亦注意到灵性实践在欧美的盛行情况以及它与亚洲宗教传统的渊源关系，写道，成千上万的西方人"做瑜伽为了减肥，打坐为了缓解焦虑，学习空

---

① Peter Berger, The Many Alters of Modernity, ibid, p. 28.

② 对于"新时代"灵性和一神论宗教所谓的"灵"，美国学者贺拉斯做出精到的区分：新时代灵性作为此时此地从生命深处散发出来被体验到，而《圣经》所言的灵、遵从上帝意志的灵性或者对神性本身体验的灵，则被理解为服务于此世的、从超验领域中流溢出来的东西。拿掉一神论宗教传统中的上帝，基督教或其他一神论传统无论从内容还是形式上皆所剩无几；拿掉一神论的上帝，新时代生命灵依然毫发无损。参阅 Paul Heelas, "Challenging Secularization Theory: the Growth of 'New Age Spiritualities of Life'", *Hedgehog Review* 8.1/2 (2006)：p. 46。

③ Colin Campbell, *The Easternization of the West: A Thematic Account of Cultural Change in the Modern Era*, Boulder: Paradigm Publishers, 2007.

手道、武术和太极等是为了健身或防身，但所有的这些技巧和起源于亚洲的宗教原则已经关联在一起，涉及身体和意识、人与自然以及美好生活理想之间关系的基本认知"①。

东西互通、南北互透的宗教全球性大扩张、大传播，极大地突破了前现代时期使宗教拘于原生地发展的地域和文化壁垒，实现了人类创造的宗教文化资源有史以来最大规模的交流与汇聚，这就是贝格尔所言现代宗教的多元主义存在境况。他指出，宗教多元主义在人类历史上的其他时代也存在过，如古代中亚丝绸之路沿线城市中基督教、琐罗亚斯德教、摩尼教等多种宗教共存，相互影响；希腊化时代的亚历山大城、前伊斯兰时代的印度莫卧儿王朝甚至古代的中国和日本，也都存在着类似多元主义的宗教环境。② 但所有这些前现代的多元性情形的范围却非常有限，从广度和深度而言与现代全球化背景下的宗教多元主义不可同日而语。

二　多元主义对宗教的影响

内在于现代性的多元化动力过程所带来的宗教多元性并存的格局，必然反过来会对宗教自身产生巨大深远的影响。相对于前现代社会里的宗教，现代宗教无论从建制性功能模式还是个体的信仰方式来看，均发生根本性改变。贝格尔正是抓住这两个方面，对现代社会里宗教的存在境况做出分析和评估。

（一）对个体信仰的影响

正如前文分析，多元主义的相对化效应使人们看待世界的任何一种方式皆不可被视为理所当然。也就是说，现代社会展现给人们的，不再是单一而是多重的世界观，个体可以从中做出决定和选择，但其中的每一种选择均不能宣称具有认知上的绝对优越地位、绝对的真理或确定性，原因在于多元主义对后者具有腐蚀效果。正是在这一点上，多元主义被世俗化理论的拥护者作为一项重要的论据来使用，认为多元主义的相对化会造成确定性的"真空"，进而导致宗教认信的危机出现，人们不再选择宗教作为

① Peter Berger, The Many Alters of Modernity, ibid, p. 28.
② 〔美〕彼得·伯格、〔荷兰〕安东·泽德瓦尔德：《疑之颂：如何信而不狂》，曹义昆译，商务印书馆，2013，第9页。

他们赖以生存的精神资粮。贝格尔指出,这一看法失之偏颇,事实上在世界观和价值信念的抉择方面,现代社会的大多数人依然会倾向于宗教而非世俗的无神论或不可知论;世俗化理论的错误在于没有正确理解和评估多元主义给宗教带来的影响,多元主义不一定使人们弃绝宗教,但会改变宗教在人们头脑中的位置。这是贝格尔的多元主义理论新范式的重要论点之一。

对于多元主义如何改变宗教在个体意识中的位置,贝格尔通过个体意识的分层进行论述。他首先声明,自己对意识的分层不同于弗洛伊德深层次意识结构理论对本我、自我、他我的区分。他认为,根据认知的确定性程度,个体的经验意识分属为三个不同的层面:最底层也即最深层是关于"世界的理所当然性"(world-taken-for-granted)认识,这一层面具有不受质疑的确定性;往上的一层是关于实在的认知和规范界定,这类认识被广泛接受,对于赞同者而言也相当稳定,不太可能改变;最上面的一层是意见或喜好的层面,意见或喜好只是暂时被坚持着,直到有"更进一步的注意"(further notice)发生。换言之,如果有好的理由或新的体验出现,个体极有可能对意见或喜好层面的认识做出改变。在此分层论说的基础上,贝格尔指出:"多元主义的效应,使宗教在个体意识中的位置倾向于向上移动,从确定性的层面过滤到意见和喜好的层面。"①

他的意思是说,在多元主义相对化效果的作用下,普通信仰者对所信宗教的自信度降低。个体依然可能认信并践行宗教传统所指示给他的一切(教义、信条、礼拜仪式、生活价值主张等),然而,所有这些,在方式上已不同于未受其他信仰影响之前的那种纯粹状态。此前,个体确信他所接受的宗教世界观乃天经地义,别无其他的可能性存在;此后,这种认信开始变得不稳定起来。因为其他信仰参照系的存在和作用,怀疑的因素已经渗入既有的认信当中,任其滋长,极端的后果将会是信仰的崩溃,个体放弃他对所信内容的认同。正是在这个意义上,贝格尔认为多元主义态势下的个体宗教信仰将会变成"意见"或"喜好",意见或喜好无疑稳定性较低,存在被放弃或改变的极大可能。同时,意见或喜好是就

---

① 〔美〕彼得·伯格、〔荷〕安东·泽德瓦尔德:《疑之颂:如何信而不狂》,商务印书馆,第 18 页。Peter Berger, The Many Alters of Modernity, ibid, p. 29.

认知或情感倾向的方式立论，它依然需要内容填充和对象指向，否则将沦为空谈。基于这样的思路，贝格尔得出判断："多元主义不一定改变所信的'内容'（what），但注定会改变所信的'方式'（how）。"①

如何理解贝格尔的这一判断？宗教多元主义已经成为全球普遍现象，是否所有地域的宗教徒的信仰均以意见或喜好的形式而展开？笔者认为，这牵涉对多元主义概念本身的理解。贝格尔所理解的"多元主义"，在概念的使用上和"现代性"一样，都是用以传达在全球不同国家和地区以不同程度和密度而到来的事件。具言之，他所认定的多元主义，不仅指数量意义上的多样性共存，更重要的是指异质文化系统在共存的同时能够发生深度的相互作用和碰撞。这一点很重要，唯有如此，才能谈论多元主义的"认知污染"和相对化效果。在对"多元主义"下定义时，他特别强调多元性主体之间的"谈话"（即相互作用）特点，就是基于这样的考虑。然而，需要正视的事实是：现实经验过程所上演的"谈话"却有深广度的不同，流于表面、形式和异质文化元素的深入交锋、碰撞的现象通常兼而有之，与之相应，在此基础上所产生的相对化效果也就应理解为强弱不等的某种变量。据此，我们可以判定：根据多元性主体之间相互作用这一标准观察，多元主义的现实表现存在深、浅之别，相对化效果相应地有强、弱之分，对个体信仰方式的改变程度也就大、小不一。这是依循贝格尔对多元主义的理解自然得出的逻辑结论。

根据上述结论，我们可以着眼于全球宗教版图，就个体信仰的情况做出进一步推论：在多元主义"谈话"发生的"深水区"，相对化效果较强，个体的信仰在其意识中接近于意见或喜好的层次；在"谈话"简单地发生甚至没有发生的"浅水区"，相对化效果较弱，个体的信仰倾向于黏附理所当然的确定性层次；不管怎样，多元主义作为内在于现代性或现代化过程的一种必然趋势，随着后者在全球范围内势不可挡的推进而跟进和拓深，整个世界宗教版图从"浅水区"不断地转变为"深水区"，现代人对宗教的信仰必然会从确定性执着的意识层面超拔出来，作

---

① 〔美〕彼得·伯格、〔荷〕安东·泽德瓦尔德：《疑之颂：如何信而不狂》，商务印书馆，第 19 页。Peter Berger, The Many Alters of Modernity, ibid, p. 32.

为意见或喜好的形式而存在。笔者认为，这是贝格尔所言多元主义改变个体信仰方式观点所内隐的基本要义。多元主义并不是简单的数量陈列，而是指构成多元性境况的各个主体能够发生实质性的交互作用以及这类作用实现的实际程度，这是理解贝格尔关于多元主义影响信仰分析的关键所在。当然，贝格尔的分析更多的是停留在宏观理论的构思层面，其有效性尚有待于实证研究的检验，而检验无疑要诉诸全球宗教版图的不同区域。

贝格尔认为，多元主义改变个体信仰方式的情形，在全球版图的某些区域已然成为经验事实，如作为宗教多元主义"先锋社会"（vanguard society）的美国。他说，玩味美国人的某些惯常用语和表达，就能切实感受到这类改变。如："宗教喜好"（religious preference），意指宗教信仰可以从一系列的现成系列中进行选择；"我碰巧是天主教的"（I happen to be catholic），所提到的是某个出生事件而非命定的献身，出生事件的偶然性可以通过后天的矫正予以抵消；"我马上进入佛教"（I'm into Buddhism right now），所谓"进入"，不排除明天"进入"其他东西中去的可能性存在。贝格尔指出，所有这些语言上的创新并非空穴来风，而是深刻反映个体对待宗教的态度和信仰方式上的重大变化。调查数据显示："有大量的美国人从父母的宗教中撤离，转至其他宗教或干脆放弃宗教。"[1] 也就是说，宗教信仰在美国人那里，已经成为可以从中选择、再度选择甚至放弃的东西，成为任其支配、自由抉择的"意见"或"喜好"。贝格尔的这一论述又牵涉另一个根本性问题：一旦宗教信仰沦为个体可以自由选择因而极具不稳定性的意见或爱好，信仰变得主观化起来，成为个体的"私事"，那么如何保证个体信仰的虔诚性？世俗化理论的坚持者如布鲁斯正是以宗教在个体那里的声望（prestige）即人们对待信仰的严肃性和敬虔度，作为世俗化的重要考量指标之一。[2] 贝格尔自己也承认这种情况下的信仰"或许流于表面，即具有超级市场消费者的选择行为所具有的一切琐细和肤浅特征"，但又马上引述克尔凯郭尔所谓信仰的"激情式跳跃"试图让人们消除误解，认为后一种信仰在当代社会

①　Peter Berger, The Many Alters of Modernity, ibid, p. 30.

②　Steve Bruce, *Secularization: In Defense of an Unfashionable Theory* (Oxford University Press, 2011), p. 2.

依然存在，绝对不会流于表面。①

　　我们知道，克尔凯郭尔的"跳跃"，是在基督教面临以近代形而上学为代表的理性的环伺和攻击的情形下，对信仰和理性的关系做出深刻哲学反思的基础上做出的。形而上学否定信仰，这当然给信仰注入极大的不确定性和怀疑因素，但他认为信仰本质上超越"理性算计"，表现为一种强烈的"主观真理"、一种对人的生存境况及其得救可能性的深刻洞察。"心自有其理，对此理智一无所知"，就是他在最高真理的认识问题上（即"人"的真理）对理性功用的否定和鄙弃性表达。② 也就是说，在克尔凯郭尔那里，信仰是从"不信"到"信"的跳跃，并且通过这一跃，怀疑和不确定性因着对生命真谛的了悟从而被彻底弃绝和根除，信仰也因为基于生存体验和生存真理的掌握而获得心安理得的理所当然性；在贝格尔所描述的现代信徒那里，信仰一直存在着，但不再具有前现代的理所当然性特质，由于其他信仰的存在及其所带来的认知上的相对化侵蚀，既有的信仰含藏怀疑和不确定性因素，随时有解体的危险。如此不稳定的信仰无论对所信的内容如何坚守和保全，流于形式和表面也就在所难免，很难高估它在个体那里有任何不可替代的价值和重要性位置。这种状况，无疑与克尔凯郭尔"激情式跳跃"造成的对个体生命状态和价值取向的巨大改变情况完全不可同日而语。鉴于此，笔者认为，贝格尔关于多元主义改变信仰方式但不一定改变所信内容的分析较为牵强，因为正如德国学者柏拉克所言，信仰的内容和信仰的方式并非那么容易绝对分离。③ 以意见或喜好方式存在的信仰，通常会对所信的内容根据自己的喜好随意改造和裁剪，因而导致信仰对象和信仰内容杂乱的现象较为普遍。也就会说，信仰已经变得主观化起来，成为个体的"私事"，这必然会造成宗教在社会层面的信誉度降低，且不利于宗教的社会传播和代际传承，这恰是贝格尔早年对世俗化现象阐释所提出的重要论

---

①　〔美〕彼得·伯格、〔荷〕安东·泽德瓦尔德：《疑之颂：如何信而不狂》，曹义昆译，商务印书馆，2013，第18页。

②　参阅〔美〕路易斯·P. 波伊曼《宗教哲学》，黄瑞成译，中国人民大学出版社，2006，第142页。

③　Detlef Pollack，"Toward a New Paradigm for the Sociology of Religion?" in *The Many Alters of Modernity*：*Toward a Paradigm for the Religion in a Pluralist Age*（Boston and Berlin：Walter de Gruyter, inc. , 2014），p. 119.

点之一。①

（二）对宗教组织的影响

多元主义的相对化力量把个体对宗教的认信从确定性执着中开放出来，以意见或喜好的形式而存在。与之相应，各种宗教组织对于个体而言也失却其理所当然的客观性，转变为"自愿联合体"（voluntary association），成为意见或喜好自由指向、任意拣选的对象，这就是贝格尔关于多元主义改变宗教组织存在模式问题的基本看法。

宗教组织何以变成自愿联合体？贝格尔从宗教建制的功能和特点以及这类建制在多元主义环境下所经历的"去制度化"过程说起。在此首先要交代两点：第一，宗教组织是宗教建制的现实依托或载体，贝格尔对两者的使用在意义上有高度的叠合；第二，细究贝格尔文本中的潜在语义，他所言的"宗教建制"（religious institution）囊括宗教构成的各种要素（如宗教观念、宗教经验、宗教行为、宗教仪式、宗教社团等），并以制度规范的统一形式对这些要素做出整合，从而代表特定宗教传统在历史上的具体实现和传承。②

贝格尔指出，所谓制度，就是"一种行为程序，如果这种程序在意识中能够准确地得到内化，个体在相关社会生活领域就会自动地行动而无须太多的反思"。③ 也就是说，制度对于个体而言具有理所当然的客观性特色。宗教建制作为制度的一种，自然不外乎于此，它以虔敬实践的方式对个体的行为加以调控，直到这类行为同样成为习惯、被视为理所当然。除此以外，贝格尔特别强调宗教建制对他所认为的宗教核心要素的保存和"驯化"功能。他认为，先知、神秘主义者、萨满等宗教开创者的原初宗教经验，是一切宗教传统赖以产生的源头和建构自身的质料，

① 参阅〔美〕彼得·贝格尔《神圣的帷幕：宗教社会学理论之要素》，高师宁译，上海人民出版社，1991，第177页。
② 贝格尔对"宗教建制"概念的用法，和我国学者吕大吉关于宗教构成要素的分疏较为接近。吕先生认为，如果把宗教视为一个由其基本要素层层放大、向外拓展的同心圆系列的话，那么这样的要素有四个：处于核心层的是宗教观念，依次为宗教经验、宗教行为、宗教的组织和制度。其中，宗教的组织和制度处于同心圆的最外层，它把所有其他的要素囊括于自身，进而确立宗教的边界。参阅吕大吉《宗教学通论新编》，中国社会科学出版社，1998，第76~77页。
③ Peter Berger, The Many Alters of Modernity, ibid, p.34.

故而体现宗教的本质并且成为其构成的核心要素。① 与后世作为信仰者的普罗大众相比，这些开创者正是韦伯所说的具有超凡魅力和感召力的"克里斯玛"（charisma）或"宗教精英"（religious virtuosi）。一方面，他们的原初经验不能被普通个体直接复制和分享；另一方面，这类经验指向超出日常生活实在的另类实在，故而具有与日常经验迥异的超凡特质，并且包含大量复杂、神秘甚至狰狞可怖的情感体验成分，即使被复制，也会变得非常危险，对正常社会生活会造成极大的阻断和干扰。②然而，鉴于原初宗教经验在宗教建立和传承过程中的重要作用，在原创者以及追随他们的第一代信徒相继离世之后，如何保留这类经验的基本信息，并使对这些信息的接受保持在日常可控的范围之内，对于特定的宗教文化传统也就变得十分必要。宗教建制正是通过设置信条、仪式和建立制度性社团，维持对原初宗教经验的记忆，并且在制度规范的框架内，这些经验得到驯化，其狰狞可怖的面目不再可怖，而是转化为日常生活实在中平淡无奇的经验元素。贝格尔借助韦伯的术语，把这一过程称为从"精英宗教"到"大众宗教"的转变，或"克里斯玛的惯常化"（routinization of charisma）。③ 所谓惯常化，也就是使不平凡的东西重又变得平凡起来，重新整合进日常生活运行的现实轨道。

总之，在贝格尔看来，宗教尽管源于其开创者对超越日常生活实在的异质、神秘"实在"④ 的原初性经验，但宗教建制却能把对超验实在的经验转化为行为和观念的制度性表达，使之重新落入日常生活实在的秩序之中，并对后者产生重大影响。这是他关于宗教建制功能的基本看

---

① 在此，贝格尔不同于吕大吉先生的宗教观念说，认为宗教观念是从原初性宗教经验派生出来的。但对于建制性宗教，贝格尔也认为是围绕"超验实在"的观念构筑起来的意义和文化体系，与吕先生的理解实无二致。

② 贝格尔接受了鲁道夫·奥托关于宗教经验的现象学描述，认为原初的宗教经验是一种偶发式经验，其所具有的复杂、超凡特征使之带有危险性，一旦在日常社会生活中频繁出现，将会对社会生活造成极大的干扰。奥托为描述宗教经验不可拟议之神秘，专门创造了"numinous"一词，在此基础上对宗教经验的各种特征进行了详细的论析，如异己力量"富含魅力之神秘"，以及个体在面对这种力量时的惊悚、敬畏、依赖、活力和迷狂等复杂体验和情感因素。参阅〔德〕鲁道夫·奥托《论"神圣"》，成穷、周邦宪译，四川人民出版社，1995，第27~35页。

③ Peter Berger, The Many Alters of Modernity, ibid, p. 36.

④ 贝格尔称之为"神圣实在"（sacred reality）、"超自然实在"（supernatural reality）或"超验实在"（transcendent reality）。

法。也就是说，对于信仰宗教的芸芸大众而言，信仰与其说是对"超验实在"的不懈寻觅，不如说是对基于这种实在而建构起来的宗教建制的虔诚信守。宗教建制与现实中的任何制度一样，对于信守者具有理所当然的自明性和客观性特色，能够以一种近乎自动的方式调节人们的行为和思想。

在以上分析的基础上，贝格尔进而论及多元主义对宗教建制和作为其现实载体的宗教组织的影响。他认为，这种影响很大程度上和个体信仰方式的改变直接相关。具言之，多元主义的相对化效果使个体对特定宗教观念和价值系统的认信不再属于理所当然，个体在不同的宗教或非宗教的可能性之间进行选择，各种宗教建制也相应地沦为个体选择的备选对象，宗教组织转而成为个体自由进出的自愿联合体。在此情况下，以自愿性组织为依托的宗教建制，反过来同样会在个体那里失却其原有的客观性或自明性，个体对它的信守变得主观化起来，它依然为个体的行为和思想提供程序性指引，但"这些程序的构建极不稳固，面对突然的变化不堪一击，甚至有解体的可能"①。就此而言，多元主义影响和冲击下的现代宗教建制根本不是严格意义上的"制度"，充其量只能算是"弱制度"（weak institution）而已，这就是贝格尔所言宗教的"去制度化"过程（de-insititionalization）。可见，去制度化并不是宗教去除建制性框架的限定和约束、开启"潘多拉的盒子"重又回到人、神直接对接的"精英宗教"时代，而是指宗教建制的功能模式在现代条件下已经发生变异，即它的功能和作用减弱，不再对成员具有普遍的约束力和自动的调控力，这是宗教组织存在模式的变化即作为自愿联合体的必然结果。

在确认宗教成为类似于旅游、登山、环保等自由联合的现代协会组织以及其建制功能的弱化之后，贝格尔随之论及宗教与其他社会制度之间、各宗教组织之间以及宗教神职人员和平信徒之间关系的改变。宗教与其他社会制度的关系改变，是指宗教从其他社会制度的功能领域中独立和分化出来（其中政教分离最为重要）的"制度性分化"（institutional differentiation），是世俗化理论分析的主要线索之一。各宗教组织之间关系的改变，是指多元主义的并存境况使宗教失去前现代时期的垄断地位、

---

① Peter Berger, The Many Alters of Modernity, ibid, p. 37.

各宗教组织成为市场经济中相互竞争和合作的主体，市场秩序稳定的需要使得跨信仰之间彼此包容，同时也开展一定程度的"普遍性联合"（ecumenical cooperation）。最后，宗教组织的自愿而非强迫的特征使神职人员和平信徒之间的关系异位，为吸引会众参与教会活动以及从他们那里获得财政支持，神职人员迎合平信徒需要的事情常有发生。① 需要指出的是，所有这些论述均别无新意，事实上都是贝格尔早期论证世俗化命题时的老调重弹。由此可见，贝格尔关于多元主义导致宗教组织存在模式改变以及宗教建制功能减弱的观点，又一次不经意间滑入世俗化理论的分析套路中去。

第三节　宗教话语与世俗话语并存的多元主义

贝格尔认为，现代性产生另一种形式的多元主义，即宗教话语和世俗话语并存。他自述这一观点的灵感来源是社会学家卡萨诺瓦关于世俗化概念含义的区分。② 卡氏把宗教和其他社会制度在社会功能层面的分化确认为世俗化的含义之一，贝格尔由此想到这类分化必然会显现在个体的意识层面。他认为，这是一个全新的洞见，据此，就能理解大多数宗教人士（甚至非常狂热的那种）在他们生活的重要领域完全遵循世俗话语行事，同时对于大多数信仰者而言，在信仰和世俗性之间并无非此即彼的对立，而是保持两者俱存的流动性结构。

一　世俗话语及其特点

贝格尔指出，世俗化理论主张现代性必然导致宗教衰落从根本上说是错误的，但也并非全错，因为现代性的确产生出一种强大的世俗话语，这种话语使得"人们不再需要依靠任何宗教观念处理生活领域的大量事务"成为可能③。用查尔斯·泰勒的话来说，现代社会已经经历了某种程度上的世俗化，生活世界又回到"内在框架"（immanent frame）即它自身秩序和结构的轨道之中，人们与之打交道和对它的描述不再需要求

① Peter Berger, The Many Alters of Modernity, ibid, pp. 46 – 49.
② Peter Berger, The Many Alters of Modernity, ibid, pre. X – XI.
③ Peter Berger, The Many Alters of Modernity, ibid, p. 51.

助于在它之上的"超越框架"（transcendent frame）即超自然观念和价值的支持。①

贝格尔认为，世俗话语尽管有着久远的历史起源，但在现代化过程中被科学技术所强化。以科学技术思维为特征的现代理性头脑正是在严格的"内在框架"之中运行，以其对这个星球的生存环境和生命质量的巨大改善与提升，从而对人们具有无穷的吸引力。也就是说，世俗话语在现代社会享有崇高的声誉和优越性地位。

世俗话语既存在于个体的主观头脑，也存在于社会的客观秩序之中。就前者而言，个体已经学会不诉诸任何超自然的预设与现实生活的许多领域打交道；就后者而言，特定的制度同样不需要超自然预设而运作。因此，世俗话语既塑造个体意识，也支配社会制度领域。

世俗话语的一个最大特征，在当年格劳秀斯在制定国际法时所提出的一条原则中得到表达，即"上帝似乎不曾存在过"（as if God did not exist）。② 贝格尔指出，虽然格劳秀斯当年提出的这条原则乍看上去是无神论的，但它只是实践或方法论意义上的无神论，绝非意味着对宗教的哲学式拒斥的无神论。实际上，格兰修斯本人恰恰是荷兰新教阿米尼派的忠实教徒。当时欧洲世界已经呈现出不同的宗教和宗教派别纷立的格局，国际法所适用的对象有天主教国家、不同派别的新教国家、东正教国家甚至伊斯兰教国家，故而其基本构架在宗教和神学中立的基础上进行乃形势使然。格劳秀斯原则后来被进一步应用到国内法的制定中，甚至超出法律制度的范围、扩展到国家本身以及整个社会的各个领域，市场经济领域以及作为官僚制而运作的各种机构组织就是其中最重要的两个例子。

二　世俗话语与宗教话语并存的多元主义

随着格劳秀斯原则在国家和社会制度中的普遍运用，所有的宗教话语是否都被世俗话语所取代？贝格尔认为，这样的观点并不符合实情，会重蹈世俗化理论的错误，真正的理解应该是这样的：世俗话语插入宗

---

① 参阅〔加〕查尔斯·泰勒《世俗时代》，张容南、徐志跃等译，上海三联书店，2016，第609~614页。

② Peter Berger, The Many Alters of Modernity, ibid, p. 53.

教多元主义世界的旋涡之中。据此，他进一步提出两种不同的多元主义的看法。他认为，在同一社会里，既存在前述不同宗教选择并存的多元主义，也存在世俗话语和不同的宗教话语并存的多元主义。后一种多元主义对于理解现代个体的信仰特征同样非常重要，因为"对大多数的信仰者来说，在如何通达实在的问题上，信仰和世俗性并非相互排斥，不是'非此即彼'（either/or）而是'两者俱存'（both/and）的关系"①。世俗化理论家和他们的批评者坚持宗教和世俗关系的"非此即彼"，都犯了同样的错误，并且都高估了人类意识的同质性或逻辑连贯性。贝格尔承认，在现实生活中，纯粹宗教或纯粹世俗的个体当然存在，然而，这样的人在整个世界人口比例中毕竟只占极少数，就大多数人的意识构成而言，宗教话语和世俗话语可以兼容，这是贝格尔多元主义理论新范式提出的又一核心论点。

宗教和世俗这两种异质的话语为何在个体那里能够兼容并为其所用？贝格尔强调，人类在不同"实在"或不同"关联"之间的切换能力不可低估。对此，他援引舒茨现象学社会学中的相关概念予以解释。

三 世俗话语与宗教话语兼容性的解释

舒茨认为，个体对"实在"的经验是在各种"有限意义域"（finite provinces of meaning）中实现的。意义域既指"由各种真实的客体和事件构成的、通过我们的行动与之连接"的日常生活世界，同时也包括各种想象和幻想的世界、梦的世界、艺术的世界以及科学静观的世界，等等。② 其中，在每一种世界内的经验都具有"特殊的认知风格"，并且经验和风格就其自身而言并不互相矛盾，而是彼此相容，故而有限意义域可以被经验者接受为实在。但是，一旦超出特定的意义域界限，属于各种世界的经验和风格就表现出极大的不相融性，它们之间没有意义过渡和转化的可能，正因为这一点，各种世界的意义域才称为"有限"，③ 它

---

① Peter Berger, The Many Alters of Modernity, ibid, p. 53.

② 〔德〕阿尔弗雷德·许茨：《社会实在问题》，霍桂桓、索昕译，华夏出版社，2001，第442页。

③ 〔德〕阿尔弗雷德·许茨：《社会实在问题》，霍桂桓、索昕译，华夏出版社，2001，第311～312页。

们各自的"实在"具有相对独立性特征，因此，实在就其整体构成而言是"多重实在"（multiple realities）①。

值得注意的是，在"多重实在"的构成中，舒茨强调我们生活于其中的日常生活世界对于常识思维具有最大的客观真实性，是一种自然的实在以及我们关于实在经验的原型，其他意义域的实在都可以算作它的变体，故而可称之为"最高实在"（paramount reality）②。在此基础上，舒茨进一步指出，我们可以通过"冲击"（shock）体验实现从最高实在向其他有限意义域的转变。所谓"冲击"，意即从日常生活世界出离、迈入其他世界意义域的门槛，如在剧院中当帷幕拉开剧情开始上演、视觉接触绘画的形象、入睡向梦的世界跳跃等这些瞬间，我们内心所经历的态度变化都可以视为某种"冲击"。冲击带给我们的其他有限意义域的经验具有短暂性，事后日常生活世界会宣明自身，我们重又回到最高实在的意义域，但不管怎样，它毕竟实现了不同意义域之间经验的转变。

贝格尔认为，上述舒茨的"有限意义域"和"最高实在"概念，提供了韦伯所言的宗教精英人士在神秘境界领域和俗世生活领域进行切换的恰当描述。宗教精英之所以不同于普通信仰者，在于他们具有强烈宗教经验，这类经验不同于后者那种散淡无奇的直觉式经验，而是涉及步出日常世界的门槛、直接进入"全然异质"（totally other）的另类实在即"恍惚出离"（ecstasy）境界的体验当中。和其他有限意义域的经验一样，强烈宗教经验不会持续太久，相关个体会重返日常世界，重新被处理俗务的世俗话语所占据。贝格尔说，16世纪西班牙的天主教神秘主义者特蕾莎是这方面的绝好个案。特蕾莎管理着一家女修道院，以修道院的财务改革而著称。即便在她那个时代世俗话语（如理财事务的话语）不够强大，"她在意识中也必须处理神秘实在和支配俗世事务的世俗话语的共存性问题"。毫无疑问，这里牵涉的切换，"较之教会的一般信众，力度要大得多，后者只涉及日常生活话语和转瞬即逝的宗教直觉之间的切换"③。

---

① 〔德〕阿尔弗雷德·许茨：《社会实在问题》，霍桂桓、索昕译，华夏出版社，2001，第308页、第411页。

② 〔德〕阿尔弗雷德·许茨：《社会实在问题》，霍桂桓、索昕译，华夏出版社，2001，第443～444页。

③ Peter Berger, The Many Alters of Modernity, ibid, p. 56.

贝格尔的意思是说，神秘主义者在如此高难度的宗教和世俗之间的切换尚能实现，足见这两种异质话语在普通个体那里完全可能兼容。

那么，对于那些平日偶然会发生平淡稀疏的宗教式直觉、主要依靠宗教组织和宗教建制的中介与"超验实在"发生联系的普通信仰者而言，宗教话语与世俗话语是如何兼容并在现实中进行切换呢？对此，贝格尔借助舒茨的另一个概念——"关联"（relevance）予以回答。舒茨在他的意识现象学中，提出这么一个问题：个体在特定的场合，为什么会被其知觉范围内的"所有客体之中的特殊客体"以及客体之中的"多方面特征中的这种特殊特征"所吸引，特殊客体及其特殊特征如何被类型化并成为意识和行为投射的对象？他把这样的问题称为"关联"问题，认为其所关联的，不仅是特定的客体和特征，而且与个体当下经验到的"情境总和"有关。情境总和包含自然环境、人类环境、意识形态立场和道德立场等与现在、过去、未来相涉的一系列复杂因素，从而为个体当下经验的特定类型和意义指向提供了一个复杂的关联脉络和支撑性结构。①

在舒茨立论的基础上，贝格尔指出：处理不同的关联是人类自诞生以来在其经验行动中练就的基本能力；而伴随劳动分工的巨大扩展和提升，现实被分化为大量不同的关联结构已成为现代性的一个关键特征；与"多重关联性"（multirelationality）打交道即玩转不同的关联，已成为现代人生活的一项基本技艺。② 为说明这类技艺在现代生活中的运用情况，贝格尔举了一个政党集会例子。开会时，一名男子身边坐着一位女子，他们都不同意会议发言人的观点。休会期间，他们就各自的政见进行交流，在此过程中男子对女子突起欲念，该男子就从政治关联切换到情欲关联中去。当然，这两种意义关联会同时出现在男子的意识中，为了专注于其中的一种他会设法压制另一种。当交流过程中他发现与女子的政见不合时，两种情况依然可能出现：一是放弃情欲专注政治；二是搁置政治追求情欲的实现，即"与敌人共枕"③。

---

① 参阅〔德〕阿尔弗雷德·许茨著，霍桂桓、索昕译：《社会实在问题》，同上，第374—378 页。

② Peter Berger, The Many Alters of Modernity, ibid, pp. 57 - 58.

③ Peter Berger, The Many Alters of Modernity, ibid, pp. 56 - 57.

　　贝格尔认为，在普通信仰者那里，宗教作为由宗教组织和宗教建制传达、以"超越实在"观念为核心而构建起来的意义体系，同样也是他日常话语关联的一个重要选项。也就是说，在个体面对和处理的众多意义话语中，大部分属于世俗话语，但宗教话语依然位列其中，个体依据当下情境的即时关联能够在宗教话语和世俗话语之间进行自如切换，就像上述男子在情欲和政治两种不同的关联之间进行切换一样。当从宗教话语切换至世俗话语时，前者只是暂时被搁置一边，个体可以按照世俗领域的意义和规则专心致力于俗世事务，体现出格劳秀斯所说"上帝似乎不曾存在过"的方法论上的无神论特征，但绝不意味着涉及终极关切的宗教话语在个体生活中被移除或消失。① 这是贝格尔对宗教和世俗在现代世界并存以及在现代意识中能够兼容所做解释得出的基本结论。

　　贝格尔根据舒茨现象学社会学的相关概念解释宗教和世俗在个体意识中的兼容性，存在某种理论困难，容易招致非议。舒茨的"多重实在"是指个体在各个有限意义域内的"实在"经验自成风格、自成系统，这些经验在意义的构成及指向上互不相涉和相关，故而个体可以在不同的意义域之间自由跨越并无障碍，如从欣赏戏剧的美学体验到的俗务处理的日常生活体验，再到数学研究的科学静观式体验。"关联"概念也如此，个体之所以能够根据当下的直接需要在不同的关联领域之间进行切换，根源也在于不同关联（如政治和情欲）的意义形态的互不相关性。然而，按照贝格尔的逻辑，宗教话语和世俗话语虽然具有异质性，但在意义指向上绝非不相关，因为两者都是以关于"实在"的界定为中心的意义体系。贝格尔把宗教定义为对"超自然实在"或"超验实在"的信仰，且这种信仰对人类的生活产生巨大影响，② 而把世俗话语看成人类摒弃超自然的预设、按照生活世界的"内在框架"来理解世界和自身的结果，两者之间的对立和张力显而易见。相互对立的意识形态在认知和价值上必然相互排斥，且力图"歼灭"对方。在此情况下，正如柏拉克所说，并无绝对的保证能够使信仰个体保持对这两种话语的严格区

---

① Peter Berger, The Many Alters of Modernity, ibid, p. 60.

② 贝格尔在《现代性的多种祭坛》中对宗教的定义是："对存在某种超出日常经验实在之外的实在信仰，且认为这种实在对人类生活有重大意义。"Peter Berger, The Many Alters of Modernity, ibid, p. 17.

分而无彼此攻讦的可能，因为"上帝是终极目标或者生活根本没有终极目标，相信礼拜、祷告能获得幸福和拯救或者认为人们造就自己的命运，在这些选项之间，很难能够相互兼容"①。据此，宗教和世俗在个体那里的并存和兼容就很难用跨越、切换的方式进行解释和描述。为避免这样的理论尴尬，贝格尔强调不可高估人类意识的逻辑连贯性，认为"大多数人并非逻辑学家，许多'关联'在外在的观察者看来完全不兼容，但对于并无哲学倾向的当事人来说非常自然合理"②，并说个体在日常生活中浸淫于世俗话语体系只不过是把作为终极意义关切的宗教话语暂且搁置一边，在实践上表现出貌似无神论的特征。贝格尔的申辩显然不能令人信服。

　　笔者认为，信仰和世俗性一定程度上同时并存于个体的头脑中固然是不争的事实，但承认事实是一回事，如何解释事实则是另一回事。把宗教和世俗归属于两种异质、对立的话语系统予以定性，从学理上分析固然并无不妥，但在现实的经验表现尤其是在信仰个体那里，两者之间的鸿沟不可过于夸大。一方面，世俗话语作为一种意义系统，有着许多方面的构成。就其内核层面即世界观和价值观的意义定位和取向而言，它立足于世界的内在框架解释世界，当然具有反宗教的无神论特征。但从其技术理性的构成层面来看，现代科学技术、制度规范以及由此决定的社会生活方式等，带有价值中立的性质，理论上同样可以被宗教世界观所吸纳并为之提供"神圣的华盖"（the sacred canopy）③，即合法化论证。信仰个体在现实生活中被技术理性的话语所占据，并不意味着把提供合法化的宗教话语暂时搁置或遗忘，而是这类话语已经内化和沉淀在个体的意识结构之中，作为其现实生活的终极动力和意义源泉而存在。这一点已成老生常谈，在韦伯所论新教伦理中已有充分的体现。另一方面，宗教话语的内容形态在信仰个体那里也非铁板一块。也就是说，许多信徒的信仰内容也许并非如贝格尔潜意识中所认为的那样，离世俗话语那么遥远。在现代社会中，坚持宗教的超越性内核甚至带有浓郁超自

① Detlef Pollack, "Toward a New Paradigm for the Sociology of Religion?", in *The Many Alters of Modernity*, ibid, pp. 117-118.
② Peter Berger, The Many Alters of Modernity, ibid, p. 57.
③ 贝格尔早年的宗教社会学用语，高师宁先生译为"神圣的帷幕"。

然色彩的传统或保守型信仰形态固然有之,[①] 但超越性内涵弱化、人们
基于某种现实的功利需要（如禳灾祈福、身心健康或寻求族群身份认同
等）践行宗教的某些外在仪式而不关心基本教义的现象,在东西方宗教
中也非常常见。在后一类个体那里,宗教已抽去其最重要的意义内核,
和世俗话语自然并无隔阂和本质区别,人们可以在这两种话语之间自由
切换,意识不连贯的现象也就无从发生。

此外,贝格尔把世俗话语和宗教话语并置在"多元主义"标题之
下,并且在多元主义异质构成要素的相互作用和对话中,承认世俗话语
的优先地位和强势,在边界之争中完胜宗教话语。他所提到的边界之争
主要涉及两个方面。其一,世俗话语取得支配地位,理性和科学被视为
唯一有效的知识形式,宗教作为人类大脑的神经性痉挛等错误被拒绝和
排除,而宗教按照世俗话语的逻辑包装自身、把自己描述为不违背理性
和科学的东西重新呈现;其二,公共教育通常是两种话语的之争的主战
场,这一领域多由反宗教的世俗主义主导,尽管争辩和冲突持续不断,
但即便在宣称宗教信仰自由的美国,科学依然是裁定一切的坚定磐石,
这在美国司法判决对待教育领域的诉讼案件（如创世论和进化论之争）
的处理中得到证实。[②] 可见,贝格尔承认世俗性施予宗教的可信性压力
非常之大,以至于后者的存在空间日渐逼仄,有被世俗话语吞噬掉的危
险。然而,他似乎认为危险仅止步于公共生活领域,缘于宗教和其他社
会制度的功能分化,并力证虽然分化在个体意识中有其相应的表现,但
宗教和世俗维持意识上的共存和兼容完全可能。

笔者认为,按照他自己的多元主义理论逻辑,这种共存和兼容关系
即便可以维持,其本身也是脆弱的。抛开公共领域世俗话语对宗教可信
性的巨大冲击带给信仰心灵的震撼及其可能后果这一点姑且不说,我
们还必须注意前述他关于多元主义的另一种形式——多种宗教话语并

---

① 对于这类宗教,贝格尔除反复提及盛行于拉美地区讲异语、奇迹医疗的五旬节派新教
外,还提及鲁赫曼在《当上帝"回嘴":美国福音派上帝体验的阐释》（*When God Talks
Back*: *Understanding the American Evangelical Experience with God*）一书中对美国福音派宗
教团体的研究个案。在这个团体中,所有的信徒都相信上帝能够听见他们的祷告,并
且其中的许多人认为上帝通过内在的声音或者外在的迹象,给他们"回嘴"。Peter Ber-
ger, "Further Thought on Religion and Modernity", *Society* (2012) 49: 315.

② Peter Berger, The Many Alters of Modernity, ibid, pp. 74 – 78.

存及其后果的论述。他指出，多种宗教的并存所导致的相对化后果是不一定改变信仰内容，但改变信仰方式。方式的改变意味着怀疑的不确定性和破坏性基调潜伏在信仰之中，随时有使信仰解体的可能。因此，就贝格尔所论两种类型的多元主义合而观之，现代个体的信仰着实是岌岌可危，它既要面对强大世俗话语的排挤，同时也要面对其他信仰话语的相对化侵蚀，故而信仰者放弃信仰或频繁改教的现象发生也就不足为奇。同时，即使个体能维持既有的信仰，其所信的内容也并非如贝格尔一厢情愿期许的那样，和前现代时期的情况相比注定会有所变异。现代人的宗教观念超越性内涵缺失、边界日渐模糊甚至杂乱拼缝的现象也已成普遍事实。这样的信仰形态对于个体生命的重要性大可值得怀疑。这一点，恰是世俗化理论家分析的焦点和现代社会世俗化的重要论据之一。[1] 贝格尔的新范式重蹈世俗化理论的覆辙由此显露无遗。正是在这个意义上，笔者认可柏拉克所说，它是一种更为精致的、加强版的世俗化理论。[2] 原有的世俗化理论更多的是着眼于理性化、工业化和城市化等因素论证现代性和世俗化之间的内在联系，而贝格尔则敏锐地抓住了内在与现代性的一个最重要的方面——人类文化的多元主义境况这一普遍存在事实，把宗教置于多元主义视角予以考察，就客观效果而言，深刻揭示了宗教在多重多元主义的相对化效果侵蚀下的尴尬处境以及社会重要性的降低，这与原有世俗化理论的基本主张不谋而合。

第四节　"多元现代性"的新注脚

贝格尔强调，他所提出的宗教话语和世俗话语在现代社会并存和兼容

---

[1] 贝格尔早年对世俗化现象的论证就特别强调现代人心性结构的变化，认为世俗化是指现代化造成越来越多的人"看待世界和自我根本不需要宗教解释的帮助"。参阅〔美〕彼得·贝格尔《神圣的帷幕：宗教社会学理论之要素》，高师宁译，上海人民出版社，1991，第 128 页。英国宗教社会学家布莱恩·威尔逊则认为世俗化并不一定使人远离宗教，而是指宗教信仰的超越性内涵被稀释和淡化，对个体生活的重要性降低。威尔逊将此作为世俗化概念的含义之一，其分析思路被后来的世俗化理论集大成者史蒂夫·布鲁斯（Steve Bruce）继承。conf. Bryan Wilson, *Religion in Sociological Perspective* (Oxford：Oxford University Press, 1982), p. 149.

[2] Detlef Pollack, "Toward a New Paradigm for the Sociology of Religion?", ibid, pp. 120 – 121.

的观点，能够为艾森斯塔特的"多元现代性"概念提供全新的注脚。这一概念旨在传达现代化不等于西方化，西方的现代性并非现代性的唯一模式，在当代世界不同国家和地区存在着多种现代性版本或现代化发展道路。贝格尔认为，在多元现代性的理论框架中，宗教的因素理应被高度重视，甚至被赋予更为中心的地位。把宗教作为积极因素予以考虑的多元现代性观念，能够为观察当代世界宗教和社会经济发展的关系提供全新视角。

一　宗教与"多元现代性"

二战以后，亚洲、非洲和拉美等第三世界的许多国家和地区不同程度地经历了现代化，并且带来了社会和经济方面的巨大变化。当西方世界的许多学者试图理解这一进程并对其结果予以反思时，他们得出的主要看法是现代化以及作为其结果的现代性只能以一种版本实现，即西方世界以科学技术为驱动的工业文化以及与之相应的社会制度和社会生活模式。艾森斯塔特在2000年发表的一篇论文中正式提出"多元现代性"（multiple modernities）概念，这一概念是对自20世纪50年代以来成为主流的现代性观念的反动。艾氏认为，主张现代工业社会殊途同归、终将步入西方社会的发展模式和轨道，乃是西方中心论的文化同质性和霸权主义假设，事实上，这一假设并未实现，西方之外的其他社会正在践行不同的现代化道路，从而使当代世界呈现出"多元现代性"的发展特色。①在他看来，"现代性的历史应当看成是多种多样的现代性文化方案和多种多样具有独特品质的制度模式不断发展和形成、建构和重新建构的过程"②，而多元性形成的关键乃是不同文化传统的异质性以及由此决定的制度和思维模式的差异性。不同社会的现代化之路正是立足于既有的本土文化资源和价值观念而展开，从而摆脱单一的西方文化模式之窠臼。

贝格尔指出，正如世俗化理论从属于更大规模的、旧的现代性理论的宏大话语叙事一样，在现代性与宗教的关系议题上，他所提出的多元主义理论新范式可以视为是"多元现代性"理论构思的一个组成部分，能够为艾森斯塔特的这一洞见提供全新诠释或有效补充。在他看来，多

---

① Shmuel Eisenstadt, "Multiple Modernities", *Daedalus* 129, No. 1 (January 1, 2000), pp. 2 – 3.
② 〔以〕希姆尔·艾森斯塔特：《反思现代性》，旷新年、王爱松译，生活·读书·新知三联书店，2006，第91页。

元现代性并不否定以工业文明为标志的现代性社会具有某些普遍、必然的特征，如科学技术、市场经济以及与之相应的科层制组织管理模式等。这些特征发轫于西方，但在西方以外的社会同样也可以存在，且一旦在制度层面予以确认，将会产生社会和文化的趋同效应。然而，在接受工业文明的这些普遍、必然特征的基础上，现代性却并非以西方的一种版本而展开，"而是与地域差异性结伴而行"，体现出多样的、可选择的现代性发展路径。① 地域差异性涵括的范围非常广泛，体现在历史传统、道德观念和政治体制构架等诸多层面，但所有这些地域差异性的层面很大程度上可归结为宗教并在宗教中获得其深层次的价值文化渊源。因此，宗教在通常情况下成为多元现代性构成的一个重要因素。正是在这个意义上，我们可以谈论伊斯兰教国家的现代性、印度教的现代性以及天主教国家的现代性，等等。用贝格尔的话来说，"在当今世界的许多地区，恰恰是宗教，决定着人们对于可选择的现代性发展模式的抱负和诉求"②。

　　宗教何以成为不同现代性抉择的重要因素？在贝格尔那里，这无疑与现代性话语构成的分析有关。在他看来，上述现代性的普遍、必然特征（如技术、科层制和市场经济等）体现了现代社会遵循严格的世俗话语框架而运作，在此框架内，"似乎上帝不曾存在过"，即所有与宗教信仰有关的价值观念都必须予以悬置或清除。世俗话语已经足够强大，以致它给宗教施加巨大的压力并频繁地入侵宗教，按照自身的独特逻辑改造宗教，使宗教的核心观念、组织机构及其运行模式等同前现代的状况相比发生重大变异。正是在承认现代性的普遍必然特征以及由此决定的世俗话语在现代社会的强势存在这一点上，贝格尔认为原有的世俗化理论和它所从属的更为宏阔的现代性理论叙事并非全然错误，而是包含着一定的真知灼见。③ 然而，贝格尔提醒人们，尽管世俗话语在现代性社会强势存在，同样需要注意的经验事实是：宗教话语并未因此被排除和取消掉，它在当代世界的大部分地区依然像以往一样繁盛，并且在现代化进程

①　〔美〕彼得·伯格、〔英〕格瑞斯·戴维、〔英〕埃菲·霍卡斯：《宗教美国，世俗欧洲？：主题与变奏》，曹义昆译，商务印书馆，2015，第198~200页。
②　〔美〕彼得·伯格、〔英〕格瑞斯·戴维、〔英〕埃菲·霍卡斯：《宗教美国，世俗欧洲？：主题与变奏》，曹义昆译，商务印书馆，第200页。
③　Peter Berger, The Many Alters of Modernity, ibid, p. 73.

中对于社会经济发展依然可以发挥极为重要的积极功能。现代性从本质上并不排斥宗教，除世俗性外，宗教同样是现代性话语的可能构成部分，两者在现代性中可以并存兼容，而宗教话语形态的多元性在很大程度上决定着现代性的不同实现形式，现代性也因此展现出多元性的时代特色。

对于宗教和世俗性同时可能成为现代性话语的成分的问题，贝格尔用他的现代性内、外"包装"（package）理论进一步加以解释。所谓包装，借指意识和行为之间特定事项的联结。"内包装"意味着行为如要获得成功的话，意识和行为之间的特定联结必须严格固定，不可以随意拆解。如飞行员驾驶飞机，他的每一个行为都必须与他的意识从操作屏幕上获取的相关信息（如飞行高度、速度、油耗情况等）保持严格的对应关系，这种严格对应关系的"内包装"他必须成功内化，否则飞机在他的操作下将会失事。"外包装"则指意识和行为之间的事项联结可以拆解并且以不同的方式重组。如他飞国际航班，通过英语与空中指挥员进行交流，但英语在国际航空领域的使用是美国早期在该领域经济垄断地位的结果，原则上来说任何其他语言都可以取代英语承担必要的航空技术指令，故而英语指令与飞行员精确行为之间的联结可视为可以用其他语言予以替换的"外包装"。①

在以上论述的基础上，贝格尔指出：在严格世俗话语支配下的现代性的某些固定特征是内在于现代性本身的，对于现代个体而言是必须一成不变地予以遵循的"内包装"，它体现为现代性的技术理性认知和实践行动之间的严格对应关系，否则现代性将不复存在；而宗教话语，以其丰富的多样性和可选择性，可以视为现代性包裹的"外包装"。然而，把宗教说成是现代性的外包装并非贬低宗教的重要性。他说："对于仰赖宗教获取生命终极意义的人们来说，现代性包裹的外在成分在他们的生活中发挥作用，将会比任何其他的世俗性成分重要得多，尽管后者在现代社会的运行中更为内在、更为本质。"②

二　多元现代性视野下的宗教与经济

宗教能否成为现代性"包裹"的"外包装"，取决于它与严格世俗

---

① Peter Berger, The Many Alters of Modernity, ibid, pp. 73 – 74.

② Peter Berger, The Many Alters of Modernity, ibid, p. 74.

话语支配下的科学技术、市场经济和科层制的现代组织管理模式等"内包装"能否兼容和协调。贝格尔已经在理论层面对此问题做出判断，同时他又诉诸现实的经验层面，考察世界不同地域现代化过程中各种宗教与社会经济的发展的关系状况，试图对此做出进一步诠释。

（一）韦伯的启示

韦伯在其名著《新教伦理与资本主义精神》中，把新教尤其是加尔文教无意中催生的某种特定的道德观视为西方早期资本主义发展的重要因素之一。贝格尔认为，如果不拘泥于韦伯所言"新教伦理"的特定宗教传统，从社会行动层面解析其具体内涵，那么他的方法论思路对于考察当今世界宗教与社会发展的关系，依然很有启示。

新教伦理的主要特征是"现世禁欲主义"（inner-worldly asceticism）。韦伯认为，所有历史上的宗教都主张全面拒斥自我的禁欲主义，但唯有新教把禁欲贯彻在现世利益追求的行动中去。新教徒把经济事业作为严肃的宗教活动对待，恰与天主教修道院追求他世目标的禁欲式生活方式形成鲜明对比，因此宗教改革在废除修道院制度的同时，某种程度上也把整个现世转而变成修道院。贝格尔对韦伯的这些看法表示赞同，但认为问题的关键是剔开宗教的外衣，就实际的日常行为层面而论，现世禁欲主义等于什么？根据韦伯的论述，他归纳出四点：充满道德的工作伦理；以高度理性的方式对待世界、拒斥世界的巫魅化；系统、有条理地安排所有生活；在消费和产出之间追求"延迟满足"（delayed gratification）——冷静地避免所有不必要的开支，勤劳节俭，力求高度的财富节余；积极接受基础教育，以便能断文识字。[①]

贝格尔认为，所有上述行为特征都属于个人或集体在创业初期所必备的一般品质，因此可以和特定的宗教背景相剥离。也就是说，如果某人认同并接受韦伯的新教伦理所包含的具体行为规范，无论他立足于什么样的宗教背景以及这些行为规范通过何种宗教合法化，都能养成对西方现代世界早期经济发展居功甚伟的行为态度和习惯。在此情况下，他极有可能成为企业家，下一代会脱贫跨入富裕阶级的行列，而这些人所在社群或社会的资本主义也极有可能获得成功，实现经济腾飞。当然，

[①]　Peter Berger, "Faith and Development", in *Society* (2009) 46, p. 70.

他又补充说，经济发展还受其他因素（如国内外的宏观经济环境、政治和生态环境等）的制约，因此光有好的"行为"还不够。

笔者认为，贝格尔在这里力欲表达的，与其说是新教伦理和其他因素结合推动早期资本主义的发展，毋宁说是这么一种思路：有利于社会经济发展和现代化进程的一般伦理和价值规范很有可能以宗教的面目出现，包含在传统宗教的文化体系当中，这种现象并非一定属于新教，更不只是产生于16世纪欧洲的加尔文教所独有。换言之，根据韦伯对加尔文教和早期资本主义发展的关系研究，贝格尔得到这样的启示：很多宗教都蕴含着有利于现代经济发展的各种要素，这些要素以宗教文化的形式包装起来，一旦拆除这些包装，则能发现与现代化过程相适应的经济行为模式。对于现代经济行为模式存在于宗教价值文化形态之中的情况，贝格尔用一个很有意思的短语来形容——"韦伯式文化包装"（weberian cultural package）。他认为，探讨当今世界宗教与社会经济发展的关系可能性问题，关键在于努力识别这些宗教是否具备现代经济行为模式的这类"文化包装"并且在经验中展示出来。

（二）宗教与现代经济发展的宏观思考

在对当今世界不同地域的宗教以及这些地域经济状况进行个案式考察的基础上，贝格尔就宗教与社会经济发展的关系可能性问题提出自己的思考，得出如下几点结论。[①]

第一，宗教传统具有可塑性（malleable）——所有的宗教传统关于实在的认知和规范界定并非一成不变，即便构成这些传统核心主题的信仰和实践体系也有被解释和再解释的可能。这一论断完全支持对宗教传统中那些具有社会经济后果的要素进行评估，故而不能简单地说"传统X有利于社会经济的发展，传统Y阻碍发展"，因为传统X可被按照丧失经济发展功能的方向再解释，传统Y可被按照相反的方向再解释，上文对天主教和伊斯兰教的讨论即表明这一点。当然，这并不排除在某一特定的历史时刻传统X相对于传统Y更有利于经济发展的事实存在。

第二，宗教传统的经济发展功能可能在相当长的时间内处于潜伏状态，直到被新的环境因素所激发。

---

① Peter Berger, "Faith and Development", in *Society* (2009) 46, pp. 73 - 74.

第三，宗教传统的经济发展功能可能有其截止期。也就是说，这类功能开始或许处于潜伏状态，但一旦显露出来并发挥作用，最终也会消失。我们可以这样的总结："'现世禁欲主义'在现代经济发展的早期阶段相当管用，在后来的阶段则变得可有可无，甚至表现为功能障碍。"[①]

第四，经济发展通常由社会少数派的先锋群体发起，他们承担起"现世禁欲主义"的实践品格。如果这些群体取得成功，他们的规模将会扩大，整个社会也会从中获益。无疑，先锋群体将会先于其他人品尝到利益的甜头，这一点极有可能成为社会嫉妒和怨恨的根源，如果先锋群体在社会中属于宗教和族群少数派的话更是如此。

第五，不同的宗教传统含有社会经济发展功能的事实表明：现代性能够以不同的形式来临。这即是希姆尔·艾森斯塔特的"多样现代性"（multiple modernities）观念。20世纪50年代研究现代化的理论家倾向于认为，现代性以一种"密封袋包装"（seamless package）的形式到来。[②]很显然，所谓的"密封袋包装"与这些理论家所在的西方社会何其相似！他们的看法无疑是错误的，但谬误中也包含着真理的颗粒，因为诚如他们所见，现代性的确存在着自身赖以成立的某些内在特征，这些特征以统一包装的形式到来，且不论地域和文化差别，具有普遍性。总的说来，这些特征是指与现代科学技术和科层制管理相适应的理性态度和行为模式。然而，现代性除了内在特征外，还具有大量的外在特征，外在特征具有个殊性，随不同国家宗教和文化的差别而有丰富的可变性。总之，西方的现代性并非唯一可以设想的现代性形式，"现代性与这样或那样的本土差异性结伴而行"是完全可能的，而这种结合更多地展现在宗教的层面。[③]

---

① Peter Berger, ibid, p. 74.

② 也就是说："现代性乃具有某些确定的特征，根据需要，一种特征因应另外一种特征（尽管不一定会同时存在和发生），从而构成标准包装袋的整全的包装内容。对于这样的理论喻像，贝格尔又用漫画的手法来表述：名曰'现代性的弃置牙刷理论'（dropped-toothbrush theory of modernity）——把一把电动牙刷弃置在亚马孙丛林，大约一代人之后，这个地方看上去将会像现代的美国都市克利夫兰（或德国的杜塞尔多夫）。"参阅〔美〕彼得·伯格、〔荷〕安东·泽德瓦尔德《疑之颂：如何信而不狂》，曹义昆译，商务印书馆，2013，第198～199页。

③ 〔美〕彼得·伯格、〔荷〕安东·泽德瓦尔德：《疑之颂：如何信而不狂》，曹义昆译，商务印书馆，2013，第200页。

　　笔者认为，贝格尔把宗教作为有利于社会经济发展的积极选项考虑在内的"多样现代性"的观念主张，意味着他在宗教和现代性关系的理解上对西方中心主义惯有立场的突破，表现出对世界其他文化和宗教传统的理解和尊重，这对于像他这样的基督徒来说，确乎显得难能可贵。然而，把宗教包含于其中的"多元现代性"不能只诉诸理论上的口舌之争，能否变成现实还有待于未来世界的检验。贝格尔提出这一主张的初衷，想必也大略如此。

结语：有待添加的另一维度

在结束这场贝格尔宗教思想的探寻之旅前，有必要从他思想深层所蕴含的内在逻辑说起。

贝格尔的实在建构论的起始环节是人类从事建构的人类学条件分析，这种分析可以简单归结为一句话：人类的处境悲惨，不如牛马。因为牛马可以仅凭自身的生物本能构造获得稳定有序的生存环境，而人由于自身本能构造的不完备则无法享受这样的幸福之果，他必须依靠自身的行动去建造自己安身立命的世界，否则他将陷入无意义的虚无、无尽的混乱和恐怖深渊之中。这样，社会世界诞生。社会世界是人类亟欲生存渴求秩序和意义的天性使然，此乃贝格尔理论思维的内在基本逻辑。

人类苦心经营建造出来的社会世界大厦能否给他们带来稳定的秩序和永久的安全感从而收获意义上的巨大满足？答案是否定的，因为这一大厦是建构起来的结果，貌似稳固，实则脆弱，轰然坍塌的情况时有发生（人类现实的历史已证明一点），人类的头脑中也经常奇怪地、不由自主地产生对这一大厦稳固性的疑虑（即所谓"边缘情境"体验）。为了遏制疑虑，人类又煞费心机地发明出另外一种东西——修辞。修辞的目的是歌颂、赞美这一大厦，说它是华宇高堂、基业永固，像宇宙一样地永世矗立、历久弥新，故而修辞就是"象征性宇宙"（symbolic universe）①。修辞的表现形式有哲学、艺术、文学等，但在人类历史上最为常见也最为奏效的却是宗教。

宗教把人类对意义和秩序的渴求向终极"神圣"（the sacred）嫁接，期诺永恒的秩序和意义满足，并通过给社会世界大厦投射魅力无比的神秘光环来兑现这一期诺，这对于脆弱敏感的人类心灵来说，无疑是一剂强心针，故而也就纷纷跪倒在"神圣"脚下顶礼膜拜起来，社会世界大厦在他们心目中也成为貌似完美的人类居所。然而，这样的居所在历史

---

① 笔者在研读原文过程中，对 symbolic universe 的翻译颇伤脑筋，最后敲定这一译法。

上被证明并不完美，甚至可用"人间地狱"形容，因为人类经常被推入"极端情境"——自然灾害、战争、暴力等天灾人祸事件层出不穷、愈演愈烈地降临到他们身上，挑战他们的生命底线，摧毁他们的生存意志，他们所遭受的这些磨难也大多源于这一大厦的秩序结构本身（即社会不平等和阶级压迫）。疑虑重新滋生，并且更为强烈：神秘光环笼罩下的世界，是否本就是一场骗局？这对于宗教而言，提出了棘手的神正论难题。宗教如何处理这一难题？贝格尔的回答是"受虐狂态度"，即无条件地向社会秩序以及社会秩序所代表的"神圣"屈服。宗教解决难题的孱弱能力在此暴露无遗。毕竟，它也是人类制造出来的修辞的一种，和其他修辞形式一样，不过是人类编织的自我陶醉式的美丽谎言而已。

　　人类的脆弱之身何处安顿？贝格尔对宗教的社会学阐释使他陷入思想的困局。从这种阐释中，我们可以明显感觉到他受马克思（"宗教是鸦片"）和费尔巴哈（"宗教是人的投射"）的影响至深。但他没有成为费尔巴哈这样的无神论者，更没有成为用"武器的批判"掀起社会革命的高潮从而在根本上改变人类生存境况的马克思主义者。之所以如此，一切还是缘于上述他对人类生存论层面意义和秩序的渴求感和焦虑感的价值逻辑预设和执着认知。为了从困局中走出，他重又把目光投向宗教，以及他从小接受的路德宗信仰。[①] 他认为，对人类历史上所有文化形态的宗教和信仰必须在另一学科维度上重新进行考察和评估，考察和评估的依据依然是能否直面人类生存根底处的意义和秩序的渴求感和焦虑感及其解决。这样，在宗教研究上，贝格尔实现了身份立场的转换，即从社会学领域进入神学。笔者认为，贝格尔研究身份的转换并非如他自己所说的那么自如，一定程度上是以牺牲前者的学科价值为代价的，这可以从他关于"相对化者的相对化"命题主张中看出来[②]，在此不做细究。

　　需要关注的是另一个重要问题——他在这两门学科中对宗教所做阐释思想逻辑上的内在关联性问题。具言之，在这两门学科中，他同样受意义和秩序的渴求感和焦虑感及其解决的问题意识所驱使，并且这样的问题意识支配并塑造了他对宗教所做不同探索工作的共同特质，即都具

---

① 贝格尔是奥地利裔，13 岁移民美国之前，他已经受洗成为路德宗教徒。

② 参阅曹义昆《贝格尔"把相对化者相对化"命题辨析》，《世界宗教研究》2013 年第 5 期。

有强烈的人本主义色彩和人文关怀倾向。此外，非常重要的一点是：问题意识的一致性和思想逻辑的内在关联性，也造成了他在随后的学术生涯中对这两门学科的研究在价值立场上的纠缠不清，这明显体现在当代宗教的社会学解释方面。尽管贝格尔一向标榜他在这一方面严守价值中立，不受信仰的影响，实际上他并未能够做到，如他在宗教与现代性关系议题上就当代宗教的命运发表的前后不一的看法就是很好的例证。

贝格尔早年和他的社会学同道一样，为世俗化命题做出论证，指出宗教在现代工业社会必然走向没落，甚至像树叶一样枯萎、凋零。这样的论证表面看起来和所谓的价值中立原则并无违和之嫌，但不要忘记，他在从事论证的过程中反复慨叹论证的结果"有人欢喜有人忧"。其实对于像他这样的虔诚基督徒而言，自然属于忧者。他论证的目的不是欢呼世俗化时代的到来，而是使基督教更好地面对世俗化的严峻事实以便调整自身、图谋自身的生存和发展空间。20 世纪 80 年代，随着全球宗教的复苏和大爆发，他又主张放弃世俗化命题，着手这一命题的证伪工作。在此过程中，又言"有人欢喜有人忧"，这时的他无疑加入了喜者的行列，并且欣喜之情溢于言表。这一点，可以从他对五旬节派新教在南半球的迅猛发展不遗余力地夸赞中看得出来。布鲁斯认为，贝格尔证伪世俗化命题明显受他的信仰和宗教情怀驱使，笔者深以为然。他对待美国宗教的态度前后不一，同样佐证了这一点。美国宗教一直繁荣，这是不争的事实。然而，在证明世俗化命题时，他不假思索地人云亦云，用所谓的"内在世俗化"观点打发了之；几十年之后，为证伪该命题，美国宗教反倒成为他最为有力的证据。在他晚年提出的多元主义理论新范式中，他煞费心机地为宗教在面对强大世俗话语排挤以及自身多元主义相对化侵蚀的尴尬处境中，提供能够拥有立足之地的理论辩护，然而每一次辩护都不经意地滑入世俗化理论主张的思维陷阱而无力脱身。贝格尔在宗教社会学领域价值立场的偏颇由此可略见一斑。

笔者进行上述分析的目的，并非刻意批评贝格尔，实际上也毫无必要。因为贝格尔的个案揭示了任何一个从事自身文化研究的学者都必须面对并予以反思的大问题，即在现实的研究工作中传统之于现代、信仰之于理性该如何抉择的问题。对于贝格尔来说，基督教及其信仰是他生长于斯的传统；对于我们而言，儒、释、道的价值思想体系也是朝夕被调动起来的心理文化积淀。笔者认为，纯粹的价值中立很难做到，正如在贝格尔那里所见那样，关键在于如何在两者之间达成巧妙和适度的平衡。

鉴于贝格尔的个案对于我们的文化研究可能具有重要借鉴和学科思维教训的考虑，笔者认为，有必要把贝格尔宗教学思想的另一维度添加进来予以探究，这一维度是他的神学。

参考文献

一　英文部分

（一）贝格尔著作和论文

The Social Construction of Reality：*A Treatise in the Sociology of Knowledge*，Doubleday，1966.

The Sacred Conapy：*Elements of a Sociology of Religion*，Doubleday，1969.

A Rumour of Angels：*Modern Society and the Discovery of the Supernatural*，Doubleday & Co.，1969.

The Social Reality of Religion，Harmondsworth：Penguin Books，1973.

Against the World for the World：*The Hartford Appeal and the Future of American Religion*，Seabury Press，1976.

The Heretic Imperative：*Contemporary Possibilities of Religious Affirmation*，Anchor Books，1980.

A Far Glory：*The Question for Faith in an Age of Credulity*，The Free Press，1992.

Modernity，*Pluralism and the Crisis of Meaning*：*The Orientation of Modern Man*，Bertelsmann Foundation Publishers，1995.

Redeeming Laughter：*The Comic Dimension of Human Experience*，Walter de Gruyter，1997.

Questions of Faith：*A Skeptical Affirmation of Christianity*，Blackwell Publishing，2004.

In Praise of Doubt：*How to Have Convictions without Becoming a Fanatic*，HarperOne，2009.

The Many Alters of Modernity：*Toward a Paradigm for the Religion in a Pluralist Age*，Boston and Berlin：Walter de Gruyter，inc.，2014.

"The Desecularization of the World：A Global Overview"，in *The Deseculariza-*

tion of the World: *Resurgent Religion and World Politics*, Washington, D. C. : Ethics and Public Center, 1999.

Adventures of an Accidental Sociologist: *How to Explain the World without Becoming a Bore*, New York: Prometheus Books, 2001.

"Protestantism and the Quest of Certainty", *The Christian Century* (26*August* − 2 *September* 2), 1998.

"Further Thought on Religion and Modernity", in *Society* (2012) 49.

"Secularization Falsified", in *First Things A Monthly Journal of Religion & Public Life*, 2008.

"On the Conceptualization of the Supernatural and the Sacred", *Dialog* (Vol. 17, Winter), 1978.

（二）其他相关著作和论文

José Casanova, *Public Religions in the Modern World* (Chicago: Chicago Press, 1994).

Annette Jean Ahern, *Berger's Dual − Citizenship Approach to Religion*, Peter Lang Publishing, 1999.

Linda Woodhead & Paul Heelas (eds.), *Peter Berger and the Study of Religion*, Routledge, 2002.

Richard K. Fenn, *Key Thinkers in the Sociology of Religion*, Continuum International Publishing Group, 2009.

Pippa Norris and Ronald Inglehart, *Sacred and Secular*: *Religion and Politics Worldwide* (Cambridge University Press, 2004).

Pippa Norris and Ronald Inglehart, "Sellers or Buyers in Religious Markets? The Supply and Demand of Religion", *The Hedgehog Review*, Volume 8 (1 −2), 2006.

Steve Bruce, *Secularization*: *In Defence of an Unfashionable Theory*, Oxford University Press, 2011.

Bryan Wilson, *Religion in Sociological Perspective*, Oxford: Oxford University Press, 1982.

Peter Berger and Samuel Huntington (eds.), *Many Globalizaitons*: *Culture Diversity in the Contemporary World* (New York: Oxford University Press,

Inc. , 2002).

Paul Heelas, "Challenging Secularization Theory: the Growth of 'New Age Spiritualities of Life'", *Hedgehog Review* 8. 1/2, 2006.

Colin Campbell, *The Easternization of the West: A Thematic Account of Cultural Change in the Modern Era*, Boulder: Paradigm Publishers, 2007.

Detlef Pollack, "Toward a New Paradigm for the Sociology of Religion?" in *The Many Alters of Modernity: Toward a Paradigm for the Religion in a Pluralist age*, Boston and Berlin: Walter de Gruyter, inc. , 2014.

Shmuel Eisenstadt, "Multiple Modernities", in *Daedalus* 129, No. 1, January 1, 2000.

二 中文部分

〔美〕彼得·贝格尔:《神圣的帷幕:宗教社会学理论之要素》,高师宁译,上海人民出版社,1991。

〔美〕彼得·贝格尔:《天使的传言》,高师宁译,中国人民大学出版社,2003。

〔美〕彼得·贝格尔、〔德〕托马斯·卢克曼:《现实的社会构建》,汪涌译,北京大学出版社,2009。

〔美〕彼得·贝格尔:《宗教社会学研究:方法与问题》,方立天主编《宗教社会科学》第一辑,中国社会科学出版社,2008。

〔美〕彼得·伯格、〔荷〕安东·泽德瓦尔德:《疑之颂:如何信而不狂》,曹义昆译,商务印书馆,2013。

〔美〕彼得·伯格、〔英〕格瑞斯·戴维、〔英〕埃菲·霍卡斯:《宗教美国,世俗欧洲?:主题与变奏》,曹义昆译,商务印书馆,2015。

〔德〕鲁道夫·奥托:《论"神圣"》,成穷、周邦宪译,四川人民出版社,1995。

〔美〕罗纳德·L. 约翰斯通:《社会中的宗教——一种宗教社会学》(第八版),袁亚愚、钟玉英译,四川人民出版社,2012。

〔加〕查尔斯·泰勒:《世俗时代》,张容南、徐志跃等译,上海三联书店,2016。

〔德〕阿尔弗雷德·许茨:《社会实在问题》,霍桂桓、索昕译,华夏出版社，2001。

〔以〕希姆尔·艾森斯塔特：《反思现代性》，旷新年、王爱松译，生活·读书·新知三联书店，2006。

〔美〕路易斯·P. 波伊曼：《宗教哲学》，黄瑞成译，中国人民大学出版社，2006。

吕大吉：《宗教学通论新编》，中国社会科学出版社，1998。

孙亦平：《西方宗教学名著提要》，江西人民出版社，2002。

李顺华：《世俗化理论的旗手 神圣化理论的鼓手——Peter Berger 的宗教社会学理论》，《新疆师范大学学报》（哲学社会科学版）2007 年第 1 期。

陈村富：《世俗化、反世俗化与"消解世俗化"——评伯格的宗教复兴与政治伦理》，《浙江学刊》2001 年第 2 期。

曾强：《皮特·贝格尔论当代宗教社会学的研究走向》，《宗教与世界》2008 年第 6 期。

魏德东：《宗教社会学的范式转换及其影响》，《中国人民大学学报》2010 年第 3 期。

游斌、孙艳菲：《回归"大问题"意识：论现代社会与宗教——访美国著名宗教社会学家贝格尔》，《世界宗教文化》2006 年第 4 期。

杨凤岗：《多元主义时代的宗教和世俗主义》，《读书》2017 年第 9 期。

图书在版编目（CIP）数据

彼得·贝格尔宗教思想 / 曹义昆著. -- 北京：社
会科学文献出版社，2022.10
ISBN 978 - 7 - 5228 - 0638 - 9

Ⅰ.①彼…　Ⅱ.①曹…　Ⅲ.①彼得·贝格尔 - 宗教学
- 思想评论　Ⅳ.①B712.6 ②B920

中国版本图书馆 CIP 数据核字（2022）第 195601 号

彼得·贝格尔宗教思想

著　　者 / 曹义昆

出 版 人 / 王利民
责任编辑 / 卫　羚
责任印制 / 王京美

出　　版 / 社会科学文献出版社·人文分社（010）59367215
　　　　　　地址：北京市北三环中路甲 29 号院华龙大厦　邮编：100029
　　　　　　网址：www.ssap.com.cn
发　　行 / 社会科学文献出版社（010）59367028
印　　装 / 三河市尚艺印装有限公司

规　　格 / 开　本：787mm × 1092mm　1/16
　　　　　　印　张：13.5　字　数：212 千字
版　　次 / 2022 年 10 月第 1 版　2022 年 10 月第 1 次印刷
书　　号 / ISBN 978 - 7 - 5228 - 0638 - 9
定　　价 / 98.00 元

读者服务电话：4008918866

▲ 版权所有 翻印必究